Zehn Jahre Berlin-Abkommen

Schriften zur Rechtslage Deutschlands

Herausgegeben von Gottfried Zieger

Band 5

Carl Heymanns Verlag KG · Köln · Berlin · Bonn · München

Zehn Jahre Berlin-Abkommen 1971-1981

Versuch einer Bilanz

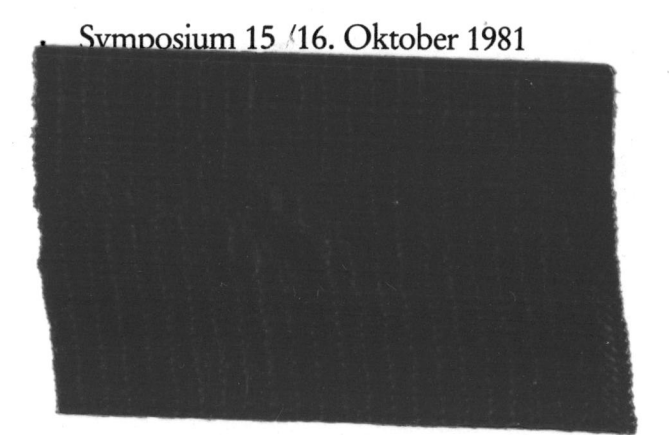

Symposium 15./16. Oktober 1981

Carl Heymanns Verlag KG · Köln · Berlin · Bonn · München

© Carl Heymanns Verlag KG, Köln, Berlin, Bonn, München, 1983

ISBN 3-452-19465-5
Gedruckt von der Präzis-Druck GmbH, Karlsruhe

Inhalt

Seite

Eröffnung des Symposiums	Professor Dr. *Gottfried Zieger*	7
Erste Arbeitssitzung:	**Grundlagen**	11
Leitung:	Professor Dr. *Gottfried Zieger*	
Referate:	1. Dr. *Dieter Baumeister* Der offenkundige Nutzen des Berlin-Abkommens nach zehn Jahren Vertragsdauer	13
	2. Dipl.-Volkswirt *Adalbert Rohloff* Wirtschaftliche Auswirkungen des Berlin-Abkommens und (wirtschafts-)politische Konsequenzen	27
Zweite Arbeitssitzung:	**Statusfragen**	59
Leitung:	Professor Dr. *Hans von Mangoldt*	
Referate:	1. Professor Dr. *Hartmut Schiedermair* Die Tragweite der Feststellung in dem Berlin-Abkommen, daß die Westsektoren „continue not to be a constituent part of the Federal Republic of Germany and not to be governed by it"	61
	2. Professor Dr. *Dieter Blumenwitz* Der Begriff der „Bindungen zwischen den Westsektoren Berlins und der Bundesrepublik Deutschland"	77
	3. Dr. Dr. *Michael Silagi* Der Geltungsbereich des Viermächteabkommens	103

	4. Professor Dr. *Siegfried Mampel*	
	Der Status von Berlin (Ost)	121
Dritte Arbeitssitzung:	**Probleme des Verkehrs**	147
Leitung:	Privatdozent Dr. *Dieter Schröder*	
Referate:	1. *Helmut Wulf*	
	Probleme des Transitverkehrs von und nach Berlin (West)	149
	2. Dr. *Peter Schiwy*	
	Probleme der Besuchsregelung	163
	3. Professor Dr. *Wolfgang Seiffert*	
	Gesamtberliner Probleme der S-Bahn ...	177
Vierte Arbeitssitzung:	**Bewährung des Abkommens**	189
Leitung:	Professor Dr. *Eckart Klein*	
Referate:	1. Dr. *Ernst Renatus Zivier*	
	Anwendung und Beachtung des Berlin-Abkommens aus östlicher und westlicher Sicht	191
	2. Professor Dr. *Jens Hacker*	
	Die außenpolitische Resonanz des Berlin-Abkommens	217
	3. Professor Dr. *Gottfried Zieger*	
	Die Perspektiven des Berlin-Abkommens	253
Teilnehmerliste		279

Professor Dr. Gottfried Z i e g e r
Direktor des Instituts für Völkerrecht
der Universität Göttingen

Sehr geehrter Herr Bürgermeister, meine sehr verehrten Damen und Herren, liebe Kollegen,

im Namen des Vorstandes und des Vorsitzenden der Gesellschaft für Deutschlandforschung begrüße ich Sie zu unserem Symposium „Zehn Jahre Berlin-Abkommen 1971-1981. Versuch einer Bilanz". Das am 3. September 1971 unterzeichnete Vier-Mächte-Abkommen ist in den vergangenen Wochen von verschiedenen Standpunkten aus gewürdigt worden. Die Medien sind sogar auf den Gedanken gekommen, die vier Vertreter der Alliierten, die vor zehn Jahren den Unterzeichnungsakt im Gebäude des Kontrollrates vorgenommen haben, zu einer Gesprächsrunde zusammenzuführen. Dabei konnte sich leicht der Eindruck ergeben, daß die Westmächte das Abkommen aus Distanz und Verklärtheit des Pensionsalters heraus betrachteten, während die östliche Macht durch ihren aktiven Repräsentanten eine fordernde Politik zur Geltung brachte.

Von *Gustav Radbruch* stammt die Formulierung, daß das Gesetz oftmals klüger sein könne als der Gesetzgeber. Das läßt sich sicherlich auch von völkerrechtlichen Verträgen sagen. Darum interessieren heute weniger die persönlichen Bewertungen der damaligen Vertragsunterhändler, vielmehr erschließt uns das Vier-Mächte-Abkommen als solches die Geltungskraft seines Inhaltes.

Es ist deshalb von Wert, daß wir zu dem Datum des Vertragsabschlusses inzwischen Abstand gewonnen haben, um uns im Rahmen eines Symposiums aus wissenschaftlicher Sicht mit dem Versuch einer Bilanz des Vier-Mächte-Abkommens zu befassen.

Auch wenn die *Fachgruppe Rechtswissenschaft* diese Aufgabe übernommen hat, soll die Tagung nicht ausschließlich durch das juristische Prisma gesehen werden. Das Vier-Mächte-Abkommen ist wie kaum ein anderer völkerrechtlicher Vertrag eingebettet in ein dichtes Netzwerk politischer und ökonomischer, verfassungs- und besatzungsrechtlicher Interessen, in welche zudem existentielle Belange Berlins und seiner

Begrüßungsworte

Menschen ebenso einbezogen sind wie die Erwartungen Deutschlands und ganz Europas auf Befriedung eines Szenariums im Herzen Europas, das seit der Berliner Blockade 1948 zu den neuralgischsten Punkten unseres Kontinentes gezählt hat. Wenn es heute noch sinnvoll sein mag, von *Entspannung* zu sprechen, so mit Bezug auf die Lage in Berlin aufgrund des zu behandelnden Vier-Mächte-Abkommens.

Der Begriff der Entspannung hat es in sich, leicht in der Weise mißverstanden zu werden, als werde damit die Spannung auf den Nullpunkt zurückgeführt. Jedenfalls für Berlin kann nur die Aussage gemacht werden, daß das Vier-Mächte-Abkommen den einst hochpolitischen Streit um den Status der Stadt gedämpft, die Spannung also *gemindert* hat. Spannung besteht nach wie vor um die Auslegung dieses Abkommens, um seine Anwendung im Alltag. Der Inhalt eines völkerrechtlichen Vertrages von so hochpolitischer Bedeutung kann leicht beeinflußt werden durch die Lesart, die er in der späteren Praxis erfährt.

Darum hat es die Gesellschaft für Deutschlandforschung für außerordentlich wichtig angesehen, im Zuge eines zehnjährigen Erfahrungsabstandes kritisch Bilanz zu ziehen, um zu prüfen, inwieweit sich Verschiebungen oder Modifikationen in der praktischen Anwendung seit dem Inkrafttreten des Abkommens ergeben haben und welche Probleme sich uns heute darbieten. Das Berlin-Thema selbst steckt also weiterhin für den Wissenschaftler voller Spannung.

Um bei unserer Betrachtung nicht in Gefahr zu geraten, über den juristischen Problemen den Gesamtrahmen für Politik und Wirtschaft aus den Augen zu verlieren, sollen auf der ersten Arbeitssitzung die *Grundlagen* des Abkommens gewürdigt werden. Die dafür vorgesehenen Referate sind zwei Berlinern anvertraut worden, weil wir meinen, daß die politischen und wirtschaftlichen Auswirkungen des Vier-Mächte-Abkommens auf die Stadt am besten vom Ort des Geschehens aus sachkundig eingeschätzt werden können. Dafür wollen wir uns in der zweiten Arbeitssitzung dem harten Kern der *Statusfragen* zuwenden, der von Hochschullehrern bestritten wird. Die dritte Arbeitssitzung morgen früh schlägt den Bogen zu *Detailproblemen.* In seinem praktischen Anwendungswert ist das Vier-Mächte-Abkommen in erster Linie auf Verkehrsfragen hin ausgerichtet. Wir haben dabei Mut auch zu heiklen Themen, wie dem Komplex der S-Bahn. Die vierte und letzte Arbeitssitzung steht unter dem Thema, eine *Bilanz* der ersten zehn Jahre seit der Unterzeichnung des Abkommens zu ziehen. Das Referat von

Begrüßungsworte

Herrn *Zivier* über „Anwendung und Beachtung des Berlin-Abkommens aus östlicher und westlicher Sicht", in dem es um eine Zusammenfassung der jeweils behaupteten Verletzungen des Abkommens geht, kann nur in vervielfältigter Form ausgelegt werden, da der Referent zu seinem Bedauern verhindert ist. Damit werden wir uns morgen nachmittag ohne zeitlichen Druck den beiden abschließenden Referaten über die außenpolitische Resonanz und über die Perspektiven des Vier-Mächte-Abkommens zuwenden können.

Das Programm ist eine Gemeinschaftsarbeit zwischen der Fachgruppe Rechtswissenschaft der Gesellschaft für Deutschlandforschung und dem Berlin-Arbeitskreis des Kuratoriums Unteilbares Deutschland. Dieser hat sich seit Jahren mit wissenschaftlichen und praktischen Fragen der Anwendung des Vier-Mächte-Abkommens und darüber hinaus mit Problemen der Stadt beschäftigt. Von dem Arbeitskreis, insbesondere von dessen Leiter, Herrn *Baumeister,* hat auch eine *Berlin-Fibel* ihren Ausgangspunkt genommen, die im Tagungsbüro ausliegt.

Die Durchführung der Tagung ist ermöglicht worden durch Mittel, die freundlicherweise der Bundesminister für innerdeutsche Beziehungen zur Verfügung gestellt hat. Auch wenn bei der augenblicklichen Finanzlage einige Kürzungen unvermeidlich waren, können wir doch unser volles Programm abwickeln.

Nach einem Grußwort von Herrn Bürgermeister *Lummer,* für dessen Erscheinen ich namens der Teilnehmer besonders danken möchte, können wir in unser Symposium eintreten.

Erste Arbeitssitzung:

Grundlagen

Leitung: Professor Dr. *Gottfried Zieger*
Direktor des Instituts für Völkerrecht der Universität Göttingen

Referate: 1. Dr. *Dieter Baumeister*
Der offenkundige Nutzen des Berlin-Abkommens nach zehn Jahren Vertragsdauer

2. Dipl.-Volkswirt *Adalbert Rohloff*
Wirtschaftliche Auswirkungen des Berlin-Abkommens und (wirtschafts-)politische Konsequenzen

Der offenkundige Nutzen des Berlin-Abkommens nach 10 Jahren Vertragsdauer

Senatsrat Dieter B a u m e i s t e r
Senator für Inneres, Berlin

1. Einleitung

Nach 10 Jahren Berlin-Abkommen gehen alle Beteiligten von der Nützlichkeit des Abkommens aus. Es muß einen nicht schon unbedingt mißtrauisch stimmen, daß auch die Sowjetunion[1] und die DDR dem Abkommen gute Noten geben.

Lassen Sie mich deswegen – bevor ich mich in einzelne Abwägungen verzettele – das offene Geheimnis ausplaudern: Das Abkommen ist für uns Berliner – aber auch für den ganzen Westen – ja, für die Ost-West-Beziehungen insgesamt – nützlich[2]. Bevor ich diese Behauptung im einzelnen begründe, möchte ich einige Vorüberlegungen anstellen:

10 Jahre Viermächte-Abkommen bedeuten für die Kosten-Nutzen-Analyse natürlich in erster Linie, die praktischen Früchte des Abkommens zu wägen. Darüber hinaus müssen wir aber auch den Wert des ausgehandelten Textes anschauen, um den Nutzen des Abkommens dort zu veranschaulichen, wo er – wie etwa bei den Status-Bestimmungen – nicht immer in handgreiflichen Nützlichkeiten anfaßbar ist.

Wenn man vom Nutzen redet, wird man natürlich auch die Nachteile erwähnen müssen, die durch das Abkommen erwachsen, um am Ende den Saldo ziehen zu können.

Auch darf man nicht vergessen, daß Aussage und Urteil über das Abkommen vom Zeitpunkt der Beurteilung abhängig sind.

---

1 Vgl. Prawda vom 3.9.1981, Sowjetskaja Rossija vom 3.9.1981, Fernsehsendung im ARD am 2.9.1981 mit den Verhandlungsführern im Zeitpunkt des Abschlusses des Viermächte-Abkommens *Rush, Jackling, Sauvanargues* und *Abrassimow;* Bundeskanzler *Helmut Schmidt:* Das Abkommen erfüllt seinen Zweck (Tsp vom 4.9.1981).
2 So im Ergebnis auch *Blüm* im Tagesspiegel vom 3.9.1981; *Skierka* in: SüddZ vom 3.9.1981; *Nawrocki* in: Die Zeit vom 3.9.1981, *Gaebel* in: FR vom 2.9.1981.

Dieter Baumeister

Das Urteil über das Viermächte-Abkommen ist das Urteil von heute. Wir wissen nicht genau, ob dieses Urteil auch noch nach weiteren zehn Jahren so wie heute aussehen wird.

Eine letzte Vorbemerkung: Wenn mein Thema vom *offenkundigen* Nutzen des Abkommens handelt, dann bedeutet das: in diesem Referat wird nicht jeder erwähnenswerte Nutzen ausgeführt, sondern nur der eindeutige, der tendenzielle. Einzelheiten werden sicher noch in den folgenden Referaten zur Sprache kommen.

Es liegt nahe, zwischen dem Nutzen zu unterscheiden, der aus dem Abkommen selbst fließt, und dem Nutzen, der sich ohne Rücksicht auf die Einzelheiten des Abkommens aus dem Abschluß des Abkommens ergibt.

2. Schauen wir uns zunächst den Nutzen an, der sich aus dem Abkommen selbst ergibt

2.1 In gewisser Hinsicht ist die Transitregelung des Abkommens die wichtigste. Der zivile Landzugang nach Berlin war vor dem Viermächte-Abkommen nicht ausdrücklich, schon gar nicht schriftlich zwischen den vier Mächten geregelt. Außerdem war der Landzugang nach Berlin die empfindlichste Stelle, an der die Stadt in ihrer Lebensfähigkeit gestört werden konnte und vor allem Ende der sechziger und Anfang der siebziger Jahre auch gestört wurde. Der Nutzen des Abkommens zeigt sich im Transitteil schon im Text, wenn es dort heißt[3], daß der Transitverkehr von zivilen Personen und Gütern zwischen den Westsektoren und der Bundesrepublik Deutschland ... ohne Behinderungen sein wird und erleichtert werden wird, damit er in der einfachsten und schnellsten Weise vor sich geht und daß er Begünstigungen erfahren wird. Wenn dies im einzelnen außerdem bedeutet,

– daß es keine Durchsuchungen des Reisegepäcks mehr gibt;
– daß keine Visa und Straßenbenutzungsgebühren mehr von einzelnen Reisenden bezahlt werden müssen;

---

3 Vgl. II A und Anlage I des Viermächte-Abkommens, abgedruckt in: Berlin-Regelung, herausgegeben vom Presse- und Informationsamt der Bundesregierung, 1971, S. 157 ff.

Nutzen des Berlin-Abkommens

– daß Güter in verplombten Fahrzeugen unkontrolliert die DDR passieren können,

dann ist dies schon vom Text des Abkommens her ein ganz offenkundiger Nutzen. Um den praktischen Nutzen des Abkommens nach zehn Jahren Vertragsdauer zu ermessen, muß man nur zwei Zahlen kennen: im Jahre 1970 gab es 8,3 Millionen Landreisende von und nach West-Berlin. Im Jahre 1979 lautete die entsprechende Zahl 18,5 Millionen. Sicher gab es Schwierigkeiten auf den Transitstrecken, vor allem im Zusammenhang mit der 1974 erfolgten Errichtung des Bundesamtes für Umweltschutz in Berlin, mit der Zurückweisung von Bussen der Jungen Union, die zum 13. August 1976 nach Berlin fahren wollten, und natürlich im Zusammenhang mit zahlreichen Fluchthilfeunternehmungen. Wenn man aber bedenkt, daß es beispielsweise vom 1.6.1979 bis 31.5.1980 auf 18,5 Millionen Transitreisen lediglich 90 Zurückweisungen und 84 Festnahmen, davon 28 wegen Verkehrsdelikten, gegeben hat[4], dann kann man die Feststellung treffen, daß die Transitregelung im allgemeinen wenig Probleme aufwarf und als der handgreiflichste Erfolg des Viermächte-Abkommens angesehen werden kann[5]. Diese Feststellung gilt auch dann, wenn man sich da und dort noch eine Verfeinerung der Mißbrauchsklausel des Artikel 16 des innerdeutschen Transitabkommens vorstellen könnte. Ein völliger Mißbrauch der Macht der DDR-Behörden im Transit wäre allerdings auch nicht durch die raffinierteste Formel völlig auszuschließen[6]. Seit 10 Jahren gibt es routinemäßig keinen Griff ins Handschuhfach mehr, kein Anheben der Sitzbank, kein Aussteigen aus dem PKW und anschließendes Schlangestehen sowie Bezahlen; seit 10 Jahren gibt es kein routinemäßiges Öffnen des Kofferraums mehr: der Nutzen für Berliner und Berlin-Besucher sticht ins Auge. Welcher Anschlußnutzen sich daraus im einzelnen ergibt, soll hier nicht untersucht werden.

---

4 Vgl. *Wettig,* Das Viermächte-Abkommen in der Bewährungsprobe, Berlin 1981, S. 156 f.
5 Weiterhin zufriedenstellend beurteilt auch der 9. Bericht des Senats von Berlin über die Durchführung des Viermächteabkommens und der ergänzenden Vereinbarungen die Abwicklung des Transitverkehrs zwischen 1.6.1980 und 31.5.1981, AH von Berlin, Drs. 9/72, S. 8.
6 Vgl. dazu *Martin J. Hillenbrand,* Die Zukunft Berlins, 1981, S. 319 f.

Dieter Baumeister

2.2 An zweiter Stelle sollen hier die Status-Bestimmungen erwähnt werden. Bei diesen Bestimmungen liegt der praktische Nutzen nicht so offen auf der Hand wie bei den Transit-Bestimmungen. Gleichwohl gibt es auch auf diesem Gebiet einen praktischen Nutzen, der allerdings vor allem langfristig zum Tragen kommt und der die Zukunftsbewältigung der Stadt und die psychologische Bindung der West-Berliner an die Bundesrepublik und an den Westen überhaupt betrifft.

Definiert man den Status von Berlin als die Summe der rechtlichen Beziehungen der Stadt zu den vier Siegermächten und zur Bundesrepublik Deutschland, so ergeben sich aus dem Viermächte-Abkommen für diesen Status folgende Feststellungen:

- Die Viermächte-Rechte für ganz Berlin werden durch das Abkommen nicht berührt[7]. Auch wenn man sich nicht geeinigt hat, wie die Rechte im einzelnen aussehen, bedeutet dies die ausdrückliche Anerkennung alliierter Rechte in Berlin.
- Auch wenn die Sowjetunion dies nach Abschluß des Viermächte-Abkommens immer wieder – zuletzt durch ihren Botschafter in Ostberlin, *Abrassimow,* in der ARD-Fernsehsendung am 2. September 1981 – bestritten hat, nach Text, Sinn und Aufbau bezieht sich das Viermächte-Abkommen eindeutig auf ganz Berlin und nicht nur auf die Westsektoren der Stadt[8]. Daß der Schwerpunkt der praktischen Bedeutung des Abkommens auf den Westsektoren liegt, steht dem nicht entgegen.
- Die bestehende Lage in ganz Berlin, wie sie sich entwickelt hat, soll unter Berücksichtigung des vorliegenden Abkommens nicht einseitig verändert werden[9]. Dies bedeutet positiv, daß in Berlin, also auch in West-Berlin, alles, was bisher geschehen ist, weiterhin erlaubt ist, es sei denn, es wird ausdrücklich durch das Abkommen verboten. Bedeutung hatte diese Bestandsklausel z. B. bei dem Streit über die Einbeziehung Berlins in die EG, weil die Westmächte die Sowjetunion darauf hinweisen konnten, daß Berlin längst vor Abschluß des Viermächte-Abkommens in die Römischen Verträge einbezogen worden war.

---

7 Präambel Abs. 3 und I 3 des Viermächte-Abkommens.
8 Vgl. dazu *Zivier,* Der Rechtsstatus des Landes Berlin, 3. Auflage 1977, S. 198 ff.
9 Präambel Abs. 4 des Viermächte-Abkommens.

Nutzen des Berlin-Abkommens

An den Bestimmungen über die Beziehungen Berlins zum Bund ist viel kritisiert worden. Bedenkt man jedoch, mit welchem Engagement die Sowjetunion in den Verhandlungen um das Viermächte-Abkommen versucht hat, Berlin soweit wie möglich vom Bund abzukoppeln[10], so muß man diese Bestimmungen als besonders geschickt formuliert ansehen[11]. Nach dem Abkommenstext werden die Bindungen zwischen den Westsektoren Berlins und der Bundesrepublik Deutschland nicht nur aufrechterhalten, sondern auch entwickelt[12]. Damit sind diese Bindungen erstmals von der Sowjetunion ausdrücklich anerkannt worden. Diese Bindungen können überdies auf allen Gebieten – also auch, soweit sie politischer und rechtlicher Art sind – entwickelt werden[13].

Auch der zweite Teil dieser Regelung, wonach

„die Westsektoren *wie bisher* kein Bestandteil (konstitutiver Teil) der Bundesrepublik Deutschland sind und auch *weiterhin* nicht von ihr regiert werden."

ist jedenfalls nicht nur von Nachteil für Berlin, weil durch diese Regelung nur der Status quo der westlichen Teilstadt, wie er in seinen Beschränkungen schon im Vorbehaltsschreiben der Westalliierten zum Grundgesetz im Mai 1949 formuliert worden ist, zum Ausdruck kommt und festgeschrieben wird[14]. Damit ist nicht nur der Status quo der Westsektoren von Berlin fixiert worden. Vielmehr hat die Sowjetunion damit auch die bisherigen Fakten der praktischen Integration West-Berlins in den Bund anerkannt, wenn sie auch nicht dieselben Rechtsfolgen daraus gezogen hat.

Liest man dazu auch noch die Formulierungen in Anlage II 1, wonach die Bestimmungen des Grundgesetzes und der Verfassung von Berlin, soweit sie damit in Widerspruch stehen, nicht etwa aufgehoben, sondern lediglich suspendiert worden sind, so ergibt sich daraus ein insgesamt

---

10 Vgl. Wettig, aaO, S. 95.
11 Vgl. dazu *Baumeister/Zivier,* Die Statusbestimmungen des Viermächte-Abkommens und die Zukunft Berlins, 2. Auflage 1979, S. 8 f., 15 ff.
12 II B und Anlage II Nr. 1 des Viermächte-Abkommens.
13 Zu Recht meint deshalb *Zündorf,* Die Ostverträge, München 1979, S. 137, daß Abschnitt B Bindungen und Rechtslage West-Berlins oberhalb des Status quo auf einer beachtlichen Bandbreite stabilisiere.
14 Vgl. *Hillenbrand,* aaO, S. 313.

günstiges Bild von den eigentlichen Status-Bestimmungen des Viermächte-Abkommens. Der Umstand, daß die Sowjetunion und die DDR fast nie die Hauptaussage in der Bindungsklausel, sondern lediglich die Einschränkung zitieren und auch sonst in vielerlei Weise gegen die rechtmäßige Anwendung des Viermächte-Abkommens in seinen Status-Bestimmungen protestieren und Pressekampagnen führen, ist kein Zeichen der Schwäche des Abkommens[15]. Es zeigt nur, daß der Text aus der Sicht des Ostens zu günstig für die westlichen Vertragspartner ausgefallen ist.

2.3 Von großer praktischer Bedeutung ist es, daß nach dem Abkommen weiterhin Bundesgesetze nach dem bisherigen Verfahren nach Berlin übernommen werden dürfen und West-Berlin weiterhin Bundestagsabgeordnete und Bundesratsmitglieder entsendet, daß Verwaltung und Rechtsprechung des Bundes in Berlin wie in einem anderen Bundesland stattfinden, soweit dadurch nicht unmittelbare Staatsgewalt des Bundes über Berlin ausgeübt wird[16].

Auch wenn es bei der Durchführung dieser Regelungen große Schwierigkeiten gegeben hat, ist es von erheblicher praktischer Bedeutung, daß der Bund außer in Fragen der Sicherheit und des Status

- West-Berliner konsularisch betreuen kann;
- völkerrechtliche Verträge und Abmachungen auf die Westsektoren ausdehnen kann;
- die Interessen der Westsektoren in internationalen Organisationen und auf internationalen Konferenzen vertreten kann[17].

Bei all den Schwierigkeiten, die bei der Durchführung des Abkommens in diesen Punkten aufgetreten sind, insbesondere was die Einbeziehung Berlins in Verträge zwischen der Bundesrepublik einerseits und der DDR oder der Sowjetunion andererseits angeht, darf nicht vergessen werden, daß solche Schwierigkeiten ohne Viermächte-Abkommen erst recht bestünden. Die Schwierigkeiten bei der Durchsetzung umstritte-

---

15 Vgl. dazu insbesondere die von den Außenministerien der UdSSR und der DDR herausgegebenen Sammlung „Das vierseitige Abkommen über West-Berlin und seine Realisierung, Dokumente 1971 bis 1977", Ost-Berlin 1978.
16 Vgl. Interpretationsbrief der drei Botschafter an den Bundeskanzler.
17 Vgl. Anlage IV A und B des Viermächte-Abkommens.

Nutzen des Berlin-Abkommens

ner Rechtspositionen dürfen deswegen nicht als Soll in die Kosten-Nutzen-Analyse aufgenommen werden.

2.4 Von großer menschlicher Bedeutung, aber auch von großer Bedeutung für den Zusammenhalt der Deutschen in Ost und West, ist die Reise- und Besuchsregelung, die im großen und ganzen gut praktiziert wurde. Auch hier ein paar wenige Zahlen zur Verdeutlichung dieser Behauptung: 1972 gab es lediglich eine Besuchsregelung zu Ostern und Pfingsten. Dabei besuchten 1,24 Millionen West-Berliner den Ostsektor und die DDR. Vom 1. 6. 1979 bis 31. 5. 1980 waren es 3,04 Millionen. Es gab zwischen 4. 6. 1972 und 31. 5. 1980 ca. 2 000 unberechtigte Zurückweisungen. Im Verhältnis zu den fast 26 Millionen Einreisen aus West-Berlin spielen diese Behinderungen durch die DDR jedenfalls keine dramatische Rolle[18]. Erfreulich ist im übrigen, daß die Zahl der Beschwerden über die Abwicklung des Besucherverkehrs rückläufig war[19]. Beeinträchtigt wurde der Besucherverkehr vor allem durch die Erhöhungen der Pflichtumtauschsätze am 15. November 1973 (die später wieder teilweise zurückgenommen worden ist) und am 9. Oktober 1980 von damals 13,– DM auf 25,– DM. Eine ausdrückliche Regelung über die Zwangsumtauschsätze in der Besuchsvereinbarung zwischen Senat und DDR-Regierung wäre sicher hilfreich gewesen. Aber trotz der Zwangsumtauschsatzerhöhungen, die zumindest dem Geist des Viermächte-Abkommens und der Besucherregelung[20] widersprechen, muß die Regelung immer noch als nützlich im Vergleich zu dem Zustand vor Abschluß des Abkommens betrachtet werden.

2.5 Abschließend muß auch noch auf den Nutzen aus der Vereinbarung mit der DDR über Enklaven, Gebietsaustausch und andere Kommunikationsvereinbarungen nach Teil II C Abs. 2 und 3 hingewiesen werden. Stichworte dazu: Steinstücken, Havelschleuse in Spandau, Teltowkanal.

---

18 Vgl. *Wettig,* aaO, S. 221 f.
19 Vgl. 9. Bericht des Senats von Berlin, aaO., S. 4.
20 Vgl. dazu insbesondere Artikel 6 der Besuchsregelung, die weitere *Erleichterungen* in Aussicht stellt.

Dieter Baumeister

3. Welche Nachteile ergeben sich demgegenüber aus dem Abkommen?

3.1 Am greifbarsten ist der Abbau der Bundespräsenz in drei Punkten: Bundesversammlungen sowie Plenarsitzungen von Bundestag und Bundesrat dürfen in den Westsektoren nicht mehr stattfinden[21]. Bei der Bewertung dieser Regelung ist allerdings zu berücksichtigen, daß Bundestag und Bundesrat ohnehin seit vielen Jahren vor Inkrafttreten des Viermächte-Abkommens keine Plenarsitzungen mehr in Berlin abgehalten hatten.

3.2 Schwerwiegender ist das Argument, durch den Abschluß des Viermächte-Abkommens hätten erstmals die Sowjets auch ein Mitspracherecht in westberliner Angelegenheiten bekommen. Richtig daran ist, daß die den Status im weitesten Sinne betreffenden Angelegenheiten **ganz** Berlins durch das Viermächte-Abkommen, also unter Einschluß der Sowjetunion, geregelt sind. Die drei Westmächte haben jedoch, wie wir bereits gesehen haben, bis auf wenige konkrete Einzelausnahmen, in Teil II nur die Statusbeschränkungen anerkannt, die nach ihrer eigenen Auffassung bisher ohnehin schon bestanden. Darüber hinaus haben sie klargemacht, daß die Frage, wie der Status der Westsektoren im Rahmen der Generalklauseln des Abkommens und der gewachsenen Strukturen der Stadt auszulegen ist, von ihnen allein bestimmt wird. Dies kommt in Anlage II 1 zum Ausdruck, wo die Westmächte auf ihre Rechte und Verantwortlichkeiten Bezug nehmen. Zumindest der Anschein eines gewissen Mitspracherechts der Sowjets in westberliner Angelegenheiten bleibt bestehen. Dieser Nachteil wird meiner Ansicht aber dadurch wettgemacht, daß die Sowjetunion zum erstenmal die Bindungen Berlins an den Bund ausdrücklich anerkannt hat. Daß die Sowjetunion und die DDR diesem Anerkenntnis durch Herunterspielen des Begriffs „Bindungen" seine Bedeutung nachträglich wieder nehmen will, ändert an seiner vorteilhaften Bedeutsamkeit nichts. Viel gravierender ist es meines Erachtens, daß westdeutsche und westberliner Einrichtungen und Medien selbst oft durch die Verwendung von unzutreffenden Begriffen ohne Not den Teilungsbestrebungen des Ostens entgegenkommen; so wenn beispielsweise trotz einer eindeutig einheitlichen deutschen Staatsangehörigkeit von Westdeutschen und West-

---

21 Vgl. Anlage II 1 des Viermächte-Abkommens.

Berlinern in der westlichen Berichterstattung „Bundesbürger" und „Berliner" einander gegenübergestellt werden.

4. Bei der Abwägung von Nutzen und Nachteilen aus dem Abkommen selbst muß auch berücksichtigt werden, daß trotz Protesten und Demarchen, trotz Behandlung von Beschwerden in der Transitkommission und zwischen den Besuchsbeauftragten von Senat und Regierung der DDR die vier Mächte noch keine Konsultationen nach Nr. 4 des Viermächte-Abschlußprotokolls vorgenommen haben. Daraus ergibt sich, daß beide Seiten die behaupteten Verstöße der jeweiligen anderen Seite nicht so wichtig genommen haben, wie dies manchmal in der Tagespolitik ausgesehen haben mag. Der Saldo aus dem Viermächte-Abkommen selbst und seiner zehnjährigen Anwendungspraxis ist also einwandfrei positiv.

5. Es ist klar, daß die Viermächte-Vereinbarungen insbesondere in ihrem Transitteil, aber auch die Besuchervereinbarung und die Statusregelung neben vielen praktischen Vorteilen einen positiven psychologischen Schub für Berlin bedeuten[22].

Welche Vorteile ergeben sich nun aber aus dem *Abschluß* des Abkommens?

5.1 Von dem von allen Seiten als vorteilhaft empfundenen Viermächte-Abkommen ist sicher eine entspannende und entkrampfende Wirkung auf alle Beteiligten ausgegangen.

5.1.1 Dies gilt insbesondere für Berlin selbst. Berlin leidet am meisten unter der Trennung der Welt in zwei Hälften, da die Trennungslinie mitten durch die Stadt läuft. Hier, wo der Eiserne Vorhang eine kommunale Tatsache ist, wirkt alles, was die Teilung und die Isolierung der Stadt auch nur ein wenig auflockert, entspannend und entkrampfend. Das Berlin-Abkommen und die deutsch-deutschen Zusatzabkommen haben den Berlinern überdies gezeigt, daß man in Berlin und über Berlin trotz gegenteiliger Standpunkte miteinander reden kann.

---

22 Vgl. dazu *Hillenbrand,* aaO, S. 346.

Dieter Baumeister

5.1.2 Das Viermächte-Abkommen hat aber natürlich auch für Deutschland als Ganzes Vorteile gebracht. Ohne den Abschluß dieses Abkommens hätte es weder Moskauer noch Warschauer Vertrag noch den deutsch-deutschen Grundlagenvertrag gegeben. Wenn man die Ostpolitik der Bundesregierung als eine gute Politik auch zur Aufrechterhaltung der Zusammengehörigkeit von Deutschen in Ost und West ansieht, dann muß man auch feststellen, daß die wahrscheinlich wichtigste Säule dieser Ostpolitik das Berlin-Abkommen darstellt. Die von den Sowjets im Berlin-Abkommen gemachten Konzessionen waren der Preis für Leistungen der Bundesregierung in den Ostverträgen, wobei man sich nicht des Eindrucks erwehren kann, daß bei der Aushandlung dieses ineinander verflochtenen Vertragswerks ausnahmsweise einmal die Dialektik des Guten geherrscht hat: denn die Konzessionen der Bundesregierung an die Sowjetunion, an Polen und an die DDR dienten genauso einer friedlichen Entwicklung unserer Beziehungen zu diesen Staaten, wie umgekehrt die von den Sowjets in Sachen Berlin gemachten Konzessionen in Wirklichkeit auch Vorteile zugunsten der Sowjetunion waren, da sie ihr Verhältnis zum Westen durch Abwurf einigen Berlin-Ballastes verbesserte.

5.1.3 Die mit der Berlin-Politik unauflösbar verknüpfte Ostpolitik hat aber nicht nur in Deutschland selbst für Entspannung gesorgt, sondern der gesamten europäischen Region eine gewisse positive Dynamik beschert. Das Helsinki-Abkommen wäre sicher ohne Viermächte-Abkommen nicht zustande gekommen. Man mag sich kritisch mit dem Versuch West-Europas auseinandersetzen, sich gelegentlich in die Politik der Supermächte einzumischen. Auf jeden Fall erscheint es mir aber als Vorteil, daß die Bundesregierung und andere westeuropäische Regierungen aufgrund der relativ entspannten Situation in Europa durch Gespräche mit Führern der Sowjetunion Einfluß auf weltpolitische Geschehnisse nehmen können. Wenn heute ein deutscher Bundeskanzler den sowjetischen KP-Chef trifft, muß er nicht aus richtig verstandenem nationalen Interesse als erstes brennende Berlin-Probleme mit ihm diskutieren.

5.1.4 Sicher haben das Berlin-Abkommen und die Ostpolitik auch das Verhältnis der Supermächte zueinander entspannt. Im Hinblick auf die Großmächte muß man jedoch mit dieser Feststellung etwas vorsichtiger sein. Auf dieser hohen Ebene nämlich, wo Berlin und Deutschland nur zwei der vielen Interessen weltpolitischer Art darstellen, muß das Berlin-

Nutzen des Berlin-Abkommens

Abkommen nicht nur als Entspannungsfaktor angesehen werden, sondern auch als Objekt der Entspannung. Das bedeutet: Wenn sich aus anderen Gründen – etwa wegen der Invasion der Sowjetunion in Afghanistan oder ihrer Intervention in polnische Angelegenheiten oder weil das weltweite Wettrüsten nicht eingeschränkt werden kann – die Entspannung totläuft, kann sich dies trotz Berlin-Abkommens negativ auf die Stadt auswirken. Das Berlin-Abkommen hat die Entspannung entscheidend gefördert, aber das Abkommen genießt politischen (nicht rechtlichen) Bestandsschutz nur, solange die Entspannung selbst dem Abkommen diesen Schutz gewährt. Immerhin haben die vier ehemaligen Siegermächte durch das Erfolgserlebnis des Viermächte-Abkommens die Erfahrung gemacht, daß man solche schwierigen Probleme wie die um Berlin durch vertragliche Regelungen wenigstens teilweise lösen kann, selbst wenn man dabei den Namen des Problems, nämlich Berlin, an den entscheidenden Stellen ausspart. In der bereits erwähnten Fernsehdiskussion am 2. September 1981 wurde denn auch die Möglichkeit andiskutiert, das Viermächte-Abkommen als Modell für Abrüstungsverhandlungen zu nehmen.

Auf keinen Fall kann die mit Berlin verbundene Entspannung als für die westliche Strategie in der globalen Ost-West-Auseinandersetzung hinderlich angesehen werden. Im Gegenteil: Wie auch immer die Beziehungen zwischen den Supermächten im einzelnen aussehen mögen, die grundsätzliche Bereitschaft der Sowjetunion, Berlin-Probleme friedlich zu erörtern, ist ein Aktivum in der Verteidigungsstrategie des Westens.

5.2 Ein weiterer Vorteil des Abschlusses des Viermächte-Abkommens scheint mir die Möglichkeit, in Berlin mehr Innenpolitik als bisher zu machen. Berlin steckt zum Teil aufgrund seiner exponierten Lage voller brisanter innenpolitischer Spannungen. Ich denke dabei vor allem an die Überalterung der Bevölkerung, den Arbeitsplätzemangel, die hohe Zahl von Ausländern, den Mangel an Wohnungen und an das Problem der Hausbesetzungen. Dieser keineswegs abschließende Problemkatalog zeigt, daß Berlin mehr als andere große deutsche Städte kommunalpolitisch aufs äußerste gefordert ist und daß es der Stadt guttäte, wenn sie alle verfügbaren personellen und finanziellen Ressourcen auf den innenpolitischen Kampfplatz werfen könnte[23].

---

23 Vgl. dazu *Skierka*, aaO.

Dieter Baumeister

6. Wenn ich mir überlege, welche Gefahren aus dem Abschluß des Abkommens für Berlin erwachsen sind, so muß ich

6.1 gleich bei dem zuletzt erwähnten Vorteil beginnen. Die Hinwendung Berlins zur Innenpolitik darf auch 10 Jahre nach Abschluß des Viermächte-Abkommens nicht bedeuten, daß die sich weiterhin aus der Teilung der Stadt ergebenden rechtlichen und politischen Probleme übersehen werden. Wegen seiner geopolitischen Lage ist Berlin auch nach Abschluß des Viermächte-Abkommens weiterhin in Gefahr. Entspannungsbemühungen und -erfolge dürfen diese Gefahren nicht verschleiern. Die Politik in und um Berlin wird auch weiterhin ein Drahtseilakt zwischen Entspannungsbemühungen auf der einen Seite und der Wachsamkeit auf der anderen Seite gegen Maßnahmen des Ostens sein müssen, die Berlins Existenz gefährden könnten. Nur das Drahtseil ist seit Abschluß des Viermächte-Abkommens etwas breiter geworden.

6.2 Es wird gelegentlich behauptet, seit Abschluß des Viermächte-Abkommens sei in Berlin selbst eine gewisse Müdigkeit aufgetreten, die vielleicht darauf zurückzuführen sei, daß man glaube, alles sei zum Besten der Stadt gelaufen. So ist das nicht. Man wird sich sehr anstrengen müssen, um die Vorteile des Berlin-Abkommens zu nutzen. Der psychologische Impuls zugunsten der Stadt hat sich offenbar nicht so sehr – wie manche Experten ursprünglich glaubten – auf die Wirtschaft ausgewirkt. Man muß in Berlin hart arbeiten, um die Vorteile des Abkommens auch richtig zum Tragen zu bringen[24]. *Willy Brandt* hat 1972 zu Recht darauf hingewiesen, daß die Berliner sich weiterhin anstrengen müßten, um Berlin zu einem geistigen, kulturellen Mittelpunkt und zu einem internationalen Zentrum der Kommunikation auszubauen. Das gilt auch heute noch.

6.3 Nachteile für die nationale Funktion Berlins sehe ich in dem Abkommen nicht. Es ist müßig, darüber zu streiten, ob durch das Abkommen Berlins Anspruch, einmal wieder deutsche Hauptstadt zu werden, gefestigt oder geschwächt worden ist. Formell ist die Hauptstadtfunktion sicher in noch weitere Ferne gerückt. Auf lange Sicht jedoch erscheint die mit dem Berlin-Abkommen eng verknüpfte Ost-

---

[24] Vgl. dazu *Nawrocki*, Berliner Wirtschaft: Wachstum auf beschränktem Raum, in: Berlin-Fibel, Berichte zur Lage der Stadt, Berlin 1975, S. 247 ff. (S. 298 ff.)

und Deutschlandpolitik die einzige Möglichkeit zu sein, den Anspruch des deutschen Volkes auf ein einheitliches Staatsdach politisch zu wahren[25], weil nur durch diese Politik das Auseinanderdriften der Bevölkerungen in den beiden deutschen Staaten – so gut es eben den Umständen entsprechend geht – verhindert wird. Außerdem kann man die These wagen, daß alles, was Berlin nutzt, auch Deutschland nutzt. Dies ist einer der Hauptgründe, warum die DDR die Existenzsicherung der Westsektoren so widerwillig unterstützt.

7. **Es gibt sicher noch manche Aspekte des Viermächte-Abkommens, die man für die Kosten-Nutzen-Analyse heranziehen könnte. Ich will es jedoch bei den bisherigen Fakten und Argumenten belassen, da schon aus ihnen ein deutliches Übergewicht zugunsten des Viermächte-Abkommens erwächst.**

Lassen Sie mich zusammenfassen:

Der Nutzen des Viermächte-Abkommens ist offenbar. Und das vielleicht Paradoxe an der Situation ist, daß dieser Nutzen nicht einseitig beim Westen oder beim Osten liegt, sondern daß alle Seiten von diesem Viermächte-Abkommen profitieren. Das hängt damit zusammen, daß das Abkommen echte praktische Teillösungen – insbesondere für den Transit – gefunden hat, aber auch Rahmenbedingungen für die komplizierten Statusprobleme der Stadt anbietet, und daß diese Teillösungen oder Lösungsansätze nicht nur den unmittelbar Betroffenen – den West-Berlinern – Erleichterungen bringen, sondern auch den zumindest scheinbar Gebenden als Bonus Entspannungserleichterungen bescheren. Diese sind dann wieder auf anderen Gebieten – etwa bei Handelsvereinbarungen oder Abrüstungsgesprächen – von Vorteil.

Dieses also für alle Beteiligten vorteilhafte Viermächte-Abkommen darf aber nicht darüber hinwegtäuschen, daß es kein sanftes Ruhekissen ist, auf dem Berlin ad infinitum schlafen könnte. Vielmehr ist es selber eine Funktion der Entspannung und eine Aufforderung, an die weitere Lösung von Ost/West-Konflikten zu gehen, wozu letzten Endes, trotz Viermächte-Abkommens, immer noch das Deutschland- und Berlin-Problem gehören.

---

25 So im Ergebnis auch: *Kemna* in: Die Welt vom 3.9.1982.

Wirtschaftliche Auswirkungen des Berlin Abkommens und (wirtschafts-)politische Konsequenzen

Von Dipl.-Volksw. Adalbert Rohloff,
Geschäftsführer in der
Industrie- und Handelskammer zu Berlin
und Chefredakteur der Zeitschrift „Die Berliner Wirtschaft"

Eine wirtschaftliche und wirtschaftspolitische Bilanz zehn Jahre nach Abschluß des Viermächte-Abkommens über Berlin und zehn Jahre nach Inkrafttreten der Vereinbarungen ist und bleibt zwiespältig. Einerseits liegt ganz klar auf der Hand, daß das Viermächte-Abkommen für die Wirtschaft der Stadt und für potentielle Investoren ganz beträchtliche Vorteile gebracht hat; andererseits lassen sich die positiven Auswirkungen des Berlin-Abkommens kaum quantifizieren. Was für wirtschaftliche Betrachtungen generell eine Rolle spielt, gilt für die Entwicklung Berlins in ganz besonderem Maße. Feststellbare Entwicklungen sind nie eindeutig ganz bestimmten Ursachen zuzuordnen. Monokausale Zusammenhänge sind ganz selten. Meistens handelt es sich um viele Ursachen, die in bestimmten Entwicklungen zusammenfließen. Außerdem gibt es vielfältige Wechselbeziehungen zwischen wirtschaftlichen Entwicklungslinien und politischen Strömungen. Die Interdependenz zwischen Wirtschaft und Politik und umgekehrt ist am Platz Berlin besonders groß.

Positive wirtschaftliche Ansätze, die das Berlin-Abkommen zweifellos gebracht hat, konnten sich teilweise nicht voll entfalten, weil die gesamtwirtschaftlichen Tendenzen nicht nur in der Bundesrepublik Deutschland, sondern weltweit dem entgegenstanden. So hätte das Berlin-Abkommen zwar Investitionen in Berlin politisch erleichtert; wirtschaftlich litt die Investitionsgüterindustrie Berlins aber in den siebziger Jahren darunter, daß in der gesamten Bundesrepublik eine ausgesprochene Investitionsschwäche zu verzeichnen war, die insgesamt zu einer Investitionslücke geführt hat. Außerdem geriet die gesamte Weltwirtschaft kurze Zeit nach Inkrafttreten des Viermächte-Abkommens in die erste größere Rezession. Die Expansion der Erdöl- und Rohstoffpreise verschärfte einen weltweiten Strukturwandel mit erheblichen Rückwirkungen auch auf die Wirtschaft Berlins. Alle diese Zusammenhänge müssen bei einer Analyse der Wirkungen des Viermächte-Abkommens mit berücksichtigt werden. Weitere wirtschaftliche und wirtschaftspolitische, aber auch psychologische Faktoren kommen hinzu.

Schließlich spielt die positive Bedeutung einer aktiven Berlin-Politik oder die negative Rückwirkung einer unzureichenden Berlin-Politik eine ganz entscheidende Rolle. Die wirtschaftlichen Möglichkeiten des Viermächte-Abkommens werden nicht automatisch wirksam. Sie erfordern ein entsprechendes Verhalten der wirtschaftenden Menschen und der entscheidenden Unternehmer. Dieses Verhalten kann durch politische Maßnahmen erleichtert und gefördert, aber auch erschwert werden. Im Rückblick auf die siebziger Jahre wird dies ganz offenkundig. Es gilt, daraus für die achtziger Jahre entscheidende Lehren zu ziehen. Dafür mögen die folgenden Betrachtungen wichtiger Entwicklungslinien und Zusammenhänge hilfreich sein:

I. Größeres Sicherheitsgefühl erleichtert wirtschaftliches Engagement

Wenn man fragt, welche wirtschaftlichen Vorteile das Berlin-Abkommen generell und im einzelnen gebracht hat, so liegen die Hauptvorteile wahrscheinlich im politisch-psychologischen Bereich, während die konkreten Verbesserungen sich vor allem auf den Berlin-Verkehr beziehen. Berlin (West) hatte durch die Garantien der Westmächte objektiv zwar immer ein großes Maß an Sicherheit, aber in der subjektiven Einschätzung mancher Berliner und mehr noch potentieller Kunden und Investoren außerhalb der Stadt wurde Berlin keineswegs als so sicher empfunden, wie dies objektiv gerechtfertigt gewesen wäre. Das Berlin-Problem ist einerseits ein objektives Problem, das mit der geopolitischen Lage und den Folgen der Teilung Deutschlands zusammenhängt. Es ist aber auch sehr stark eine Frage der Psychologie. Das gilt nicht mehr für den wirtschaftlichen Bereich. Auch Investitionen werden nicht nur nach objektiven Kriterien und rein rationalen Erwägungen an dem einen oder anderen Standort vorgenommen, sondern psychologische Faktoren, wie emotionale Bindungen positiv oder Vorbehalte und Vorurteile negativ, spielen eine große, ja vielleicht entscheidende Rolle.

Durch das Berlin-Abkommen ist nun für Berlin (West) vor allem eine politische-psychologische Stabilisierung erreicht worden. Der gewachsene Status der Westsektoren Berlins wurde bestätigt und auch von der Sowjetunion sehr weitgehend akzeptiert, jedenfalls in den entscheiden-

Wirtschaftliche Auswirkungen

den Grundelementen. Die Westmächte haben ihre Positionen in bezug auf Berlin gewahrt und ihre Garantien für Berlin (West) wiederholt und eindrucksvoll bekräftigt. Die Zugehörigkeit von Berlin (West) zum Wirtschaftsgebiet der Bundesrepublik Deutschland und zur Gesellschaftsordnung der Bundesrepublik funktioniert in der Praxis reibungslos. Auch die Außenvertretung durch die Bundesrepublik Deutschland ist weitgehend eine praktische Selbstverständlichkeit. Streitfragen und Grenzprobleme in bezug auf die Bindungen Berlins zur Bundesrepublik und im Zusammenhang mit der Außenvertretung durch die Bundesrepublik beschäftigen Politiker und Experten zwar immer noch, aber sie haben für das öffentliche Bewußtsein keine so große Bedeutung mehr wie früher. Man hat vielmehr den Eindruck, daß in bezug auf Berlin ein sehr weitgehender Konsens und eine Bereitschaft zur praktischen Kooperation bei Respektierung unterschiedlicher Rechtsstandpunkte und politischer Positionen besteht. Hinzu kommen die praktischen Verbesserungen für die Bewohner und Besucher, vor allem die Erleichterungen im Transitverkehr, die das Lebensgefühl positiv beeinflußt haben.

Alle diese Faktoren haben zusammen bewirkt, daß es bei den Berlinern selbst, aber auch bei potentiellen Kunden und Investoren ein größeres Sicherheitsgefühl gibt, was die Lage und die Zukunftsaussichten von Berlin (West) angeht. Ein Barometer dafür ist z. B. die Tatsache, daß große weltpolitische Krisen und Erschütterungen, die durch die Stichworte Iran, Afghanistan und Polen nur angedeutet werden, in Berlin zu keiner größeren Beunruhigung geführt haben als sonst in der Bundesrepublik Deutschland. In der Vergangenheit war die politisch-psychologische Lage Berlins viel krisenanfälliger und labiler, was die Gefahr äußerer Bedrohungen anging. Gefahren werden heute viel weniger isoliert für Berlin gesehen, sondern viel stärker als generelle weltpolitische Gefährdungen empfunden. Ein besonderes Berlin-Risiko wird dagegen kaum noch gesehen. Es ist geradezu eine Paradoxie der gegenwärtigen Situation, daß eine größere äußere Sicherheit in dem Empfinden vieler Bürger einhergeht mit zunehmenden inneren Problemen und Unsicherheiten.

Wenn man nun fragt, in welchen positiven wirtschaftlichen Daten sich diese politisch-psychologischen Verbesserungen zeigen, so stellt sich das eingangs skizzierte Problem der eindeutigen Zurechenbarkeit feststellbarer Entwicklungen auf bestimmte Ursachen. Trotz vieler Vorbehalte

Adalbert Rohloff

gibt es aber vor allem drei Entwicklungslinien, die zumindest sehr starke Indizien für die behaupteten Verbesserungen sind:
1. die starke Zunahme des Straßenverkehrs von und nach Berlin, vor allem die Zunahme des Pkw-Verkehrs von 6 Millionen Transitreisenden im Jahre 1970 auf 16 Millionen im Jahre 1981;
2. die Tatsache, daß die Investitionen in der Berliner Industrie von 1970 bis 1981 insgesamt stärker zugenommen haben (+ 69 %) als im Bundesdurchschnitt (+ 34 %), was teilweise auch durch Neuansiedlungen in Berlin mitbewirkt worden ist;
3. der starke Anstieg der Grundstückspreise in Berlin, der einerseits mehr Vertrauen in die Zukunft Berlins zum Ausdruck bringt, andererseits aber auch mit der Enge des Marktes bei steigender Nachfrage zusammenhängt.

II. Durch Besuchsregelung verbesserte Lebensqualität und verbessertes Lebensgefühl

Für die verbesserte Lebensqualität und für das verbesserte Lebensgefühl der Einwohner von Berlin (West) sind nicht nur die Erleichterungen im Transitverkehr von großer Bedeutung, sondern auch die Besuchsmöglichkeiten im anderen Teil der Stadt und in der DDR, die durch das Berlin-Abkommen eröffnet worden sind. Zwar sind solche Besuche immer noch mit umständlichen Prozeduren und erheblichen finanziellen Belastungen verbunden, besonders seit der Erhöhung des Zwangsumtausches, aber gemessen an der Situation in den sechziger Jahren sind die Vorteile doch ganz offenkundig. Über viele Jahre bestanden nur sehr eingeschränkte Möglichkeiten im Rahmen begrenzter Passierscheinregelungen nach Ost-Berlin einzureisen, und die DDR blieb den West-Berlinern total verschlossen. Jetzt besteht ein Rechtsanspruch auf Besuche im anderen Teil der Stadt und in der DDR, und zwar nicht nur für Verwandten-Besuche, sondern auch einfach als Tourist. Das schöne Umland Berlins steht den Berlinern damit wieder mehr als in der Vergangenheit zur Verfügung. Es trägt mit dazu bei, die Standortqualität für Arbeitnehmer und Führungskräfte zu verbessern. Berlin (West) ist heute viel weniger Insel als früher. Dadurch besteht ein geringerer Abwanderungsdruck und ein gewisser Anreiz auch für Zuwanderer. Leider kommt dies in der Wanderungsstatistik und in der Bevölkerungsentwicklung nicht zum Ausdruck.

Wirtschaftliche Auswirkungen

Für die Wanderungsbewegung und für die Bevölkerungsbilanz sind andere Faktoren viel bestimmender. Da sind einmal die demographischen Komponenten, die sich aus der Bevölkerungsstruktur und einer starken Überalterung ergeben. Diese Überalterung führt dazu, daß jährlich in Berlin mehr Menschen sterben als geboren werden (- 16 000 im Jahre 1980), so daß selbst bei ausgeglichener Wanderungsbilanz eine Verringerung der Bevölkerungszahl unvermeidlich ist. Dieser biologische Trend kann nun durch die Wanderungsbewegung zusätzlich verschärft oder gemildert werden, je nachdem, ob es per Saldo mehr Abwanderungen oder mehr Zuwanderungen gibt. Die Wanderungsbewegung wird insgesamt sehr stark von wirtschaftlichen Ursachen innerhalb oder außerhalb Berlins einerseits, aber auch von vielen persönlichen Motiven und Lebensumständen andererseits bestimmt. Wanderungsgewinne größeren Ausmaßes lassen sich für Berlin nur erzielen, wenn Zuwanderern attraktive Lebens- und Arbeitsbedingungen geboten werden können, was zusätzliche Arbeitsplätze erfordert, während für die siebziger Jahre im Gegenteil ein Verlust industrieller Arbeitsplätze durch technologischen Wandel und Rationalisierung kennzeichnend waren. Hinzu kommen die aktuellen Probleme der Arbeitslosigkeit infolge konjunktureller Nachfrageschwäche und Strukturwandel sowie geburtenstarke Jahrgänge.

So ist die Bevölkerungszahl von Berlin (West) bereits in den letzten Jahren unter die 2-Millionen-Grenze gesunken. Sie nimmt weiter kontinuierlich ab. Eine Prognose des Deutschen Instituts für Wirtschaftsforschung, die der Senat seinen Planungen bis 1987 zugrundelegt, sieht einen Bevölkerungsrückgang bis 1990 um 200 000 auf 1,79 Millionen Einwohner vor. Nach den Modellrechnungen des DIW ist der Rückgang abhängig vom Wirtschaftswachstum sowie der Zahl der geschaffenen Arbeitsplätze und der damit ausgelösten möglichen Zuwanderung. Je größer der Bevölkerungsrückgang ist, um so stärker wird die Entwicklung nicht-industrieller Wirtschaftszweige beeinträchtigt, die weit überwiegend für den Binnenmarkt arbeiten. Betrachtet man die wirtschaftliche Entwicklung bis Ende 1982 und die eher skeptischen Prognosen für die weitere gesamtwirtschaftliche Entwicklung, so müssen die früheren Modellrechnungen des DIW heute schon als sehr optimistisch beurteilt werden.

Die Entwicklung der Besuche im anderen Teil der Stadt und in der DDR zeigt nicht nur das Ausmaß der erreichten Verbesserungen, sondern

Adalbert Rohloff

auch ihre Abhängigkeit von weiteren politischen Maßnahmen. So war zunächst ein schneller und starker Anstieg auf 3 Millionen bis 3,5 Millionen zu verzeichnen. Nach Erhöhung des Zwangsumtausches ging die Zahl der Besuche dann drastisch zurück, und zwar auf 1,8 Millionen im Jahre 1981. Eine Reduzierung dieses erhöhten Zwangsumtausches oder wenigstens eine teilweise Auflockerung bleibt deshalb nicht nur für eine Stärkung der menschlichen und der innerdeutschen Beziehungen wichtig, sondern auch für das Lebensgefühl und für die Bewegungsmöglichkeiten der Bewohner von Berlin (West).

III. Erleichterter und verbesserter Berlin-Verkehr als größter objektiver Vorteil

Der größte objektive Vorteil des Berlin-Abkommens liegt zweifellos in den Erleichterungen des Transitabkommens. Diese Verbesserungen haben auch die größte wirtschaftliche Bedeutung, und zwar sowohl für den Personenverkehr als auch für den Güterverkehr. Die Konsequenzen und Wirkungen unterscheiden sich jedoch nicht unerheblich. Im Personenverkehr war infolge der Erleichterungen des Transitabkommens eine sehr starke Zunahme des Pkw-Verkehrs auf den Straßen zu verzeichnen. Die Zahl der Transitreisenden stieg von 6 Millionen im Jahre 1970 auf 16 Millionen im Jahre 1981. Die Zunahme des Pkw-Verkehrs ging teilweise zu Lasten des Flugverkehrs. Nicht nur die Erleichterungen des Transitverkehrs (beschleunigte Abfertigung, Identitätskontrollen, inhaltliche Kontrolle nur in Mißbrauchsfällen) haben die Zunahme des Pkw-Verkehrs gefördert, sondern auch der durch die Hilfe der Bundesrepublik geförderte Ausbau der Autobahnen.

Im Güterverkehr war eine ähnlich starke Zunahme wie im Pkw-Verkehr nicht zu erwarten. Der Güterverkehr ist viel stärker von der konjunkturellen Entwicklung abhängig. Auch in der Vergangenheit galt für den Güterverkehr, daß die meisten Güter von und nach Berlin über die Straße transportiert wurden und daß praktisch keine Schraube verlorenging. Die Probleme des Güterverkehrs bestanden in seiner Unkalkulierbarkeit und in mehr oder weniger schikanösen Kontrollen. Unterhalb der Schwelle der alliierten Garantien für einen gesicherten Berlin-Verkehr hatten sich die DDR-Behörden einen großen Spielraum für Abfertigung nach Gutdünken herausgenommen. So waren stundenlange Wartezeiten und sehr detaillierte Kontrollen leider keine Selten-

Wirtschaftliche Auswirkungen

heit, sondern eher die Regel. Die Verbesserungen des Transitabkommens liegen deshalb vor allem in der zügigen und reibungslosen Abwicklung auch des Güterverkehrs. Durch das Verplombungsverfahren wird der Güterverkehr jetzt nicht mehr inhaltlich durch die DDR kontrolliert, sondern die DDR-Behörden haben lediglich die Unversehrtheit der Plomben und die Korrektheit der Begleitdokumente zu überprüfen. Ursprüngliche Befürchtungen der Wirtschaft, daß dieses Verplombungsverfahren, das sich am internationalen Zollverkehr orientiert, zu einer unnötigen Kompliziertheit und Bürokratisierung des Güterverkehrs führen würde, haben sich erfreulicherweise als unbegründet erwiesen.

Der Güterverkehr von und nach Berlin funktioniert auf der Basis des Transitabkommens praktisch reibungslos. Die Unternehmen sehen heute kein besonderes Liefer- oder Transportrisiko mehr, so daß man auch besondere Transportrisiko-Versicherungen nicht mehr für notwendig hält. Der Güterverkehr von und nach Berlin ist für die Wirtschaft sicherer und kalkulierbarer geworden. Dadurch wurde die wechselseitige Integration zwischen der Wirtschaft Berlins und der Wirtschaft im Bundesgebiet gefördert. So sind Berliner Werke heute als Zuliefererbetriebe für westdeutsche Unternehmen fester Bestandteil der Unternehmenspolitik, wie es auch umgekehrt der Fall ist. Zwei Beispiele mögen dies verdeutlichen. So sind in jedem Pkw, der bei der Daimler Benz AG in Stuttgart vom Band läuft, wichtige Teile aus der Berliner Fertigung enthalten. Die BMW AG hat ihre gesamte Motorrad-Fertigung auf Berlin konzentriert, so daß jedes BMW-Motorrad, das irgendwo in der Welt gefahren wird, aus Berlin stammt. Weitere Beispiele für eine wechselseitige und totale wirtschaftliche Integration ließen sich anführen.

IV. Berlin bleibt auf Ausgleich der Standortnachteile angewiesen

Diese skizzierten Verbesserungen für Berlin, die vor allem in der Besuchsregelung und im Transitabkommen zu sehen sind, bedeuten allerdings nicht, daß damit die Standortnachteile von Berlin (West) beseitigt wären oder daß damit gar das Berlin-Problem gelöst wäre. Im Gegenteil. Grundlage des Viermächte-Abkommens war geradezu eine Fixierung und Verfestigung des Status quo und der Folgen der Teilung Deutschlands. Durch die Erleichterungen im Berlin-Verkehr und durch

Adalbert Rohloff

die Verbesserungen für die Berliner sollten diese Folgen lediglich etwas gemildert und erträglicher gemacht werden. Die grundsätzlichen Probleme und Standortnachteile Berlins, die eine Folge der Teilung Deutschlands und des Verlustes der Hauptstadtfunktionen sind, blieben ungelöst. Sie lassen sich nur in einer längerfristigen Perspektive im Rahmen historischer Veränderungen überwinden. Solange bleibt Berlin auf den Ausgleich bestehender Standortnachteile durch die Berlinförderung der Bundesrepublik Deutschland angewiesen.

Auch die Standortnachteile Berlins lassen sich im einzelnen nicht quantifizieren. Sie haben von Fall zu Fall unterschiedliches Gewicht und werden durch psychologische Faktoren verstärkt. Die wirtschaftliche Grundproblematik von Berlin (West) besteht darin, daß die Stadt die gewachsene Struktur einer Hauptstadt hat, ohne echte Hauptstadtfunktionen oder wenigstens Metropolfunktionen für das Umland wahrnehmen zu können. Für die mit den Hauptstadtfunktionen verlorengegangenen überregionalen Dienstleistungen konnte nur teilweise durch Bundesbehörden und andere Aktivitäten Ersatz geschaffen werden. Die Ansiedlung weiterer Bundesbehörden ist durch das Viermächte-Abkommen nicht leichter geworden, wie die Auseinandersetzungen um die Errichtung des Umweltbundesamtes in Berlin gezeigt haben. Danach gibt es kaum Chancen für neue Bundesbehörden in Berlin, sondern im wesentlichen nur für einen kontinuierlichen Ausbau vorhandener Einrichtungen. Hoffnungen, Berlin (West) könnte auf der Basis des Viermächte-Abkommens zu einem europäischen oder gar internationalen Zentrum gemeinsamer Aktivitäten zwischen Ost und West entwickelt werden, haben sich als unrealistisch erwiesen. Lediglich im Bereich des Kongreßwesens sind wirklich größere neue Möglichkeiten entstanden.

Für zahlreiche Wirtschaftsaktivitäten in Berlin gibt es eine Reihe größerer Handicaps, die mit der isolierten geographischen Lage im geteilten Deutschland und mit dem fehlenden wirtschaftlichen Umland zusammenhängen. Daraus resultieren z. B. die folgenden Konsequenzen und Standortnachteile:
– keine Einpendler für die Wirtschaft aus dem Umland;
– keine Kunden für Handel und Gastgewerbe aus der näheren Umgebung;
– keine wirtschaftliche Expansion über die Grenzen der Stadt hinaus;
– Energie-Insel ohne Anschluß an den europäischen Energieverbund;

Wirtschaftliche Auswirkungen

- weite Entfernung der Bezugs- und Absatzmärkte;
- beschränkte Möglichkeiten der wirtschaftlichen Kommunikation zwischen unterschiedlichen Wirtschafts- und Gesellschaftssystemen.

Aus all diesen Gründen bleibt die Stadt auf Berlinhilfe und die Wirtschaft auf einen Ausgleich der Standortnachteile durch besondere Maßnahmen der Berlinförderung angewiesen. Die besondere Berlinhilfe, die sich in Zuschüssen des Bundes zum Berliner Etat äußert, hängt auch mit der besonderen staatsrechtlichen Stellung Berlins zusammen, die eine Teilnahme Berlins am allgemeinen Finanzausgleich zwischen den Bundesländern nicht zuläßt. Die Berlinhilfe ist eine Verpflichtung der Bundesrepublik Deutschland gegenüber den Westmächten im Zusammenhang mit dem Abschluß des Deutschland-Vertrages. Ohne die Bedeutung dieser Berlinhilfe damit schmälern zu wollen, muß auch darauf hingewiesen werden, daß der Bund den Umfang dieser Berlinhilfe weitgehend durch Steuereinnahmen in Berlin refinanziert.

In diesem Zusammenhang muß vor einer Überschätzung der Möglichkeiten des Ost-West-Handels und der Ost-West-Kooperation für Berlin gewarnt werden. Berlin (West) verfügt in dieser Beziehung zwar über gewisse Standortvorteile und begrenzte zusätzliche Möglichkeiten. Diese können jedoch keineswegs eine Alternative zur Westintegration sein. Nicht nur politisch, auch wirtschaftlich liegt die Zukunft von Berlin (West) im Wirtschaftsaustausch mit dem übrigen Bundesgebiet und in der Zugehörigkeit zu den Europäischen Gemeinschaften. Von allen Lieferungen und Bezügen Berlins werden rund drei Viertel mit dem übrigen Bundesgebiet abgewickelt (74,8% der Lieferungen und 76,5% der Bezüge im Jahre 1981). Der Handel mit der DDR hatte an den Lieferungen Berlins im Jahre 1981 nur einen Anteil von 1,5% und an den Bezügen einen Anteil von 6,9%. Auf den Außenhandel (ohne Handel mit der DDR) entfielen 23,7% der Lieferungen und 16,6% der Bezüge. Im Rahmen dieses Außenhandels ist der Handel mit einzelnen westeuropäischen Ländern wichtiger als mit allem osteuropäischen Ländern zusammengenommen. Auch die Länder der Dritten Welt haben für Berlin eine größere wirtschaftliche Bedeutung. Die Exportquote der Staatshandelsländer betrug 3,9% und die Importquote 11,2%. Lediglich die Importquote liegt nicht unbeträchtlich über dem Bundesdurchschnitt. Im Rahmen des innerdeutschen Handels hat Berlin einen überdurchschnittlich hohen Anteil trotz der geringen gesamtwirtschaftlichen Bedeutung dieses Handels. (Konkrete Zahlen sind im

Adalbert Rohloff

statistischen Anhang nachlesbar.) Das Berlin-Abkommen hat die Entwicklung des Ost-West-Handels zwar von manchem ideologischen und politischen Ballast befreit, hat aber keine größeren Impulse gebracht; denn andere Entwicklungen, nicht zuletzt die Grenzen der Verschuldung, standen dem im Wege.

V. Aktive Berlin-Politik über Ausgleich der Standortnachteile hinaus notwendig

Daß die potentiell verbesserten Möglichkeiten Berlins nach Abschluß des Viermächte-Abkommens nicht automatisch wirksam werden, sondern eine aktive Berlin-Politik auf der Basis des Viermächte-Ankommens erfordern, zeigte sich in den siebziger Jahren mehrmals sehr deutlich. Gerade am Anfang der siebziger Jahre kam es zu einer unbefriedigenden wirtschaftlichen Entwicklung für Berlin, weil die Folgen der weltweiten Rezession nicht durch eine Aktive Berlin-Politik kompensiert wurden. Vielmehr war eher ein nachlassendes politisches Berlin-Engagement zu beklagen. Nach dem Erfolg des Viermächte-Abkommens wurde das Berlin-Problem bei vielen Politikern als politisch erledigt abgehakt. Im Kampf um die Ratifikation der Ostverträge wurden die Vorteile des Berlin-Abkommens teilweise überzeichnet. Es wurde der Eindruck erweckt, als seien für alle Probleme befriedigende Lösungen gefunden worden. Der damalige Regierende Bürgermeister von Berlin versuchte den erreichten Grad an Normalisierung durch die plakative Formel zum Ausdruck zu bringen, nun sei Berlin eine normale Großstadt wie andere auch. Dadurch trat die nach wie vor bestehende Anomalität der Lage Berlins in den Hintergrund. Viele Politiker glaubten, auf besondere Anstrengungen für Berlin jetzt verzichten zu können. Auch manche Wirtschaftsführer vernachlässigten den Standort Berlin durch eine rein ökonomische Betrachtung.

Eine Umkehr und Rückbesinnung auf den politischen Stellenwert Berlins vollzog sich dann erst in der zweiten Hälfte der siebziger Jahre. Die Industrie- und Handelskammer zu Berlin kann für sich in Anspruch nehmen, daß sie schon sehr früh auf die Notwendigkeit besonderer politischer Anstrengungen für die Zukunftssicherung Berlins aufmerksam gemacht hat. So veröffentlichte die IHK Berlin bei aller positiven Würdigung des Viermächte-Abkommens im Herbst 1974 eine Dokumentation mit dem Titel „Berlin braucht Zukunfts-Investitionen". Dieser Titel war nicht nur wirtschaftlich, sondern auch politisch gemeint.

Wirtschaftliche Auswirkungen

Die Dokumentation enthielt dafür eine ganze Reihe konkreter Anregungen. Im Dezember 1974 lud dann Bundeskanzler Helmut Schmidt führende Unternehmer und Gewerkschaftler zu einer Wirtschaftskonferenz nach Berlin in das Schloß Bellevue ein. Diese Konferenz führte in einer zweiten Zusammenkunft im Juni 1975 zu einer Reihe konkreter Beschlüsse und Empfehlungen. In Berlin sollten die Möglichkeiten der Ost-West-Kooperation, vor allem für Klein- und Mittelbetriebe, zentral gefördert werden. Besondere Arbeitsgruppen sollten die Chancen Berlins auf dem Sektor von Forschung und Entwicklung ausloten und nutzen helfen. Schließlich wurden auf Vorschlag des Bundesverbandes der Deutschen Industrie in den Vorständen von rund 50 Industrieunternehmen sogenannte Berlin-Beauftragte berufen, die die Möglichkeiten des Standortes Berlin in alle unternehmerischen Dispositionen mit einbeziehen sollten. Der damalige Präsident des BDI, Dr. Hans-Günther Sohl, appellierte an die Industrieunternehmen, bei vergleichbarer Standortqualität aus politischen Gründen dem Standort Berlin eine unternehmenspolitische Präferenz zu geben.

Auch in den politischen Parteien der Bundesrepublik Deutschland fand eine Rückbesinnung auf den politischen Stellenwert Berlins statt. In den Parteien des Deutschen Bundestages wurden Berlin-Arbeisgruppen gebildet, die sich Gedanken über zusätzliche politische Maßnahmen zugunsten Berlins machen sollten. Ein zunächst ganz gesunder Ideenwettstreit zugunsten Berlins drohte schließlich in einen Parteienstreit zu Lasten Berlins mit der Gefahr einer zunehmenden Berlin-Müdigkeit bei vielen Bundesbürgern umzuschlagen. Damals ergriff Bundespräsident Walter Scheel die Initiative und berief eine besondere Berlin-Kommission, bestehend aus den Vorsitzenden der im Bundestag vertretenen Parteien sowie weiteren Berlin-Experten dieser Parteien. Die Berlin-Kommission unter dem Patronat des Bundespräsidenten schloß ihre Arbeit am 19. Juni 1978 mit einer Gemeinsamen Erklärung ab. Diese Erklärung unterstrich die Gemeinsamkeit aller Parteien in den Grundfragen der Berlin-Politik. Es wurden aber auch wichtige Verbesserungen in der Berlinförderung und konkrete Maßnahmen zur Stärkung der geistigen und kulturellen Ausstrahlungskraft Berlins empfohlen. Davon gingen dann wichtige Impulse für die Berlin-Politik von Bundesregierung und Bundestag und damit auch für Berlin aus.

Es lohnt auch heute noch oder vielleicht gerade heute, an wichtige Passagen aus dieser Gemeinsamen Erklärung zu erinnern:

Adalbert Rohloff

„Die im Deutschen Bundestag vertretenen Parteien werden die Bindungen zwischen Berlin (West) und der Bundesrepublik Deutschland aufrechterhalten und entwickeln, um die Lebensfähigkeit der Stadt dauerhaft zu sichern. Sie sehen darin eine nationale Aufgabe. Sie werden die wirtschaftliche, geistige und kulturelle Anziehungskraft von Berlin (West) erhalten und stärken. Sie appellieren an alle staatlichen und gesellschaftlichen Institutionen und Verbände, dieses Ziel durch eigene Bemühungen wirksam zu unterstützen.

Die Förderung der Berliner Wirtschaft wird verstärkt weitergeführt, um damit Innovationsfähigkeit und Wirtschaftswachstum anzuregen und die Beschäftigungsentwicklung positiv zu beeinflussen. Besondere Anstrengungen werden hierzu im Bereich von Forschung und Entwicklung unternommen."

VI. Positive wirtschaftliche Ergebnisse durch ein verstärktes Berlin-Engagement

In der zweiten Hälfte der siebziger Jahre war dann in der Tat eine gewisse Wiederentdeckung des Standortes Berlin durch die deutsche Wirtschaft festzustellen. Die politischen Appelle führten teilweise zu einem verstärkten Berlin-Engagement der deutschen Industrie. Dies machte sich vor allem in einer Intensivierung der Auftragsvergabe nach Berlin bemerkbar, aber auch in einem Anstieg der Investitionen bis hin zu industriellen Neuansiedlungen. Teilweise kam es auch zu zusätzlichen Forschungsaktivitäten. Außerdem waren mehr wirtschaftliche Veranstaltungen in Berlin wie Hauptversammlungen großer Unternehmen und Mitgliederversammlungen von Verbänden zu verzeichnen. Eine solche Entwicklung wurde auch durch die Inbetriebnahme des Internationalen Congress Centrums gefördert, das der Stadt eine größere internationale Attraktivität für Großkongresse auch in Verbindung mit Fachausstellungen gibt. So gesehen war das ICC Berlin eine für die Stadt lohnende Investition. Das Deutsche Institut für Wirtschaftsforschung hat errechnet, daß die Aktivitäten der AMK und des ICC für die Stadt einen jährlichen Kaufkraftzufluß in einer Größenordnung von rund 460 Mill. DM bedeuten.

Solche zusätzlichen Aktivitäten machten sich auch in den gesamtwirtschaftlichen Zahlen Berlins positiv bemerkbar, allerdings immer in Abhängigkeit von der gesamtwirtschaftlichen Entwicklung im Bundes-

Wirtschaftliche Auswirkungen

gebiet. Die konjunkturelle Belebung in der zweiten Hälfte der siebziger Jahre führte auch in Berlin zu einem gesamtwirtschaftlichen Wachstum annähernd im Gleichklang mit den Wachstumsraten in der Bundesrepublik insgesamt. Im einzelnen ergab sich jedoch eine gewisse Differenzierung. Die Entwicklung der Industrie und der industriellen Investitionen war in Berlin sogar geringfügig günstiger als im Bundesdurchschnitt. Allerdings fanden leider mehr Rationalisierungs- als Erweiterungsinvestitionen statt. Im gesamtwirtschaftlichen Wachstum, gemessen am Bruttoinlandsprodukt, blieb Berlin etwas hinter dem Bundesdurchschnitt zurück, weil in Berlin die stärker rückläufige Bevölkerung auf die gesamtwirtschaftlichen Wachstumsraten durchschlug. Im Vergleich je Erwerbstätigen schneidet Berlin dann wieder etwas besser ab.

Besonders positiv ist zu vermerken, daß sich die wirtschaftliche Lebensfähigkeit Berlins aus eigener Kraft in den siebziger Jahren nicht unerheblich verbesserte. Ein Ausdruck dafür ist die Bilanz des Warenverkehrs. Im Jahre 1970 betrug das Defizit in der Warenverkehrsbilanz 3,1 Mrd. DM oder 17 % der Bezüge. Nur 83 % aller Bezüge von auswärts konnten somit aus den Erlösen von Berliner Lieferungen nach auswärts finanziert werden. Lieferungen in Höhe von 14,7 Mrd. DM standen Bezüge von 17,8 Mrd. DM gegenüber. Im Jahre 1981 betrug das Defizit in der Warenverkehrsbilanz bei einem insgesamt vergrößerten Volumen des Warenverkehrs nur noch 1,5 Mrd. DM oder 5 % der Bezüge. Es konnten also 95 % aller Bezüge von auswärts aus den Erlösen von Berliner Lieferungen nach auswärts finanziert werden. Lieferungen von 25,5 Mrd. DM standen Bezüge von 26,9 Mrd. DM gegenüber.

Dieses Ergebnis ist um so beachtlicher, wenn man berücksichtigt, daß die Warenverkehrsbilanz Berlins auch vor dem Kriege defizitär war. Nur rund 75 % aller Bezüge konnten damals aus Warenlieferungen finanziert werden. Das Defizit in der Warenverkehrsbilanz wurde allerdings durch eine aktive Dienstleistungsbilanz mehr als kompensiert. Nach dem Verlust der Hauptstadtfunktionen wurde dann auch die Dienstleistungsbilanz passiv. Anfang der fünfziger Jahre konnte nur etwa die Hälfte aller Bezüge von auswärts aus den Erlösen von Lieferungen der Berliner Industrie finanziert werden. Auch daran sollte man sich bei einer längerfristigen Betrachtung erinnern.

Adalbert Rohloff

VII. Stadtpolitik als Bewährungsprobe

Während man mit der industriellen und auch mit der gesamtwirtschaftlichen Entwicklung Berlins in der zweiten Hälfte der siebziger Jahre annähernd zufrieden sein konnte, machten sich in der Kommunalpolitik immer größere Probleme bemerkbar. Ein Symptom dafür war die Lage auf dem Berliner Wohnungsmarkt, die sich immer mehr zuspitzte und schließlich auch zu dem Problem der Hausbesetzungen führte. An dieser Entwicklung ist besonders paradox, daß der damalige Regierende Bürgermeister Dietrich Stobbe offiziell der Stadtpolitik Priorität geben wollte, tatsächlich aber an kommunalpolitischen Versäumnissen und an einer unzureichenden Stadtpolitik gescheitert ist. Auslösendes Element für das Scheitern des Stobbe-Lüder-Senats war zwar die Bürgschaftsaffäre Garski, aber die Unzufriedenheit in der Bevölkerung lag tiefer. Sie entzündete sich an vielen kommunalpolitischen Versäumnissen und Ungereimtheiten. Das bekam dann auch der Vogel-Brunner-Senat bei den vorgezogenen Neuwahlen im Jahre 1981 zu spüren.

Der neue Senat von Berlin unter dem Regierenden Bürgermeister Dr. Richard von Weizsäcker hat versucht, aus den Fehlern seiner Vorgänger zu lernen. Er hat dem Wohnungsbau eine hohe Priorität eingeräumt und Fragen der Stadtentwicklung, der Verkehrsplanung und des Umweltschutzes neu angepackt. Auch in der Hausbesetzungsproblematik hat er mit Behutsamkeit versucht, eine gewisse Beruhigung der Szene und eine allmähliche Milderung des Problems zu erreichen, was für die Außenwirkung Berlins und damit auch für die Wirtschaft der Stadt von größter Bedeutung ist. Berlin-Besucher und potentielle Investoren lassen sich in schwierigen wirtschaftlichen Zeiten kaum für Berlin gewinnen, wenn der Eindruck besteht, daß die innere Sicherheit gefährdet ist. Da nützt dann auch eine größere äußere Sicherheit nur wenig.

Während der neue Senat in der Industrie- und Wirtschaftspolitik weitgehend an bewährte Politik seiner Vorgänger anknüpfen konnte, mußten in der Kommunal- und Stadtpolitik neue Wege eingeschlagen werden. Die Regierungserklärung Dr. Richard von Weizsäckers brachte dafür eine Reihe positiver Ansatzpunkte. Allerdings zeigte sich in der Praxis sehr bald, wie begrenzt der finanzielle Spielraum und damit auch der politische Handlungsspielraum geworden ist. Bei einer stagnierenden und teilweise sogar rückläufigen gesamtwirtschaftlichen Entwicklung und leeren öffentlichen Kassen sind auch die Möglichkeiten staatlicher Beschäftigungsprogramme sehr begrenzt, erst recht die Mög-

Wirtschaftliche Auswirkungen

lichkeiten regionaler Beschäftigungsprogramme. Konjunkturell bleibt Berlin total von der bundesweiten Entwicklung abhängig. Größere eigene Chancen Berlins gibt es am ehesten noch im Rahmen der regionalen Strukturpolitik. Der Senat hat diesen Handlungsspielraum auszuloten versucht. Im Mittelpunkt stand dabei die Reform des Berlinförderungsgesetzes mit einer stärkeren strukturpolitischen Orientierung auf echte Berliner Leistung und Wertschöpfung.

VIII. Priorität für Berlin in der regionalen Wirtschaftsförderung

Anfang der achtziger Jahre verschärfte sich ein spezielles Problem für Berlin, das latent seit Kriegsende immer vorhanden war. Bei sehr viel verbaler Solidarität mit Berlin entwickelte sich in der Bundesrepublik immer stärker ein regionaler Wettbewerb, teilweise auch zu Lasten Berlins. In einer expandierenden Wirtschaft war es relativ leicht, auch etwas für Berlin zu tun, ohne daß dies zu Lasten eigener regionaler Interessen gehen mußte. In einer stagnierenden Wirtschaft verschärft sich auch der regionale Wettbewerb um neue Investoren und zukunftsorientierte wirtschaftliche Aktivitäten. Dann steht nicht nur den Ministerpräsidenten einzelner Bundesländer im Zweifel das eigene Land näher als die alte Reichshauptstadt. So leidet Berlin jetzt zunehmend unter einem solchen verschärften regionalen Wettbewerb.

Um so wichtiger ist, daß Berlin in der regionalen Wirtschaftsförderung einen eindeutigen Präferenzvorsprung behält. Dies ist zwar immer die erklärte Absicht aller im Bundestag vertretenen Parteien gewesen, aber in der Praxis ist die regionale Wirtschaftsförderung überall ausgebaut worden, so daß der Präferenzvorsprung Berlins sich immer mehr relativierte. Nach Feststellungen des Deutschen Industrie- und Handelstages gibt es inzwischen für etwa zwei Drittel der Fläche der Bundesrepublik Deutschland regionale Wirtschaftsförderungsprogramme. Die Berlinförderung muß damit konkurrieren können. Sie soll aber politisch noch mehr leisten. Sie hat einmal die Aufgabe, politisch bedingte wirtschaftliche Standortnachteile auszugleichen. Sie soll aber darüber hinaus auch positive Anreize für strukturelle Verbesserungen bieten. Diesem Gesichtspunkt trägt besonders die letzte Novellierung des Berlinförderungsgesetzes Rechnung, die nach allzu langen Diskussionen und vielem Hin und Her schließlich zum 1. Januar 1983 in Kraft getreten ist. Künftig werden die Umsatzpräferenzen für Berliner Hersteller stärker

Adalbert Rohloff

an den Berliner Leistungen und an der Berliner Wertschöpfung orientiert, so daß nach dem Ende der Übergangsregelungen ab Mitte der achtziger Jahre mit zusätzlichen strukturpolitischen Impulsen für mehr qualifizierte Arbeitsplätze in hochwertigen Fertigungen sowie in Forschung und Entwicklung gerechnet werden kann. Kurzfristig könnte die Umstellung allerdings weitere Arbeitsplätze tendenziell gefährden.

Um die wirtschaftliche und politische Situation von Berlin (West) zu stabilisieren und die Zukunftschancen der Stadt zu verbessern, ist ein noch so gutes Berlinförderungsgesetz allein nicht ausreichend, sondern es müssen zusätzliche politische Anstrengungen und Impulse zugunsten Berlins hinzukommen. Berlin braucht auch und gerade bei westdeutschen Unternehmen zusätzlich eine gewisse unternehmenspolitische Präferenz, damit sich Unternehmen bei Standortvergleichbarkeit aus politischen Gründen im Zweifel für Berlin entscheiden.

IX. Rückbesinnung auf den nationalen Stellenwert Berlins

Die aktuellen wirtschaftlichen Probleme von Berlin (West) im Winter 1982/83 sind zwar überwiegend keine regionalen Sonderprobleme, sondern Ausdruck und Folge einer Wirtschaftskrise in der gesamten Bundesrepublik, ja weltweit. Das gilt für die hohe Arbeitslosigkeit ebenso wie für unzureichende Investitionen und damit Wachstumsausssichten. In Berlin verschärfen sich aber manche Probleme durch die besondere politische und geographische Lage und durch den schon erwähnten zunehmenden regionalen Wettbewerb. Außerdem gibt es in der Stadt besondere strukturelle Probleme. Eines dieser Probleme besteht im überproportional starken Rückgang industrieller Arbeitsplätze in Berlin seit 1970. Die Zahl der industriellen Arbeitsplätze ging von 265 000 im Jahre 1970 auf 163 000 Ende 1982 zurück, also um rund 38 %. Der Rückgang im Bundesdurchschnitt betrug gleichzeitig etwa 18 %. Unter Gesichtspunkten der Produktivitätssteigerung hat dies auch eine positive Seite; denn bei einem Rückgang der Beschäftigten um mehr als ein Drittel verdoppelte sich die Berliner Industrieproduktion von 15,2 Mrd. DM (ohne Verbrauchssteuern) im Jahre 1970 auf 30,8 Mrd. DM im Jahre 1981.

Bevölkerungspolitisch kann Berlin solche Arbeitsplatzverluste aber nicht schicksalhaft hinnehmen. Vielmehr braucht die Stadt zusätzliche Arbeitsplätze, um einen Anreiz für Zuwanderungen zu bieten und für

Wirtschaftliche Auswirkungen

Berlin Wanderungsgewinne zu erreichen, die dem Bevölkerungsrückgang entgegenwirken. Ein extrem starker Rückgang der Bevölkerungszahlen in Berlin hätte vor allem für den Handel und das Dienstleistungsgewerbe, aber auch für die Bauwirtschaft verheerende Wirkungen. Überhaupt würde sich damit immer stärker die Frage nach den langfristigen Überlebenschancen stellen. Deshalb müssen alle möglichen Anstrengungen unternommen werden, um die Bevölkerungszahl auf einem möglichst hohen Niveau zu stabilisieren.

Aus solchen Gründen haben der Bundeskanzler und der Regierende Bürgermeister im Dezember 1982 auch zu einem Wirtschaftsgipfel in den Berliner Reichstag eingeladen. Dort sollten die großen Unternehmen der Bundesrepublik an ihre politische Mitverantwortung für die Zukunft Berlins erinnert werden. Bundeskanzler Dr. Helmut Kohl beschwor Berlin als gemeinsame Aufgabe und Chance von Politik und Wirtschaft. Er hob die politische Mitverantwortung der Unternehmen für die Zukunft Berlins hervor. Der Regierende Bürgermeister von Berlin, Dr. Richard von Weizsäcker, begründete eindrucksvoll, warum und in welchem Sinn Berlin eine nationale Aufgabe ist. Besonders seine Darlegungen haben bei den über 100 Unternehmern aus dem ganzen Bundesgebiet einen starken Eindruck hinterlassen. Übereinstimmung bestand bei allen Beteiligten darüber, daß es für die wirtschaftliche Zukunft Berlins darauf ankommt, die Wirtschaftstätigkeit der Bundesrepublik insgesamt zu beleben und damit auch die Chancen der Berliner Wirtschaft zu vergrößern sowie die Möglichkeiten und Vorteile zu verdeutlichen, die der Standort Berlin bietet. Der Bundeskanzler und der Regierende Bürgermeister wiesen nachdrücklich auf das hohe Forschungspotential der Stadt hin, das einen einmaligen Standortvorteil bildet. Sie forderten die Industrie auf, dieses Potential in verstärktem Maße zu nutzen.

Die Berlin-Konferenz im Berliner Reichstag am 11. Dezember 1982 hat bei der deutschen Industrie nicht nur eine stärkere Motivation für Berlin bewirkt, sondern aufgrund intensiver Vorbereitungen bereits über 17 konkrete Projekte erbracht, die in den nächsten Jahren 2000 bis 3000 zusätzliche qualifizierte Arbeitsplätze in zukunftsorientierten Bereichen bedeuten. Besonders wichtig sind jedoch die längerfristigen Weichenstellungen im Sinne einer Strukturverbesserung, die damit eingeleitet wurden. Einzelne Projekte im Bereich der Telekommunikation sowie auf dem Sektor von Forschung und Entwicklung könnten zu Kristallisa-

Adalbert Rohloff

tionspunkten für neue Aktivitäten auf zukunftsträchtigen Gebieten werden.

Zusammenfassend heißt es u. a. in einer Abschlußerklärung der Berlin-Konferenz vom 11. Dezember 1982 im Berliner Reichstag:

„Der Bundeskanzler und der Regierende Bürgermeister fordern die deutschen Großunternehmen zu einem verstärkten Engagement in Berlin auf, damit die Stadt ihre zentralen und überregionalen Aufgaben auch im wirtschaftlichen Bereich wahrnehmen kann, ohne die sie auf Dauer nicht lebensfähig ist, und auf die Bundesrepublik im ganzen angewiesen ist. Auch die Industrie müsse Berlin als nationale Aufgabe begreifen, weil sich in Berlin die deutschen Interessen für alle Welt sichtbar wie in einem Brennpunkt bündeln.

Bundeskanzler Helmut Kohl und Regierender Bürgermeister Richard von Weizsäcker wiesen nachdrücklich auf das hohe Forschungspotential der Stadt hin, das einen einmaligen Standortvorteil bildet. Sie forderten die Industrie auf, dieses Potential im verstärkten Maße vor Ort zu nutzen. Es macht Berlin attraktiv für hochwertige Technologien und zukunftsgerichtete Produktionen, wie Biochemie, Umwelttechnik, Mikroelektronik, Kommunikationstechnik, Produktionstechnologie und Neue Verkehrstechnik.

Berlin ist ein interessanter und rentabler Industriestandort. Berlin hat Standortvorteile. Sie werden weiter entwickelt. Berlins wirtschaftliche Struktur wird verbessert. Ein hohes Volumen an öffentlicher Förderung steht zur Verfügung. Wirtschaftliche Verantwortung für Berlin wahrzunehmen und Arbeitsplätze in Berlin zu schaffen, läßt sich mit ökonomischem Nutzen für das eigene Unternehmen verbinden. Wirtschaftliches Engagement in Berlin zeichnet jeden Unternehmer aus. Er beweist damit, daß er nicht allein aus ökonomischem Interesse handelt, sondern auch nationaler Verantwortung gerecht wird und für die Freiheit der Wirtschaft einsteht. Denn Berlin ist Maßstab für den Lebenswillen der freien Welt."

X. Berlin braucht Zukunfts-Visionen und Zukunfts-Investitionen

Der Rückblick auf zehn Jahre Berlin-Abkommen führt zu dem Ergebnis, daß Berlin (West) durch das Viermächte-Abkommen verbesserte Lebensbedingungen und durch die Garantien der Westmächte eine

Wirtschaftliche Auswirkungen

gesicherte Zukunft hat. Offen ist jedoch, wie Berlins Zukunft im einzelnen aussieht. Die Zukunftssicherung Berlins bleibt damit eine große Herausforderung und eine gemeinsame Aufgabe von nationaler Bedeutung. Nicht nur die Berliner brauchen Zukunfts-Visionen, auch die Deutschland-Politik benötigt neue Impulse und klare Zielvorstellungen. Von Stadtpolitik allein kann Berlin auf Dauer nicht leben, sondern es müssen Beiträge der Stadt zu internationalen Zukunftsfragen und vor allem Zukunfts-Investitionen dazukommen.

Der Regierende Bürgermeister Dr. Richard von Weizsäcker hat diese Aufgabe und Chance Berlins erkannt. Er hat dem Bund einen Gleichklang in Fragen der Ost- und Deutschland-Politik angeboten als in Bonn noch die Sozial-Liberale Koalition regierte und ein solcher Gleichklang keineswegs selbstverständlich, sondern für viele eher überraschend war. Seitdem versucht er, eigene Beiträge für eine aktive Deutschland- und Ostpolitik zu leisten, auch im Interesse der Menschen in der DDR, die in Bonn keine eigene Lobby haben. In Zeiten leerer Kassen braucht man um so mehr Phantasie für politische Fortschritte im Rahmen des Möglichen. Für große spektakuläre Projekte, mit denen man in der Vergangenheit Politik machen konnte, fehlt heute das Geld. Andererseits ist manches inzwischen auch leichter und selbstverständlicher geworden. Konkrete Vereinbarungen mit der DDR wie im Transitverkehr funktionieren reibungslos. Vielleicht lassen sich auch in anderen Bereichen mit Zähigkeit und Phantasie Lösungen zum Vorteil beider Seiten finden, z. B. in Umweltschutzfragen oder auch bei der Energieversorgung und nicht zuletzt was die Einbeziehung der Berliner S-Bahn in den innerstädtischen Verkehrsbund angeht. Solche Lösungen werden Berlin nicht in den Schoß fallen. Sie sind aber politisch immerhin erreichbar, während sie vor 15 Jahren kaum vorstellbar waren.

Adalbert Rohloff

Sozialprodukt in Berlin (West) und im Bundesgebiet
– Entstehung –
Anteile der Beiträge der Wirtschaftsbereiche an der Bruttowertschöpfung[1]

Bereiche	in jeweiligen Preisen			in Preisen von 1970		
	1960	1970	1981[2]	1960	1970	1981[2]
Berlin (West)						
Land- und Forstwirtschaft	0,4	0,2	0,2	0,3	0,2	0,2
Warenproduzierendes Gewerbe	54,3	52,6	49,3	51,0	52,6	52,4
Energiewirtschaft	2,7	2,4	2,9	2,0	2,4	3,0
Verarbeitendes Gewerbe	44,7	42,6	40,7	40,1	42,6	45,0
Baugewerbe	6,9	7,6	5,6	9,0	7,6	4,4
Handel und Verkehr	17,6	16,8	13,3	15,4	16,8	13,6
Handel	12,8	12,2	8,9	11,9	12,2	9,2
Verkehr und Nachrichten	4,8	4,6	4,4	4,4	4,6	4,4
Dienstleistungsunternehmen	14,9	16,4	19,4	17,6	16,4	17,8
Staat	11,4	12,6	16,2	13,8	12,6	14,6
Private Haushalte und private Organisationen ohne Erwerbscharakter	1,5	1,5	1,5	1,9	1,5	1,3
Bruttowertschöpfung	100,0	100,0	100,0	100,0	100,0	100,0
Bundesgebiet						
Land- und Forstwirtschaft	5,8	3,4	2,1	4,9	3,4	3,0
Warenproduzierendes Gewerbe	53,5	52,8	46,4	50,3	52,8	49,1
Energie- u. Wasserversorgung, Bergbau	5,2	3,7		4,3	3,7	
Verarbeitendes Gewerbe	40,4	41,0		36,6	41,0	
Baugewerbe	7,9	8,1		9,4	8,1	
Handel und Verkehr	18,3	15,9	14,8	15,8	15,9	15,5
Handel	12,1	10,2		10,0	10,2	
Verkehr und Nachrichten	6,2	5,7		5,8	5,7	
Dienstleistungsunternehmen	13,7	17,3	23,3	17,4	17,3	21,2
Staat	7,3	9,3		9,5	9,3	
Private Haushalte und private Organisationen ohne Erwerbscharakter	1,5	1,3		2,1	1,3	
Bruttowertschöpfung	100,0	100,0	100,0	100,0	100,0	100,0

[1] an der unbereinigten Bruttowertschöpfung (Bruttowertschöpfung insgesamt zuzüglich unterstellter Entgelte für Bankdienstleistungen und Vorsteuerabzug an Umsatzsteuer auf Investitionen).
[2] Vorläufiges Ergebnis.

Quelle: Statistisches Landesamt Berlin und Statistisches Bundesamt.

Wirtschaftliche Auswirkungen

Wohnbevölkerung Berlins (West)[1]

	1970	1975	1976	1977	1978	1979	1980	1981
Insgesamt – in 1000 –	2115	1985	1951	1927	1910	1902	1896	1889
Männlich – in 1000 –	923	877	863	856	851	852	855	857
unter 15 Jahre	165	161	157	153	149	146	144	141
15 bis 65 Jahre	146	578	571	570	572	579	589	601
über 65 Jahre	613	138	135	133	130	127	122	115
Weiblich – 1000 –	1169	1108	1088	1071	1059	1050	1041	1032
unter 15 Jahre	158	154	151	146	142	139	137	134
15 bis 65 Jahre	703	643	628	617	610	607	606	610
über 65 Jahre	307	311	309	308	307	304	298	288
Lebendgeborene	20204	17716	17677	16514	16687	17259	18536	18955
Gestorbene	40520	39181	37670	35888	36060	35008	34738	34485
Wanderungssaldo	+ 8875	−17685	−14138	− 4506	+ 2253	+10293	+10182	+ 7969

[1] Stand Jahresende.
Die hier ausgewiesenen Daten werden aufgrund der bundeseinheitlichen Meldestatistik zusammengestellt. Dieses Verfahren ergibt für Berlin von 1968 bis 1971 eine statistische Überhöhung der Abwanderung von Deutschen in das übrige Bundesgebiet. Nach einer Schätzung für verwaltungsinterne Zwecke dürfte die „echte" Bevölkerungszahl um rund 102000 Personen höher liegen, weil einmal die Volkszählung 1970 eine nicht korrigierbare Untererfassung um etwa 2 % oder rund 40000 Personen aufwies und zum anderen bis Ende 1971 die Anmeldungen von Berlinern in westdeutscher Nebenwohnung, die jedoch weiterhin hier leben, als Fortzüge gewertet worden sind.

Quelle: Statistisches Landesamt.

Adalbert Rohloff

Entwicklung des Bruttoinlandsprodukts (in Mrd. DM)

| | Berlin | nominal | real | Bund | nominal | real |
		in %			in %	
1970	26,0			675,3		
1971	28,3	+ 8,6	+ 2,2	750,6	+ 11,1	+ 3,1
1972	30,3	+ 7,3	+ 1,1	823,7	+ 9,8	+ 4,2
1973	33,7	+ 11,2	+ 3,3	917,3	+ 11,4	+ 4,6
1974	36,8	+ 9,2	+ 1,6	984,6	+ 7,3	+ 0,5
1975	38,0	+ 3,4	− 1,6	1026,5	+ 4,3	− 1,7
1976	41,0	+ 7,7	+ 3,7	1119,7	+ 9,1	+ 5,5
1977	43,8	+ 6,8	+ 1,4	1196,1	+ 6,8	+ 3,1
1978	46,1	+ 5,2	+ 2,9	1285,1	+ 7,4	+ 3,1
1979	49,6	+ 7,7	+ 4,0	1392,5	+ 8,4	+ 4,2
1980	52,9	+ 6,6	+ 2,2	1481,1	+ 6,4	+ 1,8
1981	55,4	+ 4,8	+ 0,6	1543,9	+ 4,2	+ 0,1
1981/1970 insgesamt		+ 113,0	+ 23,6		+ 129,0	+ 32,0
im Jahresdurchschnitt		+ 7,1	+ 1,9		+ 7,8	+ 2,6

Bruttoinlandsprodukt je Erwerbstätigen (in DM, real)

	Berlin		Bund	
1970	27538		25546	
1971	28495	+ 3,5 %	26303	+ 3,0 %
1972	29408	+ 3,2 %	27324	+ 3,9 %
1973	30691	+ 4,4 %	28589	+ 4,6 %
1974	31810	+ 3,6 %	29285	+ 2,4 %
1975	32476	+ 2,1 %	29718	+ 1,5 %
1976	34227	+ 5,4 %	31582	+ 5,9 %
1977	35011	+ 2,3 %	32592	+ 3,2 %
1978	36281	+ 3,6 %	33392	+ 2,5 %
1979	37448	+ 3,2 %	34418	+ 3,1 %
1980	38186	+ 2,0 %	34724	+ 0,9 %
1981	38817	+ 1,7 %	34916	+ 0,6 %
1981/1970 insgesamt		+ 41,0 %		+ 36,7 %
im Jahresdurchschnitt		+ 3,2 %		+ 2,9 %

Quelle: IHK Berlin

Wirtschaftliche Auswirkungen

Entwicklung der Erwerbstätigen
(Jahresdurchschnitte in 1000)

	Berlin		Bund	
1970	944,9		26560	
1971	933,5	− 1,2 %	26721	+ 0,6 %
1972	914,9	− 2,0 %	26661	− 0,2 %
1973	905,3	− 1,0 %	26849	+ 0,7 %
1974	887,1	− 2,0 %	26497	− 1,3 %
1975	855,3	− 3,6 %	25746	− 2,8 %
1976	841,7	− 1,6 %	25530	− 0,8 %
1977	834,7	− 0,8 %	25490	− 0,1 %
1978	829,0	− 0,7 %	25644	+ 0,6 %
1979	835,4	+ 0,8 %	25986	+ 1,3 %
1980	837,3	+ 0,2 %	26225	+ 0,9 %
1981	828,4	− 1,1 %	26030	− 0,7 %
Jahresdurchschnittliche Veränderung 1970 bis 1981		− 1,1 %		− 0,2 %
Insgesamt		− 12,3 %		− 2,0 %

Quelle: IHK Berlin

Entwicklung der Beschäftigung im Verarbeitenden Gewerbe
(Jahresdurchschnitte)

	Berlin		Bund (in 1000)	
1970	264700		8576	
1971	253800	− 4,1 %	8519	− 1,0 %
1972	239800	− 5,5 %	8345	− 2,0 %
1973	237000	− 1,1 %	8402	+ 0,7 %
1974	226500	− 4,4 %	8181	− 2,6 %
1975	205000	− 9,5 %	7633	− 6,7 %
1976	193400	− 5,6 %	7451	− 2,4 %
1977	187300	− 2,9 %	7392	− 0,8 %
1978	183400	− 2,3 %	7351	− 0,6 %
1979	180000	− 2,4 %	7378	+ 0,4 %
1980	179600	− 0,3 %	7428	+ 0,7 %
1981	174000	− 3,1 %	7254	− 2,3 %
1982 (Sept.)	164560		7024	
1981/1970 insgesamt		− 34,3 %		− 15,4 %
im Jahresdurchschnitt		− 3,7 %		− 1,5 %

Adalbert Rohloff

Umsatz je Beschäftigten im Verarbeitenden Gewerbe
(ohne Verbrauchssteuern, in DM)

	Berlin	Bund
1970	57 300	60 000
1975	99 000	94 100
1980	171 800	137 800
1981	184 600	146 300
1981/1970	+ 222 %	+ 144 %

Umsatzzunahme im Verarbeitenden Gewerbe

1981/1970	+ 103 %	+ 113 %

Quelle: IHK Berlin

Entwicklung der Investitionen im Verarbeitenden Gewerbe
(in Mill. DM)

	Berlin		Bund	
1970	1 070		37 260	
1971	1 115	+ 4,2 %	39 815	+ 6,1 %
1972	1 151	+ 3,2 %	36 150	− 9,2 %
1973	1 187	+ 3,1 %	34 590	− 4,3 %
1974	1 160	− 2,3 %	33 740	− 2,5 %
1975	1 072	− 7,6 %	32 210	− 4,5 %
1976	1 081	+ 0,8 %	34 655	+ 7,6 %
1977	1 099	+ 1,7 %	36 830	+ 6,3 %
1978	1 184	+ 7,7 %	38 600	+ 4,8 %
1979	1 290	+ 8,9 %	44 070	+ 14,2 %
1980	1 663	+ 28,9 %	51 100	+ 15,9 %
1981	1 808	+ 8,7 %	49 780	− 3,0 %
1982 (Planung)	1 577	− 12,8 %	52 270	+ 3,0 %

Quelle: IHK Berlin

Wirtschaftliche Auswirkungen

Waren- und Dienstleistungsverkehr von Berlin (West) in jeweiligen Preisen
(Zahlen aus der volkswirtschaftlichen Gesamtrechnung)

	1962	1970	1975	1977	1978[1]	1979[1]	1980[1]	1981[1]
	Lieferungen in Mio. DM							
Waren ins übrige Bundesgebiet – einschl. Verbrauchsteuern	7875	14774	18382	20716	21649	23478	25082	24510
– ohne Verbrauchssteuern[2]	6585	12188	14856	17107	17432	18891	19935	19053
in die DDR	64	140	286	321	347	363	336	381
ins Ausland	1336	2431	3929	4842	5073	5117	5314	6035
Waren insgesamt – einschl. Verbrauchsteuern	9275	17345	22597	25879	27069	28958	30732	30926
– ohne Verbrauchssteuern[2]	7985	14759	19071	22270	22852	24371	25585	25469
Dienstleistungen	328	709	1131	1209	1283	1353	1433	1539
Lieferungen insgesamt – einschl. Verbrauchsteuern	9603	18054	23728	27088	28352	30311	32165	32465
– ohne Verbrauchssteuern[2]	8313	15468	20202	23479	24135	25724	27018	27008

Lieferungen – Veränderung gegenüber dem jeweiligen Vorjahr in v. H. –

Waren insgesamt – einschl. Verbrauchssteuern	+ 3,7	+ 9,7	+ 0,2	+ 4,8	+ 4,6	+ 7,0	+ 6,1	+ 0,6
– ohne Verbrauchssteuern[2]	+ 1,5	+ 10,0	– 0,2	+ 5,6	+ 2,6	+ 6,6	+ 5,5	– 0,4
Dienstleistungen	– 15,5	+ 15,1	+ 10,3	+ 1,9	+ 6,1	+ 5,5	+ 5,9	+ 7,4
Lieferungen insgesamt – einschl. Verbrauchssteuern	+ 2,9	+ 9,9	+ 0,6	+ 4,7	+ 4,7	+ 6,9	+ 6,1	+ 0,9
– ohne Verbrauchssteuern[2]	+ 0,7	+ 10,2	+ 0,4	+ 5,4	+ 2,8	+ 6,6	+ 5,0	– 0,0

Adalbert Rohloff

Bezüge in Mio. DM

Waren aus dem übrigen Bundesgebiet	7752	15692	17328	19016	19680	20410	20861	20615
aus der DDR	166	408	856	1104	1039	1521	1653	1856
aus dem Ausland	892	1724	2630	3258	3492	3826	4386	4478
Waren insgesamt	8810	17824	20821	23378	24211	25757	26900	26949
Dienstleistungen	865	1724	3480	3897	3975	4206	4186	4235
Bezüge insgesamt	9675	19548	24301	27275	28186	29963	31086	31184

Bezüge – Veränderung gegenüber dem jeweiligen Vorjahr in v. H. –

Waren insgesamt	+ 2,4	+ 13,3	+ 0,7	+ 2,2	+ 3,6	+ 6,4	+ 4,4	+ 0,2
Dienstleistungen	– 12,6	+ 11,0	+ 13,5	+ 4,0	+ 2,0	+ 5,8	– 0,5	+ 1,2
Bezüge insgesamt	+ 0,9	+ 13,1	+ 2,4	+ 2,4	+ 3,3	+ 6,3	+ 3,7	+ 0,3

[1] Vorläufiges Ergebnis.
[2] „Durchlaufende", im übrigen Bundesgebiet aufgebrachte Verbrauchssteuern (Schätzung).

Quelle: Statistisches Landesamt Berlin, Statistisches Bundesamt.

Innerdeutscher Handel
Warenlieferungen des Bundesgebietes und Berlin (West)
– ohne Dienstleistungen –

	1970	1975	1976	1977	1978	1979	1980	1981
	Lieferungen in Mio. VE[1]							
Bundesgebiet – insgesamt –	2218	3502	3876	4021	4197	4381	4943	5091
darunter durch Berliner Unternehmen – insgesamt –	390	647	943	730	616	791	1060	1159
ab Berlin (Direktgeschäft[2])	127	228	294	263	272	280	259	296
ab übriges Bundesgebiet (Streckengeschäft[3])	263	419	650	467	344	511	802	863

Wirtschaftliche Auswirkungen

v. H. der Lieferungen des Bundesgebietes

Berliner Lieferungen								
– insgesamt –	17,6	18,5	24,3	18,2	14,7	18,1	21,4	22,8
Direktgeschäft[2]	5,7	6,5	7,6	6,6	6,5	6,4	5,2	5,8

[1] VE (Verrechnungseinheit) = 1 DM.
[2] Direktgeschäft: Lieferungen von Waren ab Berlin durch Berliner Unternehmen in die Währungsgebiete der Mark der DDR.
[3] Streckengeschäft: Lieferungen von Waren ab übriges Bundesgebiet durch Berliner Unternehmen in die Währungsgebiete der Mark der DDR.

Quelle: Bundesamt für gewerbliche Wirtschaft, Statistisches Landesamt Berlin.

Innerdeutscher Handel
Warenbezüge des Bundesgebietes und Berlin (West)
– ohne Dienstleistungen –

	1970	1975	1976	1977	1978	1979	1980	1981
	Bezüge in Mio. VE[1]							
Bundesgebiet – insgesamt –	1 917	3 222	3 748	3 815	3 716	4 397	5 417	5 863
darunter durch Berliner Unternehmen	560	1 028	1 285	1 214	1 145	1 660	2 072	2 277
nach Berlin (Direktgeschäft[2])	396	801	993	1 057	986	1 360	1 604	1 740
ins übrige Bundesgebiet (Streckengeschäft[3])	163	227	292	156	159	300	468	537
	in v. H. der Bezüge des Bundesgebietes							
Berliner Bezüge – insgesamt –	29,2	31,9	34,3	31,8	30,8	37,8	38,3	38,8
Direktgeschäft[2]	20,7	24,9	26,5	27,7	26,5	30,9	29,6	29,7

[1] VE (Verrechnungseinheit) = 1 DM.
[2] Direktgeschäft: Bezug von nach Berlin bestimmten Waren durch Berliner Unternehmen aus den Währungsgebieten der Mark der DDR.
[3] Streckengeschäft: Bezug von nach dem übrigen Bundesgebiet bestimmten Waren durch Berliner Unternehmen aus den Währungsgebieten der Mark der DDR.

Quelle: Bundesamt für gewerbliche Wirtschaft, Statistisches Landesamt Berlin.

Warenverkehr Berlin (West) mit dem übrigen Bundesgebiet und der DDR einschl. Ostberlin 1960 bis 1980 nach Verkehrsträgern

Jahr	Warenverkehr nach Berlin (West)					Warenverkehr von Berlin (West)					Warenverkehr nach und von Berlin (West)				
	ins-gesamt	Verkehrsträger				ins-gesamt	Verkehrsträger				ins-gesamt	Verkehrsträger			
		Eisen-bahn[1]	Binnen-schiff	Last-kraft-wagen	Flug-zeug[2]		Eisen-bahn[1]	Binnen-schiff	Last-kraft-wagen	Flug-zeug[2]		Eisen-bahn[1]	Binnen-schiff	Last-kraft-wagen	Flug-zeug[2]
	1	2	3	4	5	6	7	8	9	10	11	12	13	14	15
						1000 t									
1960	10182	3675	3522	2979	6	1737	253	411	1065	8	11919	3928	3933	4044	14
1961	9898	3591	3371	2929	7	1899	280	430	1179	10	11797	3871	3801	4108	17
1962	10141	3602	3590	2941	8	1911	315	418	1169	9	12052	3917	4008	4110	17
1963	11572	4491	3847	3224	10	1860	299	342	1210	9	13432	4790	4189	4434	19
1964	12640	4492	4529	3609	10	2083	313	380	1381	9	14723	4805	4909	4990	19
1965	13145	4239	5225	3668	13	2169	287	414	1458	10	15314	4526	5639	5126	23
1966	13386	4193	5504	3674	15	2108	242	392	1464	10	15494	4435	5896	5138	25
1967	13679	3296	6443	3923	17	2184	219	452	1502	11	15863	3515	6895	5425	28
1968	14960	3682	6640	4621	17	2378	239	456	1670	13	17338	3921	7096	6291	30
1969	15533	4866	5602	5046	19	2830	284	575	1957	14	18363	5150	6177	7003	33
1970	17718	5443	6673	5579	22	2982	310	517	2141	15	20700	5753	7190	7720	37
1971	16637	4926	6060	5627	23	3092	280	537	2260	14	19728	5207	6598	7887	37
1972	16320	4756	5641	5902	20	3290	436	564	2278	13	19610	5192	6205	8180	33
1973	16597	5698	4529	6351	18	3644	525	583	2523	13	20240	6223	5112	8874	31
1974	17295	5621	5349	6309	17	3815	583	682	2539	11	21110	6204	6030	8848	28
1975	15641	4860	4559	6208	14	3712	552	506	2645	9	19353	5412	5065	8853	23
1976	16417	5569	4145	6690	13	4100	617	444	3030	9	20517	6186	4589	9720	22
1977	16744	5363	4702	6667	12	3915	506	471	2931	8	20659	5869	5173	9598	20
1978	15858	5114	4096	6635	12	4021	566	456	2990	9	19879	5680	4553	9625	21
1979	17671	6258	4454	6947	13	4429	741	442	3236	9	22100	6999	4896	10183	22
1980	16487	5366	4208	6900	13	4337	559	429	3340	9	20824	5925	4637	10240	22

[1] Einschl. Postgut.
[2] Einschl. Luftfracht-Sonderdienst.
Quelle: Statistisches Landesamt Berlin.

Wirtschaftliche Auswirkungen

Warenverkehr Berlin (West) mit dem übrigen Bundesgebiet und der DDR einschl. Ostberlin 1960 bis 1980 nach Verkehrsträgern.
(Fortsetzung)

Warenverkehr

Jahr	nach Berlin (West)						von Berlin (West)					nach und von Berlin (West)			
	ins-gesamt	Verkehrsträger					Verkehrsträger					Verkehrsträger			
		Eisen-bahn[1]	Binnen-schiff	Last-kraft-wagen	Flug-zeug[2]	ins-gesamt	Eisen-bahn[1]	Binnen-schiff	Last-kraft-wagen	Flug-zeug[2]	ins-gesamt	Eisen-bahn[1]	Binnen-schiff	Last-kraft-wagen	Flug-zeug[1,2]
	1	2	3	4	5	6	7	8	9	10	11	12	13	14	15
	Veränderung gegenüber dem Vorjahr in %														
1961	− 2,8	− 2,3	− 4,3	− 1,7	−16,7	9,3	10,7	4,6	10,7	25,0	− 1,0	− 1,5	− 3,4	1,6	21,4
1962	2,5	0,3	6,5	0,4	14,3	0,6	12,5	− 2,8	− 0,9	−10,0	2,2	1,2	5,5	0,1	−
1963	14,1	24,7	7,2	9,6	25,0	− 2,7	− 5,1	−18,2	3,5	−	11,5	22,3	4,5	7,9	11,8
1964	9,2	0,0	17,7	11,9	−	12,0	4,7	11,1	14,1	−	9,6	0,3	17,2	12,5	−
1965	4,0	− 5,6	15,4	1,6	30,0	4,1	− 8,3	9,0	5,6	11,1	4,0	− 5,8	14,9	2,7	21,1
1966	1,8	− 1,1	5,3	0,2	15,4	− 2,8	−15,7	− 5,3	0,4	−	1,2	− 2,0	4,6	0,2	8,7
1967	2,2	−21,4	17,1	6,8	13,3	3,6	− 9,5	15,3	2,6	10,0	2,4	−20,7	16,9	5,6	12,0
1968	9,4	11,7	3,1	17,8	−	8,9	9,1	0,9	11,2	18,2	9,3	11,6	2,9	16,0	7,1
1969	3,8	32,2	−15,6	9,2	11,8	19,0	18,8	26,1	17,2	7,7	5,9	31,3	−13,0	11,3	10,0
1970	14,1	11,9	19,1	10,6	15,8	5,4	9,2	−10,1	9,4	7,1	12,7	11,7	16,4	10,2	12,1
1971	− 6,1	− 9,5	− 9,2	0,9	4,6	3,7	− 9,7	3,9	5,6	− 6,7	− 4,7	− 9,5	− 8,2	2,2	−
1972	− 1,9	− 3,5	− 6,9	4,9	−13,0	6,4	55,7	5,0	0,8	− 7,1	− 0,6	− 0,3	− 6,0	3,7	−10,8
1973	1,7	19,8	−19,7	7,6	−10,0	10,8	20,4	3,4	10,8	−	3,2	19,9	−17,6	8,5	− 6,1
1974	4,2	− 1,4	18,1	− 0,7	− 5,6	4,7	11,1	17,0	0,6	−15,4	4,3	− 0,3	18,0	− 0,3	− 9,7
1975	− 9,6	−13,5	−14,8	− 1,6	−17,7	− 2,7	− 5,3	−25,8	4,2	−18,2	− 8,3	−12,8	−16,0	0,1	−17,9
1976	5,0	14,6	− 9,1	7,8	− 7,1	10,5	11,8	−12,3	14,6	−	6,0	14,3	− 9,4	9,8	− 4,4
1977	2,0	− 3,7	13,4	− 0,3	− 7,7	− 4,5	−18,0	6,1	− 3,3	−11,1	0,7	− 5,1	12,7	− 1,3	− 9,1
1978	− 5,3	− 4,6	−12,9	− 0,5	−	2,7	11,9	− 3,2	2,0	12,5	− 3,8	− 3,2	−12,0	0,3	− 5,0
1979	11,4	22,4	8,7	4,7	8,3	10,2	30,9	− 3,1	8,2	−	11,2	23,2	7,5	5,8	4,8
1980	− 6,7	−14,3	− 5,5	− 0,7	−	− 2,1	−24,6	− 2,9	3,2	−	− 5,8	−15,4	− 5,3	0,6	−

[1] Einschl. Postgut.
[2] Einschl. Luftfracht-Sonderdienst.
Quelle: Statistisches Landesamt Berlin.

Warenverkehr Berlin (West) mit dem übrigen Bundesgebiet und der DDR
einschl. Ostberlin 1960 bis 1980 nach Verkehrsträgern.
(Fortsetzung)

Jahr	Warenverkehr														
	nach Berlin (West)					von Berlin (West)					nach und von Berlin (West)				
		Verkehrsträger					Verkehrsträger					Verkehrsträger			
	ins-gesamt	Eisen-bahn[1]	Binnen-schiff	Last-kraft-wagen	Flug-zeug[2]	ins-gesamt	Eisen-bahn[1]	Binnen-schiff	Last-kraft-wagen	Flug-zeug[2]	ins-gesamt	Eisen-bahn[1]	Binnen-schiff	Last-kraft-wagen	Flug-zeug[2]
	1	2	3	4	5	6	7	8	9	10	11	12	13	14	15
								1970 = 100							
1960	58	68	53	53	27	58	82	80	50	53	58	68	55	52	38
1961	56	66	51	53	32	64	90	83	55	67	57	67	53	53	46
1962	57	66	54	53	36	64	102	81	55	60	58	68	56	53	46
1963	65	83	58	58	46	62	97	66	57	60	65	83	58	57	51
1964	71	83	68	65	46	70	101	74	65	60	71	84	68	65	51
1965	74	78	78	66	59	73	93	80	68	67	74	79	78	66	62
1966	76	77	83	66	68	71	78	76	68	67	75	77	82	67	68
1967	77	61	97	70	77	73	71	87	70	73	77	61	96	70	76
1968	84	68	100	83	77	80	77	88	78	87	84	68	99	82	81
1969	88	89	84	90	86	95	92	111	91	93	89	90	86	91	89
1970	100	100	100	100	100	100	100	100	100	100	100	100	100	100	100
1971	94	91	91	101	105	104	90	104	106	93	95	91	92	102	89
1972	92	87	85	106	91	110	141	109	106	87	95	90	86	106	84
1973	94	105	68	114	82	122	169	113	118	87	98	108	71	115	76
1974	98	103	80	113	77	128	188	132	119	73	102	108	84	115	62
1975	88	89	68	111	64	125	178	98	124	60	94	94	70	126	60
1976	93	102	62	120	59	138	199	86	142	60	99	108	64	124	54
1977	95	99	71	120	55	131	163	91	137	53	100	102	72	125	57
1978	90	94	61	119	55	135	183	88	140	60	96	99	63	132	60
1979	100	115	67	125	59	149	239	86	151	60	107	122	68	133	59
1980	33	99	63	124	59	145	180	83	156	60	101	103	64		

[1] Einschl. Postgut.
[2] Einschl. Luftfracht-Sonderdienst.
Quelle: Statistisches Landesamt Berlin.

Wirtschaftliche Auswirkungen

Warenverkehr Berlin (West) mit dem übrigen Bundesgebiet und der DDR einschl. Ostberlin 1960 bis 1980 nach Verkehrsträgern.
(Fortsetzung)

	Warenverkehr														
	nach Berlin (West)					von Berlin (West)					nach und von Berlin (West)				
		Verkehrsträger					Verkehrsträger					Verkehrsträger			
Jahr	ins-gesamt	Eisen-bahn[1]	Binnen-schiff	Last-kraft-wagen	Flug-zeug[2]	ins-gesamt	Eisen-bahn[1]	Binnen-schiff	Last-kraft-wagen	Flug-zeug[2]	ins-gesamt	Eisen-bahn[1]	Binnen-schiff	Last-kraft-wagen	Flug-zeug[2]
	1	2	3	4	5	6	7	8	9	10	11	12	13	14	15
					Anteil der Verkehrsträger am Güteraufkommen in %										
1960	100	36,1	34,6	29,3	0,1	100	14,6	23,7	61,3	0,5	100	33,0	33,0	33,9	0,1
1961	100	36,3	34,1	29,6	0,1	100	14,7	22,6	62,1	0,5	100	32,8	32,2	34,8	0,1
1962	100	35,5	35,4	29,0	0,1	100	16,5	21,9	61,2	0,5	100	32,5	33,3	34,1	0,1
1963	100	38,8	33,2	27,9	0,1	100	16,1	18,4	65,1	0,5	100	35,7	31,2	33,0	0,1
1964	100	35,5	35,8	28,6	0,1	100	15,0	18,2	66,3	0,4	100	32,6	33,3	33,9	0,1
1965	100	32,3	39,8	27,9	0,1	100	13,2	19,1	67,2	0,5	100	29,6	36,8	33,5	0,2
1966	100	31,3	41,1	27,5	0,1	100	11,5	18,6	69,5	0,5	100	28,6	38,1	33,2	0,2
1967	100	24,1	47,1	28,7	0,1	100	10,0	20,7	68,8	0,5	100	2,2	43,5	34,2	0,2
1968	100	24,6	44,4	30,9	0,1	100	10,1	19,2	70,2	0,6	100	22,6	40,9	36,3	0,2
1969	100	31,3	36,1	32,5	0,1	100	10,0	20,3	69,2	0,5	100	28,1	33,6	38,1	0,2
1970	100	30,7	37,7	31,5	0,1	100	10,4	17,3	71,8	0,5	100	27,8	34,7	37,3	0,2
1971	100	29,6	36,4	33,8	0,1	100	9,1	17,4	73,1	0,5	100	26,4	33,4	40,0	0,2
1972	100	29,1	34,6	36,2	0,1	100	13,3	17,1	69,2	0,4	100	26,5	31,6	41,7	0,2
1973	100	34,3	27,3	38,3	0,1	100	14,4	16,0	69,2	0,4	100	30,8	25,3	43,8	0,2
1974	100	32,5	30,9	36,5	0,1	100	15,3	17,9	66,6	0,3	100	29,4	28,6	41,9	0,1
1975	100	31,1	29,2	39,7	0,1	100	14,9	13,6	71,3	0,2	100	28,0	26,2	45,7	0,1
1976	100	33,9	25,3	40,8	0,1	100	15,1	10,8	73,9	0,2	100	30,2	22,4	47,4	0,1
1977	100	32,0	28,1	39,8	0,1	100	12,9	12,0	74,9	0,2	100	28,4	25,0	46,5	0,1
1978	100	32,3	25,8	41,8	0,1	100	14,1	11,3	74,4	0,2	100	28,6	22,9	48,4	0,1
1979	100	35,4	25,2	39,3	0,1	100	16,7	10,0	73,1	0,2	100	31,7	22,2	46,1	0,1
1980	100	32,6	25,5	41,9	0,1	100	12,9	9,9	77,0	0,2	100	28,5	22,3	49,2	0,1

[1] Einschl. Postgut.
[2] Einschl. Luftfracht-Sonderdienst.
Quelle: Statistisches Landesamt Berlin.

Zweite Arbeitssitzung:

Statusfragen

Leitung: Professor Dr. *Hans von Mangoldt*
Juristische Fakultät der Universität Tübingen

Referate:
1. Professor Dr. *Hartmut Schiedermair*
   Die Tragweite der Feststellung in dem Berlin-Abkommen, daß die Westsektoren „continue not to be a constituent part of the Federal Republic of Germany and not to be governed by it"

2. Professor Dr. *Dieter Blumenwitz*
   Der Begriff der „Bindungen zwischen den Westsektoren Berlins und der Bundesrepublik Deutschland"

3. Dr. Dr. *Michael Silagi*
   Der Geltungsbereich des Viermächteabkommens

4. Professor Dr. *Siegfried Mampel*
   Der Status von Berlin (Ost)

Die Tragweite der Feststellung in dem Berlin-Abkommen, daß die Westsektoren „continue not to be a constituent part of the Federal Republic of Germany and not to be governed by it"

Professor Dr. Hartmut Schiedermair
Universität des Saarlandes, Saarbrücken

I. Die unterschiedlichen Rechtsauffassungen der vier Mächte über die Beziehungen West-Berlins zur Bundesrepublik Deutschland.

II. Die Feststellung des Viermächte-Abkommens, daß West-Berlin so wie bisher kein konstituierender Bestandteil der Bundesrepublik Deutschland ist und auch weiterhin nicht von ihr regiert wird.
   1. Das Problem der Auslegung
   2. Die vertraglich vereinbarte Verfügungsbeschränkung
   3. Der rechtliche Umfang der Verfügungsbeschränkung
   a) Das Problem der Textdifferenz
   b) Die Praxis der Westmächte bis zum Inkrafttreten des Vier-Mächteabkommens
   c) Die Beschränkung des Stimmrechts der West-Berliner Abgeordneten im Deutschen Bundestag und Bundesrat
   d) Die reduzierte Präsenz des Bundes in West-Berlin
   e) Ergebnis

III. Das Anschlußverbot

IV. Die Einbeziehung West-Berlins in die auswärtigen Beziehungen des Bundes

V. Schlußbemerkung

I.

Am 3. September 1981 konnte der deutsche Fernsehzuschauer Zeuge einer bemerkenswerten Veranstaltung werden. Die Botschafter der vier Mächte, die am 3. September 1971 das Viermächte-Abkommen über Berlin unterzeichnet hatten, trafen sich zu einer Gesprächsrunde, um das zehnjährige Bestehen des Abkommens zu würdigen. Dabei bekundeten die Gesprächspartner nicht nur ihre Befriedigung über den effektiven Beitrag, den das Viermächte-Abkommen zur Entspannung der Lage Berlins tatsächlich geleistet hat. Die vier Botschafter scheuten sich nicht, klar und unmißverständlich auch auf *kontroverse* Rechtsstandpunkte hinzuweisen, die die Auslegung des Viermächte-Abkommens und damit den rechtlichen Status Berlins insgesamt belasten. Eine der Kontroversen bezog sich auf den Teil II B des Viermächte-Abkommens, also auf jene Vertragsbestimmungen, in denen die Beziehungen des westlichen Teils Berlins zur Bundesrepublik Deutschland geregelt sind. So bezeichnete der sowjetische Botschafter als wichtigste Bestimmung des Abkommens den Satz, daß die Westsektoren Berlins kein Bestandteil der Bundesrepublik Deutschland seien und nicht von ihr regiert werden dürften. Demgegenüber betonten die drei westlichen Botschafter, daß das Viermächte-Abkommen die gewachsenen Bindungen der Westsektoren an die Bundesrepublik Deutschland bekräftige.

Folgt man der auch von den drei ehemaligen Botschaftern hier bekräftigten Auffassung der Westmächte, scheinen die Probleme, die sich für Berlin und seine Einbindung in den deutschen Staatsverband in der Vergangenheit ergeben haben, nun ein für allemal gelöst zu sein. Diese Einbindung kann jetzt nicht mehr geleugnet werden, indem man West-Berlin als selbständige politische Einheit ausweist. Im Viermächte-Abkommen werden vielmehr die gewachsenen Bindungen zwischen West-Berlin und der Bundesrepublik anerkannt und darüber hinaus sogar deren Entwicklungsfähigkeit ausdrücklich bekräftigt. Dies bedeutet, daß die institutionelle und bis in die staatsrechtliche Ebene hineinreichende Verklammerung West-Berlins mit der Bundesrepublik Deutschland nunmehr auch durch die zuständigen *vier* Siegermächte vertraglich gesichert und damit auf ein solides völkerrechtliches Fundament gestellt worden ist.

Die Einbeziehung West-Berlins in die Rechts- und Verfassungsordnung der Bundesrepublik Deutschland steht nun unter einem, allerdings wichtigen Vorbehalt. West-Berlin muß weiterhin einen Rest von rechtlicher Selbständigkeit behalten, der eine *vollständige* Eingliederung der Stadt in den Staatsverband der Bundesrepublik ausschließt. Dieser Vorbehalt ist erforderlich, um den Bestand des Besatzungsregimes in Berlin aufrechtzuerhalten. Danach darf die vollständige Eingliederung West-Berlins in einen deutschen Staatsverband auch nach der Auffassung der Westmächte erst mit der Beendigung des Besatzungsregimes,

Westsektoren „Not a constituent part"

also dann erfolgen, wenn die deutsche Frage als Ganzes durch eine mögliche Wiedervereinigung gelöst wird.

Bedauerlicherweise hat es die Sowjetunion bisher strikt abgelehnt, sich den Westmächten und ihrer Rechtsauffassung über das Verhältnis West-Berlins zur Bundesrepublik auch nach dem Abschluß des Viermächte-Abkommens anzuschließen. Unter Berufung auf den russischen Text des Viermächte-Abkommens stuft sie nicht nur die gewachsenen Bindungen West-Berlins an die Bundesrepublik Deutschland auf die Ebene bloßer lockerer Verbindungen etwa im Sinne von Verkehrsverbindungen zurück. Die Sowjetunion hebt vielmehr – wie dies auch in der Gesprächsrunde der Botschafter im Fernsehen geschehen ist – hervor, daß der westliche Teil Berlins kein Bestandteil der Bundesrepublik Deutschland sei. Die Zielrichtung dieser Argumentation ist klar: Das staatsrechtliche Band zwischen West-Berlin und der Bundesrepublik soll zerschnitten und West-Berlin aus dem Bezugssystem eines deutschen Staatsverbandes insgesamt herausgenommen werden. Mit dieser Argumentation will die Sowjetunion auch nach dem Abschluß des Viermächte-Abkommens ihrer alten These Geltung verschaffen, nach der West-Berlin eine aus dem deutschen Staatsverband *gelöste* und daher *selbständige* politische Einheit ist. Bei der Formel von der selbständigen politischen Einheit geht es nicht nur darum, die bestehende Bindung West-Berlins an das Verfassungssystem der Bundesrepublik Deutschland zu leugnen. Die Formel dient der Sowjetunion auch dazu, West-Berlin als eine politische Einheit darzustellen, die ohne jeden Bezug zu einem deutschen Staatsverband einen ausschließlich internationalen Status hat und demnach nichts anderes ist, als das, was man im Völkerrecht, wie bekannt, als „freie Stadt" bezeichnet.

II.

Angesichts der Tatsache, daß die vier Mächte auch nach dem Inkrafttreten des Viermächte-Abkommens an ihren unterschiedlichen Rechtsauffassungen über die Beziehungen West-Berlins zur Bundesrepublik Deutschland festhalten, scheint es eine durchaus lohnende Aufgabe zu sein, an dieser Stelle einmal das Viermächte-Abkommen selbst zu befragen. Maßgebend ist dabei zunächst die in Teil II B enthaltene Aussage des Abkommens, nach der West-Berlin so wie bisher kein „constituent part", also kein konstituierender Bestandteil der Bundesrepublik Deutschland ist und auch weiterhin nicht von ihr regiert wird.

Hartmut Schiedermair

1. Mit dem herkömmlichen Begriffsapparat des Völker- oder Verfassungsrechts ist dieser Aussage nicht beizukommen. Vor allem der Begriff „constituent part" besitzt keine im Völker- oder Verfassungsrecht anerkannte Normsubstanz, er ist kein rechtstechnischer Begriff. Daher kann es hier nur darauf ankommen, bei der Erklärung, daß West-Berlin wie bisher kein konstituierender Bestandteil der Bundesrepublik Deutschland ist und auch weiterhin nicht von ihr regiert wird, den wirklichen Willen ihrer Urheber – und das sind die Westmächte – durch *Auslegung* zu ermitteln.

2. Gerade im Hinblick auf die sowjetische Argumentation ist es wichtig, darauf hinzuweisen, daß die Erklärung der Westmächte nicht isoliert betrachtet werden darf, sondern vielmehr in ihrem textlichen Zusammenhang gelesen werden muß. Man wird dem Wortlaut des Viermächte-Abkommens nicht gerecht, wenn man im Sinne der sowjetischen Argumentation so tut, als ob die Beziehungen zwischen West-Berlin und der Bundesrepublik Deutschland mit den Stichworten „kein Bestandteil der Bundesrepublik" und „kein Regieren des Bundes über West-Berlin" erschöpfend beschrieben seien. In Teil II B des Viermächte-Abkommens werden vielmehr zunächst die gewachsenen Bindungen zwischen West-Berlin und der Bundesrepublik anerkannt und darüber hinaus sogar ausdrücklich als entwicklungsfähig bezeichnet. Das Viermächte-Abkommen weist also an dieser Stelle den drei Westmächten als den Inhabern der obersten Gewalt in West-Berlin einen Handlungs- und Gestaltungsfreiraum zu, der es den Westmächten gestattet, über die Beziehungen West-Berlins zur Bundesrepublik selbst im Sinne einer fortschreitenden Integration zu verfügen. Dies widerspricht auch nicht etwa der in Ziffer 4 der Allgemeinen Bestimmungen des Viermächte-Abkommens getroffenen Stillhaltevereinbarung, nach der die vier Mächte verpflichtet sind, von einer einseitigen Veränderung der Lage Berlins abzusehen. Die Bestimmungen in Teil II B des Abkommens gehen den Allgemeinen Bestimmungen vor, zumal der Begriff der Lage in der Ziffer 4 der Allgemeinen Bestimmungen auch die Entwicklungsfähigkeit der Bindungen West-Berlins an die Bundesrepublik Deutschland mit einschließt.

Der Handlungs- und Gestaltungsfreiraum, den die Westmächte im Hinblick auf die Bindungen West-Berlins an die Bundesrepublik Deutschland innehaben, hat allerdings seine rechtlichen Grenzen. Eine fortschreitende Integration West-Berlins in die Rechts- und Verfassungsordnung der Bundesrepublik darf nach dem Viermächte-Abkommen nicht so weit führen, daß West-Berlin zu einem konstituierenden Bestandteil der Bundesrepublik und von dieser regiert wird. Was mit den Wendungen „kein konstituierender Bestandteil der Bundesrepublik" und „kein Regieren des Bundes über West-Berlin" umschrieben wird, ist rechtlich betrachtet also nichts anderes als eine *vertraglich vereinbarte Verfügungsbeschränkung,* die von den Westmächten im Hinblick auf die Ausgestaltung der Bindungen West-Berlins an die Bundesrepublik zu beachten ist.

3. Um die Reichweite und den rechtlichen Umfang dieser Verfügungsbeschränkung zu bestimmen, ist es sinnvoll, daß man sich zunächst an den Wortlaut des Viermächte-Abkommens hält.

a) Leider wartet jedoch das Viermächte-Abkommen auch an dieser Stelle mit einer problematischen Textdifferenz auf. Während die englische Fassung das Abkommens den Begriff „constituent part" verwendet, ist im französischen Text von „élément constitutive" die Rede. Das Wort constituent bezeichnet im Englischen nicht nur das Mitglied eines Wahlkörpers, also den Wähler, sondern es heißt auch verfassungsgebend. Von daher gesehen kann der Begriff „constituent part" so ausgelegt werden, daß mit ihm die Zugehörigkeit der West-Berliner Bevölkerung zum pouvoir constituant der Bundesrepublik Deutschland angesprochen sein soll. Damit wäre eine Präzisierung und Konkretisierung der von den Westmächten zu beachtenden Verfügungsbeschränkungen erreicht, die allerdings – und dies muß man klar sehen – mit dem französischen Text des Viermächte-Abkommens nicht ohne weiteres zu vereinbaren ist. Der im französischen Text verwendete Begriff „élément constitutive" ist weiter gefaßt, da er so viel wie „wesentlicher Bestandteil" bedeutet. Noch weiter geht der russische Text, der einen Begriff verwendet, den man einfach mit Bestandteil übersetzen kann.

Manches spricht dafür, in diesem Zusammenhang nicht auf den russischen, sondern auf den englischen Text des Viermächte-Abkommens zurückzugreifen. Immerhin handelt es sich in Teil II B des Abkommens um eine Erklärung der Westmächte, bei der vor allem zu berücksichtigen ist, daß ihre englische Fassung – also der Begriff des constituent part – im Gegensatz zum französischen und russischen Text sozusagen den kleinsten gemeinsamen Nenner enthält, der allein eine widerspruchsfreie Auflösung der Textdifferenz zuläßt. Daher sollte man unter Berücksichtigung des Art. 33 Abs. 4 der WVRK hier nach dem Prinzip des konsentierten gemeinsamen Minimums verfahren. Es ist einzuräumen, daß die Anwendung dieses Prinzips für die Auflösung von Textdifferenzen mehrsprachiger Verträge nicht ganz unumstritten ist. Dennoch soll auf dieses Problem nicht näher eingegangen werden. Überhaupt scheint es verfehlt, der Textdifferenz zu dem Begriff des constituent part eine allzu große Bedeutung zuzumessen; denn nach dem Wortlaut des Viermächte-Abkommens gibt es einen Weg, diesen Begriff zu präzisieren, ohne auf seine Mehrdeutigkeit in den verschiedenen Fassungen des Abkommens eingehen zu müssen.

b) Die Erklärung der Westmächte in Teil II B des Viermächte-Abkommens enthält das bemerkenswerte Wort „continue". Die deutsche Übersetzung trägt diesem Wort in korrekter Weise Rechnung, indem sie sagt, daß West-Berlin *„so wie bisher* kein konstituierender Bestandteil der Bundesrepublik Deutschland ist und auch *weiterhin* nicht von ihr regiert wird." Mit den Wendungen „so wie bisher" und „weiterhin" kommt zum Ausdruck, daß die Westmächte hier in ihre Willenserklärung und damit in das Viermächte-Abkommen ein Stück Praxis haben eingehen lassen, wie sie für die Beziehungen West-Berlins zur Bundesrepublik in der Vergangenheit oder, genauer gesagt, bis zum Inkrafttreten des Viermächte-Abkommens maßgeblich war. Dem Text des Viermächte-Abkommens wird man daher nur gerecht, wenn man die Wendungen „kein konstituierender Bestandteil" und „kein Regieren des Bundes über West-Berlin" im Lichte dieser Praxis auslegt.

Die Westmächte haben in der Vergangenheit stets daran festgehalten, daß die oberste Gewalt in Berlin nach wie vor in den Händen der vier Mächte liegt und von ihnen in West-Berlin in der Form der sogenannten Dreimächte-Verwaltung ausgeübt wird. Inhaber der obersten Gewalt in West-Berlin sind daher die drei Westmächte. Im Rahmen der Dreimächte-Verwaltung haben die Westmächte dafür Sorge getragen, daß die Inhaberschaft der obersten Gewalt und damit der Fortbestand des Besatzungsregimes in West-Berlin erhalten geblieben ist. Deswegen haben sich die Westmächte nicht nur bei der Übertragung der Regierungsgewalt auf die Berliner Behörden ihre Rechte in bezug auf die Sicherheit und den Status Berlins vorbehalten. Sie mußten konsequenterweise auch verhindern, daß West-Berlin durch eine volle staatsrechtliche Integration als zwölftes Bundesland in den Staatsverband der Bundesrepublik Deutschland eingefügt wird; denn eine solche Integra-

Westsektoren „Not a constituent part"

tion hätte zwangsläufig zum Übergang der obersten Gewalt auf die Bundesrepublik und damit zur Beendigung des Besatzungsregimes in West-Berlin geführt.

Die ständige Formel, mit der die Westmächte diesen Tatbestand in der Vergangenheit umschrieben haben, lautete, daß West-Berlin kein „Land" oder „Bestandteil" der Bundesrepublik Deutschland sei und von der Bundesrepublik „nicht regiert" werde. Diese Formel ist offenkundig unverändert in den Teil II B des Viermächte-Abkommens eingegangen. Was bisher lediglich ein Stück Praxis im Rahmen der Dreimächte-Verwaltung von Berlin war, ist damit in Form einer Gewährleistung auf die Ebene der vier Mächte gehoben worden. Gewährleistet wird von den drei Westmächten gegenüber der Sowjetunion, daß eine volle staatsrechtliche Eingliederung West-Berlins in den Staatsverband der Bundesrepublik, die den Untergang des Besatzungsregimes in West-Berlin bewirken könnte, nicht einseitig vollzogen wird.

Konkret bedeutet dies, daß die Bestimmungen der Berliner Verfassung und des Grundgesetzes, die auf eine solche Eingliederung angelegt sind, nach dem Viermächte-Abkommen ohne Einwilligung der Sowjetunion nicht in Kraft treten dürfen. Es hat also bei der Suspendierung dieser Bestimmungen zu bleiben, wie sie von den Westmächten schon im Zusammenhang mit der Genehmigung des Grundgesetzes und der Berliner Verfassung vorgenommen worden ist. Abgesehen davon verbietet das Viermächte-Abkommen jedes unzulässige Regieren der Bundesrepublik über West-Berlin. Dies bedeutet nicht, daß der Bundesrepublik jede Form der Herrschaftsausübung in und über West-Berlin untersagt ist. Unzulässig im Sinne des Viermächte-Abkommens sind nur solche Hoheitsakte oder Amtshandlungen von Bundesorganen, die als Ausübung *unmittelbarer* Staatsgewalt über West-Berlin verstanden werden müssen. Was dies im einzelnen heißen soll, ergibt sich nicht nur aus der bisherigen Praxis, sondern auch aus dem Interpretationsschreiben, das die Botschafter der drei Westmächte im Zusammenhang mit dem Viermächte-Abkommen an den Bundeskanzler gerichtet haben. So ist West-Berlin zwar in das Verfassungs- und Rechtssystem der Bundesrepublik einbezogen, doch gelten dabei besondere Verfahren, die bei dem Inkrafttreten von Gesetzen und Verträgen des Bundes sowie bei der Anwendung der Bundesgesetzgebung durch Bundesbehörden und Bundesgerichte in Berlin die Mitbeteiligung westalliierter Behörden oder aber der West-Berliner gesetzgebenden Körperschaft gewährleisten.

Hartmut Schiedermair

Diese Mitbeteiligung ist so ausgestaltet, daß die über West-Berlin ausgeübte Staatsgewalt des Bundes stets durch einen Akt der West-Berliner gesetzgebenden Körperschaft oder der westalliierten Behörden mediatisiert wird. Damit haben die drei Westmächte den ungeschmälerten Erhalt der obersten Gewalt in West-Berlin zu ihren Gunsten sichergestellt.

c) In ihrem Genehmigungsschreiben zum Grundgesetz haben die drei Westmächte darüber hinaus einen Vorbehalt gemacht, der den West-Berliner Abgeordneten bis heute das volle Stimmrecht im Deutschen Bundestag und Bundesrat versagt. Dieser Vorbehalt weist die Besonderheit auf, daß er mit der Frage, wer Inhaber der obersten Gewalt in West-Berlin ist, gar nichts zu tun hat; denn bei dem Stimmrecht der West-Berliner Abgeordneten im Bundestag und Bundesrat geht es nicht um die Herrschaftsausübung in Berlin, sondern um die Beteiligung West-Berlins an der Gesetzgebung des Bundes und damit um die Herrschaftsausübung in der Bundesrepublik. Diese Beteiligung kann weder die volle Eingliederung West-Berlins als Bundesland in den Staatsverband der Bundesrepublik bewirken, noch stellt sie ein unzulässiges oder überhaupt ein Regieren des Bundes in und über West-Berlin dar. So kommt man zu dem Ergebnis, daß die Beschränkung der Stimmrechtsausübung in Bundestag und Bundesrat zwar ein Stück alter Dreimächtepraxis ist, das jedoch nicht in den Teil II B des Viermächte-Abkommens eingegangen ist. Die Feststellung im Viermächte-Abkommen, daß West-Berlin so wie bisher kein konstituierender Bestandteil der Bundesrepublik ist und auch weiterhin nicht von ihr regiert wird, würde daher ein volles Stimmrecht der West-Berliner Abgeordneten im Bundestag und Bundesrat nicht ausschließen. Entsprechendes gilt auch für das Verfahren der Entsendung der West-Berliner Abgeordneten in den Bundestag.

Dies alles bedeutet allerdings nicht, daß die Frage der Stimmrechtsausübung mit dem Viermächte-Abkommen in keinem Zusammenhang steht. Immerhin wird auf das Verbot der Stimmrechtsausübung in der Anlage II zum Viermächte-Abkommen mittelbar Bezug genommen. Die Anlage II ist allerdings kein Bestandteil des Viermächte-Abkommens. Die in ihr enthaltenen Erklärungen sind vielmehr als einseitige besatzungsrechtliche Anordnungen der Westmächte gegenüber der Bundesrepublik zu qualifizieren, die überdies – und darauf kommt es für unseren Zusammenhang entscheidend an – lediglich der Geschäfts-

Westsektoren „Not a constituent part"

grundlage des Viermächte-Abkommens zugerechnet werden können. Dies bedeutet, daß die vier Mächte beim Abschluß des Viermächte-Abkommens davon ausgegangen sind, daß die Beschränkung der Stimmrechtsausübung im Bundestag und Bundesrat zu Lasten der West-Berliner Abgeordneten auch in Zukunft erhalten bleibt. Eine einseitige Aufhebung dieser Beschränkung durch die Westmächte müßte daher zum Wegfall oder aber zumindest zu einer wesentlichen Veränderung der Geschäftsgrundlage des Viermächte-Abkommens führen.

Der im Zusammenhang mit den Anlagen I–III zum Viermächte-Abkommen vorgenommene Rückgriff auf die Rechtsfigur der Geschäftsgrundlage ist in der Literatur auf wenig Gegenliebe gestoßen.

Die dabei aufgetretenen Meinungsverschiedenheiten sind jedoch mehr von theoretischem Interesse, da es vom *praktischen* Ergebnis und den Rechtsfolgen her gesehen kaum einen Unterschied macht, ob man nun die Anlage II dem Viermächte-Abkommen selbst oder aber seiner Geschäftsgrundlage zurechnet. Vor allem im Rahmen des vorgegebenen Themas genügt es, daran festzuhalten, daß die Beschränkung der Stimmrechtsausübung im Bundestag und Bundesrat jedenfalls nicht durch den Teil II B des Viermächte-Abkommens, also durch die Wendungen „kein konstituierender Bestandteil des Bundes" und „kein Regieren des Bundes über West-Berlin" festgeschrieben wird.

d) Das gleiche gilt im Ergebnis auch für die reduzierte Bundespräsenz, wie sie nach Maßgabe von Abschnitt b) des Interpretationsschreibens der drei westlichen Botschafter zum Viermächte-Abkommen von den Westmächten angeordnet worden ist. Das Interpretationsschreiben ist kein Teil des Viermächte-Abkommens. Es regelt vielmehr vor allem in seinem Abschnitt b) lediglich Fragen, die von den vier Mächten während der Verhandlungen zum Viermächte-Abkommen als „wichtig" angesehen wurden. Sein Inhalt kann daher ebenfalls nur der Geschäftsgrundlage des Viermächte-Abkommens, nicht aber dem Abkommen selbst zugerechnet werden.

e) So kommt man zu folgendem ersten Ergebnis: Auszugehen ist von dem Handlungs- und Gestaltungsfreiraum, den sich die Westmächte auch nach dem Abschluß des Viermächte-Abkommens bewahrt haben, um die bestehenden Bindungen West-Berlins an die Bundesrepublik Deutschland aufrechtzuerhalten und fortzuentwickeln. Dieser Gestaltungsfreiraum ist allerdings rechtlich begrenzt. Das Viermächte-Abkommen enthält eine vertragliche Verfügungsbeschränkung, die die Westmächte daran hindert, die Bindungen West-Berlins an die Bundesrepublik Deutschland so auszugestalten, daß West-Berlin zu einem konstituierenden Bestandteil der Bundesrepublik und von dieser regiert wird. Dies bedeutet, daß West-Berlin ohne die Zustimmung der Sowjetunion nicht durch eine volle staatsrechtliche Integration als Bundesland in den Staatsverband der Bundesrepublik Deutschland eingefügt werden darf. Die Westmächte haben demgemäß zu gewährleisten, daß das Besatzungsregime in West-Berlin unter den gegebenen Umständen *insoweit unverändert* erhalten bleibt, als ein Übergang der obersten Gewalt auf die Bundesrepublik nicht stattfinden darf. Diese Gewährleistungspflicht wird dadurch erfüllt, daß die von den Westmächten suspendierten Bestimmungen der Berliner Verfassung (Art. 1 Abs. 2 und 3) sowie des Grundgesetzes (Art. 23) auch weiterhin außer Kraft bleiben *und* daß die Bundesrepublik keine *unmittelbare* Staatsgewalt in und über West-Berlin ausübt. Weitergehende Vorbehalte der Westmächte – nämlich die Stimmrechtsbeschränkung der West-Berliner Abgeordneten im Bundestag und Bundesrat sowie die reduzierte Bundespräsenz nach Abschnitt b) des Interpretationsschreibens – sind nicht Gegenstand der Verfügungsbeschränkungen, die von den Westmächten nach dem Teil II B des Viermächte-Abkommens zu beachten sind.

III.

Indem das Viermächte-Abkommen die Reichweite und den rechtlichen Umfang der von den Westmächten zu beachtenden Verfügungsbeschränkungen umschreibt, räumt es der Sowjetunion gewichtige Mitspracherechte bei der Ausgestaltung der Bindungen West-Berlins an die Bundesrepublik ein. Solange das Abkommen eine volle Integration West-Berlins als Bundesland in den Staatsverband der Bundesrepublik nur gestattet, wenn die Sowjetunion dem zustimmt, kann man – wie das in der Literatur auch geschieht – in diesem Zusammenhang mit Recht von einem *Anschlußverbot* sprechen.

Spätestens seit dem Friedensvertrag von Saint Germain (1919) und dem Genfer Protokoll vom 4. 10. 1922 wissen wir, daß das Anschlußverbot zu den Techniken gehört, die darauf angelegt sind, den Siegermächten ohne Rücksicht auf eine bestehende Friedensregelung gewisse Kontrollrechte zu Lasten der ehemaligen Feindstaaten einzuräumen. Dem

Westsektoren „Not a constituent part"

Anschlußverbot wohnt daher die Tendenz eines sogar über die Friedensregelung hinausweisenden und in dem Sinne perpetuierten Besatzungsrechts inne. Von daher gesehen ist das Anschlußverbot ein besonders markantes Indiz für die Unfähigkeit der Staaten, durch die vollständige Beseitigung der causa belli einen dauerhaften Frieden zu stiften.

In der Literatur zum Viermächte-Abkommen ist die Frage des Anschlußverbots vor allem unter verfassungsrechtlichen Gesichtspunkten behandelt worden. So haben Doehring und Ress gegen die aktive Mitwirkung der Bundesregierung an der Berlin-Regelung verfassungsrechtliche Bedenken angemeldet, weil diese Mitwirkung als eine mit dem Wiedervereinigungsgebot des Grundgesetzes nicht zu vereinbarende Zustimmung zu dem Anschlußverbot des Viermächte-Abkommens gedeutet werden müsse. Diese These ist m. E. aus folgenden Gründen unzutreffend: Wenn man wie die Westmächte von dem Fortbestand des Viermächte-Status für Berlin ausgeht – und nicht zuletzt das Viermächte-Abkommen selbst legt diese Annahme zwingend nahe –, kommt man zu dem Ergebnis, daß die vollständige staatsrechtliche Integration West-Berlins in den Staatsverband der Bundesrepublik *ohne* die Zustimmung der Sowjetunion schon vor dem Abschluß des Viermächte-Abkommens unzulässig gewesen wäre. Das Anschlußverbot bestand also schon vor und unabhängig von dem Viermächte-Abkommen. Deshalb ist die Rechtslage Berlins mit dem Mitspracherecht der Sowjetunion nicht zu Lasten der Bindungen West-Berlins an die Bundesrepublik verändert worden. Vielmehr hat das Viermächte-Abkommen insoweit nur eine bestehende Rechtslage bestätigt. Die Zustimmung der Bundesregierung zu dem Abkommen konnte sich daher auch nur auf etwas beziehen, was ohnehin der geltenden und für die Bundesrepublik verbindlichen Rechtslage Berlins entsprach. Das Wiedervereinigungsgebot des Grundgesetzes wird durch eine solche Zustimmung nicht tangiert.

IV.

Zu den rechtlichen Beziehungen zwischen West-Berlin und der Bundesrepublik gehört ein Komplex, der besondere Aufmerksamkeit verdient. Bei diesem Komplex geht es um die auswärtigen Beziehungen des Bundes zu dritten Staaten. In der Diskussion um die Rechtslage Berlins wird nicht immer mit dem erforderlichen Nachdruck auf die *besondere*

Hartmut Schiedermair

Bedeutung hingewiesen, die der Möglichkeit zukommt, West-Berlin in die internationalen Verträge und die Mitgliedschaft des Bundes in internationalen Organisationen einzubeziehen. Eine allzu starke Fixierung auf die verfassungsmäßige Verklammerung West-Berlins mit der Bundesrepublik kann leicht darüber hinwegtäuschen, daß die Beteiligung West-Berlins an den auswärtigen Beziehungen des Bundes weitaus am besten geeignet ist, die gewachsenen Bindungen West-Berlins an die Bundesrepublik nicht nur politisch glaubhaft zu machen, sondern darüber hinaus auch rechtlich abzusichern. Immerhin geht es bei den auswärtigen Beziehungen des Bundes und der Beteiligung West-Berlins daran um die Staatenpraxis, die für die völkerrechtliche Einschätzung der Rechtslage Berlins von eminenter und – wie wir aus der Lehre der Völkerrechtsquellen wissen – von geradezu konstitutiver Bedeutung ist.

Die Vertragspraxis der Bundesrepublik zeigt eine Fülle von Beispielen auf, die in bemerkenswerter Weise die gewachsenen Bindungen West-Berlins an die Bundesrepublik bekräftigen. So enthalten etwa die Verträge, die die Bundesrepublik auch noch nach dem Inkrafttreten des Viermächte-Abkommens mit den USA geschlossen hat, Berlin-Klauseln, deren Wortlaut zunächst überraschend klingt. In den Klauseln heißt es, daß der Vertrag auch Anwendung finden solle in „the Land Berlin". Mit dieser Wendung wird West-Berlin als ein Land der Bundesrepublik Deutschland ausgewiesen, denn hier geht es immerhin um Verträge der Bundesrepublik Deutschland, deren föderalistischer Staatsaufbau dem Begriff Land einen eindeutigen Stellenwert zuweist.

Das Überraschende an den erwähnten Berlin-Klauseln ist, daß es so aussieht, als ob sich die Vereinigten Staaten mit diesen Klauseln in einen beachtlichen Widerspruch nicht nur zu ihrer bisherigen Praxis, sondern auch zum Viermächte-Abkommen begeben haben. Schließlich hatte es in dem Genehmigungsschreiben zum Grundgesetz noch ausdrücklich geheißen, daß West-Berlin *kein* Land der Bundesrepublik sei. Entsprechendes gilt auch für den Teil II B des Viermächte-Abkommens.

Danach sind die Begriffe constituent part und Land Synonyme oder inhaltsgleich. Demgemäß konnte der Teil II B des Viermächte-Abkommens so ausgelegt werden, daß er die volle Integration West-Berlins als *Land* in den Staatsverband der Bundesrepublik ausschließt. Wie aber soll man damit die Berlin-Klauseln aus den zitierten deutsch-amerikanischen Verträgen in Einklang bringen?

Westsektoren „Not a constituent part"

Die Einbeziehung West-Berlins in die internationalen Verträge der Bundesrepublik ist nur ein Ausschnitt aus einem Komplex, der die Wahrnehmung der Interessen West-Berlins gegenüber dem Ausland insgesamt umfaßt. Dieser Komplex wird vom Viermächte-Abkommen nicht in Teil II B, sondern durch die besonderen Bestimmugen des Teils II D und der Anlage IV geregelt. Aus diesen Bestimmungen ergibt sich folgende Rechtslage: Bei der Wahrnehmung der Interessen West-Berlins gegenüber dem Ausland handelt die Bundesrepublik nicht als Vertreter West-Berlins. Vielmehr ist die Bundesrepublik grundsätzlich ermächtigt, insoweit ein den Westmächten als den Inhabern der obersten Gewalt in West-Berlin zustehendes Recht auszuüben. Hier also hat – und dies wird in der Literatur mit Recht auch so gesehen – eine Rechtsübertragung, wenn auch nicht quoad substantiam, so aber doch quoad usum stattgefunden. Mit dieser Rechtsübertragung ist der Bundesrepublik eine besondere Form der Teilhabe an der obersten Gewalt in West-Berlin zugestanden worden.

Für die Einbeziehung West-Berlins in die internationalen Verträge des Bundes ergeben sich daraus gewichtige Rechtsfolgen: Die Einbeziehung bewirkt, daß der Anwendungs- oder Geltungsbereich des jeweiligen Vertrages auf West-Berlin ausgedehnt wird, und West-Berlin ist daher von dem *Vertrag* her gesehen nicht wie, sondern als Staatsgebiet der Bundesrepublik Deutschland zu behandeln. Entsprechendes gilt auch für die Mitgliedschaft der Bundesrepublik in internationalen Organisationen.

Daraus erhellt, daß das in Teil II B des Viermächte-Abkommens enthaltene Verbot einer vollen Integration West-Berlins in den Staatsverband der Bundesrepublik Deutschland nicht gilt, wenn es um die Wahrnehmung der Interessen West-Berlins gegenüber dem Ausland geht. Im Gegenteil, die Regelung des Abkommens in Teil II D und der Anlage IV gestattet eine solche Integration bei der Einbeziehung West-Berlins in die internationalen Verträge und die Mitgliedschaft der Bundesrepublik in internationalen Organisationen. Wenn und soweit es um diese Verträge und um die Mitgliedschaft in internationalen Organisationen geht, kann man daher West-Berlin durchaus als integrierten und auch als konstituierenden Bestandteil der Bundesrepublik bezeichnen.

Die Staatenpraxis hat dieser Rechtslage in eindrucksvoller Weise dadurch Rechnung getragen, daß zahlreiche internationale Verträge in ihren Berlin-Klauseln West-Berlin als *Land* der Bundesrepublik Deutschland ausweisen. Dies gilt nicht nur für die bereits erwähnten deutsch-amerikanischen Verträge, sondern auch für die Verträge mit anderen Unterzeichnerstaaten des Viermächte-Abkommens, nämlich Frankreich und Großbritannien. Die Sowjetunion und Staaten des Ostblocks lassen sich allerdings nicht auf Berlin-Klauseln ein, in denen der Begriff Land verwendet wird. Sie haben sich auf eine neutrale Formulierung festgelegt, die lautet, daß „entsprechend dem Viermächte-Abkommen vom 3. September 1971 dieses Abkommen in Übereinstimmung mit den festgelegten Verfahren auf Berlin (West) ausgedehnt wird". Eine ähnlich neutrale Formulierung bevorzugt die Volksrepublik China. In den deutsch-chinesischen Abkommen über wissenschaftlich-technologische und wirtschaftliche Zusammenarbeit heißt es, daß diese Abkommen „im Einklang mit der bestehenden Lage auch für Berlin (West)" gelten.

Abgesehen von den Staaten des Ostblocks und der Volksrepublik China haben sich in der Vertragspraxis der Bundesrepublik Deutschland Berlin-Klauseln, die den Begriff „Land" verwenden – soweit ersichtlich – weitgehend sogar vollständig durchgesetzt. Dies belegen die Verträge etwa mit den Niederlanden und Kanada, mit neutralen oder blockfreien Staaten wie der Schweiz, Jugoslawien oder Ägypten und schließlich mit den Staaten Afrikas oder Südamerikas wie Marokko, Äthiopien, der Jemenitischen Arabischen Republik, der Demokratischen Republik Somalia oder Brasilien.

V.

Schlußbemerkung:

Auch wenn die Bundesrepublik nach Maßgabe des Viermächte-Abkommens befugt ist, die Interessen West-Berlins gegenüber dem Ausland wahrzunehmen, sind dritte Staaten dennoch nicht verpflichtet, dies anzuerkennen. Das Viermächte-Abkommen verpflichtet insoweit dritte Staaten nicht. Diesen Staaten steht es vielmehr frei, auf den Abschluß eines Vertrages oder auf das Zustandekommen sonstiger diplomatischer Akte zu verzichten, wenn die Bundesrepublik auf die Einbeziehung West-Berlins in den Vertrag oder den diplomatischen Akt besteht. An dieser Stelle eröffnet das Viermächte-Abkommen der Bundesrepublik einen weiten Spielraum für diplomatische Aktivitäten. Die

Westsektoren „Not a constituent part"

Bundesregierung ist daher als die Inhaberin der auswärtigen Gewalt gehalten, ihren ganzen politischen Einfluß geltend zu machen, um die Einbeziehung West-Berlins in die auswärtigen Beziehungen des Bundes von Fall zu Fall durchzusetzen. Bei der Praxis der internationalen Verträge des Bundes ist dies in der Vergangenheit mit einigem Erfolg auch geschehen. Es ist Sache der Bundesregierung, nicht zuletzt im Interesse eines freiheitlichen Berlin, an dieser Praxis auch in Zukunft festzuhalten.

Der Begriff der „Bindungen zwischen den Westsektoren Berlins und der Bundesrepublik Deutschland"

Professor Dr. Dieter B l u m e n w i t z
Lehrstuhl für Völkerrecht, allgemeine Staatslehre, deutsches und bayerisches Staatsrecht und politische Wissenschaften. Universität Würzburg

Im Mittelpunkt meiner Untersuchung aus Anlaß des 10jährigen „Jubiläums" des Viermächte-Abkommens vom 3. September 1971 steht Teil II, B, Abs. 1 der vierseitigen Vereinbarung. Die Vorschrift lautet[1]:
„Die Regierungen der Französischen Republik, des Vereinigten Königreichs und der Vereinigten Staaten von Amerika erklären, *daß die Bindungen zwischen den Westsektoren Berlins und der Bundesrepublik Deutschland aufrechterhalten und entwickelt werden,* wobei sie berücksichtigen, daß diese Sektoren so wie bisher kein Bestandteil (konstitutiver Teil) der Bundesrepublik Deutschland sind und auch weiterhin nicht von ihr regiert werden."

Meine Aufgabe ist es, das „dynamische Element" dieses Kernsatzes des Berlinabkommens darzustellen; die im Nachsatz enthaltenen deutlichen Schranken dieses dynamischen Prozesses, die Gegenstand des vorangegangenen Referats waren, bleiben hierbei immer präsent.

I.

Die Erklärungen der Bundesregierung zum 10. Jahrestag der Unterzeichnung des Viermächte-Abkommens vom 3. September 1971 reflektierten kaum die Dramatik dieses wohl heikelsten Themas der Ostvertragspolitik.

Bundeskanzler *Helmut Schmidt* stellte in einer förmlichen Erklärung (der das Bundeskabinett und die anwesenden Vorsitzenden der Koalitionsfraktionen, *Herbert Wehner* und *Wolfgang Mischnick* zugestimmt haben) mit Befriedigung fest, „daß das Viermächte-Abkommen mit den ergänzenden

---

1 Deutscher (nicht authentischer) Text: Beilage zum Bundesanzeiger Nr. 174 vom 3.9.1972, S. 45; der englische, französische und russische Originaltext ist abgedruckt: Treaty Series No 111 (1972) Command Papers, Her Majesty's Stationary Office 5135.

Vereinbarungen zwischen der Bundesregierung bzw. dem Senat von Berlin und der Regierung der DDR die Sicherheit und Lebenskraft Berlins entscheidend gestärkt und zu einer ruhigen Lage in und um Berlin beigetragen hat ... Die gewachsenen Bindungen Berlins an den Bund sowie die Möglichkeit ihrer Weiterentwicklung wurden ebenso bestätigt wie das Recht der Bundesrepublik Deutschland, Berlin (West) nach außen in dem von den Drei Mächten gesetzten Rahmen zu vertreten"[2].

In ähnlicher Weise resümierte der Bundesminister des Auswärtigen, *Hans-Dietrich Genscher:* „Die Bindungen Berlins an den Bund sind weiter entwickelt und vertieft worden"[3].

Aufschlußreicher ist hier schon die vom Ministerium für Auswärtige Angelegenheiten der DDR und vom Ministerium für Auswärtige Angelegenheiten der UdSSR herausgegebene Dokumentation „Das vierseitige Abkommen über Westberlin und seine Realisierung"[4]. Die in dem Werk zusammengestellten insgesamt 228 Dokumente, die von dem „konsequenten Kampf" der UdSSR und anderer Ostblockländer gegen die „verschiedenen, leider noch immer zahlreichen Versuche, das vierseitige Abkommen willkürlich zu interpretieren und zu verletzen", zeugen sollen, machen gerade auch dem westlichen Beobachter deutlich, daß zehn Jahre nach der Unterzeichnung des Viermächte-Abkommens – trotz Entspannung, Normalisierung und zahlreicher Sonntagsreden – kaum ein Element meiner heutigen Thematik außer Streit gestellt werden konnte.

Gegenstand des Abkommens („Berlin – oder nur „Westberlin"), die deutsche Übersetzung des Kernsatzes des Abkommens („Bindungen" – oder nur „Verbindungen"), Grundsatzfragen des Status der drei Westsektoren (Auswirkung des Sonderungsgebotes auf die Bindungen in der Verfassungspraxis der Bundesrepublik und Westberlins), Bundespräsenz in Berlin, Außenvertretung Berlins, konsularische Betreuung einschließlich des Rechtshilfeverkehrs und der staatsangehörigkeitsrechtlichen Fragen, Ausdehnung von völkerrechtlichen Vereinbarungen auf

---

2 Vgl. Bulletin, Presse- und Informationsamt der Bundesregierung, Nr. 77 vom 8. September 1981, S. 677.
3 Vgl. Bulletin, aaO., S. 678.
4 Deutschsprachige Ausgabe Staatsverlag der Deutschen Demokratischen Republik, Berlin-O 1977 (abgekürzt „Dokumente").

Bindungen Berlins

Berlin, Vertretung Berlins in internationalen Organisationen, gemeinsame Teilnahme am internationalen Austausch, internationale Konferenzen in Berlin – nichts was in den vergangenen 10 Jahren nicht Streitpunkt in den Beziehungen zwischen Ost und West gewesen wäre, wobei einerseits bestehende Meinungsverschiedenheiten zwischen Bundesrepublik und Westalliierten durch die Rechtsprechung des Bundesverfassungsgerichts transparent blieben[5], andererseits die UdSSR mehr und mehr versuchte, die DDR wie eine „fünfte Signaturmacht" des Berlin-Abkommens zu behandeln[6].

II.

1. Bei ihrer Argumentation greifen die beiden deutschen Staaten auf deutsche Übersetzungen des Viermächte-Abkommens zurück, die in mehreren Punkten voneinander abweichen[7]. Die DDR sprach von Anfang an in ihren Übersetzungen nur von *„Verbindungen* zwischen den Westsektoren Berlins und der Bundesrepublik"[8] und will damit die vom Westen akzentuierten *„Bindungen"* (engl.: „ties"; franz.: „liens"), die Ausdruck eines weitgehenden „faktischen" Anschlusses Westberlins an die Bundesrepublik sein sollen, zu bloßen Kommunikationsmöglichkeiten reduzieren.

a) Während das englische Wort „ties" und der entsprechende französische Begriff „liens" nur die deutsche Übersetzung „Bindungen" zulassen, hat das im russischen Text verwandte Wort „svjazi" eine

---

5 Vgl. BVerfGE 36, 1 ff. (17).
6 Vgl. z. B. *Kinnigkeit,* Vier-Mächte-Verantwortung für Berlin – Mitsprache durch die Hintertür, in: SZ Nr. 47 vom 25./26. Febr. 1978, S. 10 und die jüngsten Äußerungen von Botschafter *Abrassimow* in der ARD-Fernsehdiskussion mit seinen drei westlichen Verhandlungspartnern beim Abschluß des Viermächte-Abkommens, wonach er sich während der Berlin-Verhandlungen „von Anfang bis Ende mit *Erich Honecker* abgestimmt" habe (Zitat nach FAZ vom 4. September 1981, S. 5 „Strikte Einhaltung und volle Anwendung – Die strittigen Punkte bleiben kontrovers").
7 Vgl. hierzu auch das Interview *Honeckers* vom 6. 7. 1978 mit der Saarbrücker Zeitung und AdG 1979, S. 22498 f.
8 Vgl. die Veröffentlichung des Textes in „Neues Deutschland" vom 4.9.1971, ferner Dokumentation „Das vierseitige Abkommen über Westberlin und seine Realisierung", aaO. (Anm. 4), S. 44 ff.

weitreichendere Bedeutung als der im englischen bzw. französischen Text gebrauchte Ausdruck: Es kann im Sinne von „Verkehrsverbindungen" und gleichzeitig auch im Sinne jener institutionalisierten Form von Verbindungen gebraucht werden, wie sie in dem Wort „Bindungen" zum Ausdruck gebracht wird[9].

b) Der Doppelsinn des russischen Textes hat in den vergangenen Jahren die Kommentatoren des Viermächte-Abkommens immer wieder beschäftigt. Die damit zusammenhängenden rechtlichen Fragen lassen sich auf der Grundlage des Wiener Abkommens über das Recht der Verträge[10] relativ leicht lösen.

(1) Art. 33 Abs. 3 der Konvention geht bei der Auslegung von Verträgen mit zwei oder mehr authentischen Sprachen von der Vermutung aus, „daß die Ausdrücke des Vertrags in jedem authentischen Text dieselbe Bedeutung haben". Da der englische und französische Text nur von „Bindungen" spricht, der russische Wortlaut objektiv zumindest

---

9 So *H. Schiedermair,* Bindungen und Verbindungen, in FAZ vom 17. November 1973 und *J. Hacker,* Die Bindungen Berlins (West) zum Bund als Problem der Ostvertragspolitik der Bundesrepublik Deutschland, in: Osteuropa-Recht 1974, S. 205 ff. (212). Nach *Stobbe,* Bindungen – Das Verhältnis Berlins zum Bund und das Viermächte-Abkommen, in: Europa-Archiv 1977, S. 477 (483) „hat der Text des Viermächte-Abkommens ein beachtliches Maß an Klarheit in der Bindungsproblematik gebracht".
Doeker-Melsheimer-Schröder, Berlin und das Viermächte-Abkommen von 1971 – „Modus vivendi" und Rechtslage, in: Recht und Politik 1973, S. 81 ff. (92, Anm. 55), unterstreichen demgegenüber, daß das russische Wort „svjazy" den Sinn von Verkehrsverbindungen und weniger von Bindungen" habe; dies wird damit begründet, daß das russische Ministerium für Post- und Fernmeldewesen „ministerstvo svjazi" heißt. Anderseits wird der Begriff „svjazi" auch
    im Zusammenhang mit der Ehe oder mit den Staatenverbindungen verwendet; „svjazi" ist auch das russische Wort für „Liaison", die bekanntlich ein bestehendes Liebes- oder Freundschaftsband (und nicht nur technokratische Verbindungen) zur Grundlage hat, vgl. *Schiedermair,* aaO., S. 162, Anm. 442a.
10 Deutsche Übersetzung: Bundesgesetzblatt für die Republik Österreich 1980, S. 775 f. Die Konvention ist am 27. 1. 1980 für Großbritannien in Kraft getreten; die übrigen Siegermächte haben sie – ebenso wie die beiden deutschen Staaten – noch nicht ratifiziert; sie kann jedoch – was die hier interessierenden Regelungen anbelangt – als Kodifikation bereits bestehenden Völkergewohnheitsrechts bereits jetzt als Richtschnur herangezogen werden, vgl. *Hacker,* aaO., S. 213.

auch im Sinne von „Bindungen" verstanden werden kann, wird zunächst ein dahingehender Konsens der Vertragsparteien unterstellt.

(2) Sollten sich – entgegen der hier vertretenen Auffassung – die Begriffe „ties", „liens" und „svjazi" bei isolierter Betrachtung nicht auf einen Nenner bringen lassen, so wäre nach Art. 33 Abs. 4 der Konvention die Bedeutung des strittigen Ausdrucks unter Berücksichtigung des gesamten Kontextes des Vertragswerks zu würdigen. Aus dieser Gesamtschau des Vertragswerkes ergibt sich, daß das Viermächte-Abkommen zwischen Bindungen („ties" oder „liens") und Verbindungen („communications") unterscheidet[11]. Verschiedene Begriffe („ties" und „communications") dürfen aber nicht mit dem gleichen Wort („Verbindungen") beschrieben bzw. übersetzt werden[12], wie dies die DDR (unterstützt von der UdSSR) nach wie vor tut.

(3) Schließlich wäre nach der Regelung der Wiener Vertragsrechtskonvention diejenige Bedeutung zugrunde zu legen, „die unter Berücksichtigung von Ziel und Zweck des Vertrags die Wortlaute am besten miteinander in Einklang bringt"[13]. Aber auch nach diesen Kriterien kommt eine Interpretation der Begriffe „ties", „liens" bzw. „svjazi" nur im Sinne von „Bindungen" in Betracht, da andernfalls die anschließende Begrenzung der „Bindungsentwicklung" durch das Sonderungsgebot kaum noch sinnvoll wäre.

c) Die vier Siegermächte haben sich in den vergangenen Jahren zu dieser Auslegungsfrage und zu den divergierenden deutschen Übersetzungen nicht verbindlich geäußert. Als der sowjetische Verhandlungsführer, Botschafter *P. A. Abrassimow,* in einem Interview ausdrücklich auf die Unterschiede der deutschen Übersetzungen angesprochen wurde, vermied er sich eindeutig festzulegen und erklärte[14]:

---

11 Vgl. Absatz 4 der Anlage III des Viermächte-Abkommens.
12 Vgl. *Zündorf,* Die Ostverträge (1979), S. 346, Anm. 436.
13 Vgl. hierzu eingehend *H. Schiedermair,* Der völkerrechtliche Status Berlins nach dem Viermächte-Abkommen vom 3. September 1971 (1975), S. 90, Anm. 226a und *Hilf,* Die Auslegung mehrsprachiger Verträge (1973), S. 95 ff.
14 Text des Interviews: „Neues Deutschland" vom 4. Dezember 1971. Nach den Ausführungen von *Kenneth Rush* in seinem Vorwort zu *Catudal,* A Balance Sheet of the Quadripartite Agreement on Berlin – Evaluation and Documentation (1978), S. 28, ist

Dieter Blumenwitz

„Bekanntlich ist das Abkommen der vier Seiten über Westberlin in russischer, englischer und französischer Sprache unterzeichnet worden. Diese Texte sind die authentischen. Was die deutsche Übersetzung betrifft, so gehört diese Frage zur Kompetenz der zuständigen deutschen Behörden. Die Botschafter der vier Mächte haben mit der deutschen Übersetzung des Abkommens nichts zu tun."

In ihrer außenpolitischen Praxis hat die UdSSR allerdings in den letzten Jahren nie Zweifel daran aufkommen lassen, daß sie und ihre Verbündeten – Vertragstext hin, Vertragstext her – die „Bindungen" nur als „Verbindungen" verstehen und daß für sie nur das im Nachsatz des Teil II B enthaltene Sonderungsgebot bedeutsam sein kann[15].

2. Teil II B des Viermächte-Abkommens enthält zwar den für die „Bindungen zwischen den Westsektoren Berlins und der Bundesrepublik Deutschland" maßgeblichen Kernsatz, die Thematik taucht jedoch auf den verschiedenen Ebenen und Konkretisierungsstufen des Vertragswerkes wiederholt auf.

Zunächst muß auf die im Teil I des Abkommens geregelte, nach westlicher Auffassung ganz Berlin betreffende Konservierung des status quo verwiesen werden. Nach der Ziff. 4 stimmen die vier Regierungen darin

es allerdings unter den vier Mächten zu einer Abstimmung über die deutsche Übersetzung des Abkommens gekommen; *Rush* schreibt: „After some serious intervening difficulties with regard to *a common, although unofficial, German translation* were satisfactorily resolved, the Quadripartite Agreement was signed on September 3, 1971." Eingehender zum Vorgang *W. Brandt*, Begegnungen und Einsichten – Die Jahre 1960–1975 (1976), S. 465 f.; der – abweichend von *Kenneth Rush* – darlegt, daß die alliierten Botschafter bei der Unterzeichnung des Viermächteabkommens lediglich davon ausgingen, daß eine Einigung über einen gemeinsamen deutschen Arbeitstext noch zustandekäme (was dann wegen den umstrittenen Ausdrücken „Bindungen" oder „Verbindungen" und „Konstitutiver Teil" oder „Bestandteil" nicht der Fall war). Die westlichen Botschafter waren dem Vernehmen nach ursprünglich bereit, ihre Unterschrift unter das Berlin-Abkommen von dem Vorliegen der deutschen Übersetzung abhängig zu machen, vgl. *Zündorf,* aaO., S. 126.

15 *G. Wettig,* Die Rechtslage Berlins nach dem Viermächte-Abkommen aus sowjetischer Sicht, in: Deutschland-Archiv 1974, S. 383; vgl. hierzu auch den Kommentar der Moskauer Parteizeitung „Prawda" vom 3. September 1981 zum zehnten Jahrestag der Unterzeichnung des Viermächte-Abkommens und „Neues Deutschland" vom 3. September 1981.

überein, daß „die Lage, die sich in diesem Gebiet entwickelt hat und wie sie in diesem Abkommen sowie in den anderen in diesem Abkommen genannten Vereinbarungen definiert ist, nicht einseitig verändert wird".

Diese Statuskonservierung ist Ausdruck und Grundlage des Fortbestands der aus dem Sieg über Deutschland abgeleiteten Viermächterechte. Sie verbietet den drei Westmächten die in den letzten Jahren niemals aktuelle Eingliederung Westberlins in die Bundesrepublik ohne die Zustimmung der UdSSR. Die unter der Glocke der Vorbehaltsrechte des Art. 2 Deutschlandvertrag stehende Bundesrepublik wird durch diese Regelung rechtlich nicht verpflichtet; sie ist nicht Subjekt, allenfalls nur Objekt der Bestimmung.

Für die Bindungen zwischen Westberlin und der Bundesrepublik ist die Bestimmung in den vergangenen Jahren in zweifacher Weise bedeutsam geworden.

a) Geht man davon aus, daß der in Teil I Ziff. 4 bewirkte Schutz des status quo einseitige Maßnahmen auch in Ostberlin verbietet[16], so stellt sich die Frage, welche Auswirkungen einseitige Statusveränderungen in Ostberlin nach dem Inkrafttreten des Viermächte-Abkommens[17] auf das Verständnis der Sonderungsgarantie Westberlins haben können. Als Nichtvertragssubjekt hat die Bundesrepublik keine rechtlichen Möglichkeiten, wegen der Nichtbeachtung des Verbots einseitiger Maßnahmen durch Ostberlin ihrerseits entsprechende Veränderungen in ihren Beziehungen zu Westberlin zu fordern. Sie wird auch hier in ihren Interessen voll und ganz durch die westlichen Siegermächte „mediatisiert". Lassen diese – wie bisher – verbalen Protesten keine Taten folgen,

---

16 Vgl. hierzu das Referat Silagi.
17 Vgl. z. B. die zum 1.1.1977 verfügte Aufhebung der Kontrollstellen an der Stadtgrenze Ostberlins gegenüber der DDR (AdG 1977, S. 20700), die Einstellung des besonderen „Gesetz- und Verordnungsblattes für Groß-Berlin" (FAZ vom 19. Januar 1977), die Einführung der Direktwahl der Ostberliner Volkskammerabgeordneten am 28. Juni 1979 („Neues Deutschland" vom 29. Juni 1979, „Rechtsordnung unserer Republik wird weiter vervollkommnet"), Durchsetzung der allgemeinen Wehrpflicht im Fall des Ostberliners *Nico Hübner*, der unter Berufung auf den entmilitarisierten Status ganz Berlins den Wehrdienst in der Volksarmee verweigerte und deshalb verurteilt wurde (AdG 1979, S. 22497); ferner das Referat *Mampel*.

so wird auch weiterhin das geopolitische Element neben dem Hegemonialanspruch der Großmächte zur eigentlich gestaltenden Kraft des „modus vivendi" in und um Berlin.

b) Die Statuskonservierung wirkt sich unmittelbar auf die supranationale Integration Westberlins aus. Die Frage der Eingliederung Westberlins in den fortschreitenden europäischen Einigungsprozeß ist zwar streng genommen kein Problem der Ausdehnung westdeutscher Staatsgewalt auf die Westsektoren der Stadt (hierzu Teil II B des Abkommens), da sich die fortschreitende Supranationalität gerade dadurch zeigt, daß Akte des Gemeinschaftsrechts unmittelbare Geltung beanspruchen; die Bindungen zwischen der Bundesrepublik und Westberlin werden aber insoweit mittelbar angesprochen, als ein in diesen Gebieten nicht synchron verlaufender Prozeß unweigerlich zu einer Auseinanderentwicklung in für Berlin lebenswichtigen kulturellen und wirtschaftlichen Bereichen führen würde.

(1) Die Bundesrepublik hat deshalb schon bei Abschluß der Römischen Verträge (mit Zustimmung der Drei Mächte) durch besondere Erklärung die Geltung dieser Vorträge „auch für das Land Berlin" sichergestellt[18]. Seit dieser Zeit gehörte z. B. dem Kontingent deutscher Abgeordneter des Europäischen Parlaments[19] auch unser Westberliner Bundestagsabgeordneter mit vollem Stimmrecht an. Insoweit konnte die Beteiligung Westberlins an den Europäischen Gemeinschaften als Teil des durch das Berlin-Abkommen festgeschriebenen Zustands angesehen werden.

(2) Dennoch ist es 1976 zu scharfen Protesten der UdSSR gegen die Erklärung der Bundesrepublik Deutschland über die Ausdehnung des Beschlusses der Europäischen Gemeinschaft über die Durchführung von Direktwahlen zum Europäischen Parlament auf Westberlin gekommen[20]. In einer Erklärung des Botschafters Großbritanniens in der

---

18 Erklärung vom 25.3.1957, BGBl. 1957 Teil II, S. 764.
19 Vgl. Art. 1 des Abkommens über gemeinsame Organe für die Europäischen Gemeinschaften vom 25.3.1957, BGBl. 1957 Teil II, S. 1156 ff.
20 Vgl. Erklärung des Ministeriums für Auswärtige Angelegenheiten der UdSSR gegenüber dem Botschafter Großbritanniens vom 3.8. und 16.11.1976 (Erklärungen glei-

Bindungen Berlins

UdSSR an das dortige Ministerium für Auswärtige Angelegenheiten erklärten die drei Westmächte, das Berlin-Abkommen habe die Ausdehnung von Verträgen der Europäischen Gemeinschaften auf die Westsektoren Berlins in keiner Weise berührt:

> „Im Vertrag über die Gründung der EWG von 1957 wurden direkte Wahlen zum Europa-Parlament, an dessen Arbeit Vertreter der Westsektoren Berlins von Anfang an teilnahmen, vorgeschrieben. Die drei Mächte legten fest, daß in Form von direkten Wahlen zum Europa-Parlament Vertreter der Westsektoren Berlins nach wie vor in die Anzahl der Vertreter der Bundesrepublik Deutschland im Parlament einbezogen werden. Sie werden nicht direkt gewählt, sondern durch das Berliner Abgeordnetenhaus delegiert. Unter diesen Bedingungen ist es offensichtlich, daß die weitere Teilnahme von Berliner Vertretern im Europa-Parlament den Status Berlins nicht berührt. Deshalb kann eine solche Teilnahme keine Verletzung des vierseitigen Abkommens darstellen"[21].

Diese Erklärung verdeutlicht aber auch, daß auch künftig eine Direktwahl zum Europäischen Parlament für Westberlin nicht in Betracht kommt und daß die in den beiden ersten Präambelsätzen des EWG-Vertrags anvisierte, aber noch nicht vereinbarte politische Einigung Westeuropas[22] im festgeschriebenen Berlinstatus eine Schranke findet. Allerdings verstößt der auf die europäische Einigung hin ausgerichtete *politische* Vektor ebensowenig gegen das Berlin-Abkommen wie die mit dem ostdeutsch-sowjetischen Freundschaftsvertrag vom 7. Oktober 1975 akzentuierte „Annäherung der sozialistischen Nationen" der beiden Vertragspartner, die letzlich zu ihrer „Einheit" führen soll[23].

(3) Die politische Präsenz von Gemeinschaftsorganen in Westberlin ist in den Jahren nach Abschluß des Berlin-Abkommens auf ebenso vehe-

---

chen Inhalts gingen auch an die Botschafter der USA und Frankreichs), deutscher Text: „Neues Deutschland" vom 4. 8. 1976; Dokumente aaO. (Anm. 4), S. 279 ff., 297 f.
21 Deutsche Übersetzung: Dokumente aaO. (Anm. 4), S. 299.
22 „In dem festen Willen, die Grundlagen für einen immer engeren *Zusammenschluß der europäischen Völker* zu schaffen, entschlossen, durch gemeinsames Handeln den wirtschaftlichen und sozialen Fortschritt ihrer Länder zu sichern, indem sie die *Europa trennenden Schranken beseitigen* ...", BGBl. 1957 Teil II, S. 766.
23 Deutscher Text AdG 1975, S. 19763 f.

menten Protest der östlichen Seite gestoßen wie die umstrittene Bundespräsenz.

Schlagzeilen lieferte das Zusammentreten des erweiterten Präsidiums des Europa-Parlaments am 3./4. November in Westberlin; die Fahrzeugkolonne von Präsident *Emilio Columbo* wurde zweimal von sowjetischen Patrouillenfahrzeugen belästigt[24]. Im Zentrum der Auseinandersetzungen stand auch der Beschluß der Außenminister der EG-Mitgliedsländer über die Errichtung des „Europäischen Zentrums für Berufsbildung" in Westberlin[25].

3. Die Kernaussagen über die Beziehungen zwischen Westberlin und der Bundesrepublik sind mit den erwähnten semantischen Problemen im Teil II B des Viermächte-Abkommens enthalten.

a) Der Form nach ist dieser Teil des Abkommens eine einseitige Erklärung der drei, nicht der vier Siegermächte. Diese Kombination von vertraglichem Synallagma und einseitigem Akt wirft Interpretationsschwierigkeiten auf, die sich jedoch klären lassen, wenn man sich die politischen Interessen der Vier Mächte beim Abschluß des Abkommens vergegenwärtigt. Für die drei Westmächte konnte es nicht wünschenswert erscheinen, die UdSSR in ein echtes gegenseitiges Vertragsverhältnis in Angelegenheiten einzubeziehen, die ihre Westsektoren auf einer Ebene unterhalb des statusrechtlich Unumgänglichen betrafen; diese sollten nicht Gegenstand sowjetischer Mitverantwortung werden[26]; andererseits mußte die UdSSR verhindern, zum Mitautor sie kompromittierender Erklärungen über die Bindungen zwischen Westberlin und der Bundesrepublik zu werden. Die gewählte Form weist damit sowohl auf das Souveränitätsbewußtsein der drei Westmächte, wie auch auf eine gewisse Distanz der UdSSR von dem im Teil II B getroffenen

---

24 Nachweis bei *Catudal,* aaO., S. 170.
25 Vgl. die entsprechende Erklärung der Botschaft der UdSSR in der DDR gegenüber den Behörden der drei Westmächte, deutsche Übersetzung: Dokumente, aaO., S. 215; das Europäische Zentrum für Berufsbildung wurde am 9. März 1977 eröffnet. Am 15. Juli 1976 stimmte die Alliierte Kommandatura der Errichtung einer Westberliner Zweigstelle des Europäischen Patentamtes zu.
26 Im Gegensatz zu *Zündorf,* aaO., S. 133, müssen hier deutlich die Ebenen der Viermächte- und der Dreimächte-Verantwortung unterschieden werden.

Bindungen Berlins

Aussagen hin. Distanz bedeutet hierbei keineswegs mangelndes Interesse; gerade für die UdSSR beinhaltet Teil II B das politische Kernproblem der Berlinregelung. Die „Distanz" bezieht sich vielmehr auf den Abstand von einer echten, alle Beteiligten nicht nur formell, sondern auch vollinhaltlich bindenden Verständigung und weist damit auch auf einen fortbestehenden Dissens hin. Die Form der einseitigen Erklärung räumt dem (bzw. den) Erklärenden Vorrang bei der Interpretation der eigenen Erklärung ein[27] – ohne daß damit schon eine spätere Festlegung der Auslegung dem Erklärungsempfänger gegenüber verbindlich gemacht werden könnte. Dies gilt verstärkt dann, wenn die einseitige Erklärung – wie beim Berlin-Abkommen – den förmlichen Rahmen sprengt und sich in der Form einer Anlage oder eines Briefs verselbständigt. Der damit den Vertragsparteien eröffnete Argumentationsspielraum reflektiert den zwischen Ost und West fortbestehenden Grunddissens in der für das staatsrechtliche Selbstverständnis Berlins und der Bundesrepublik wichtigsten Aussage des Vertragswerkes.

b) Sollen nach Teil II B die „Bindungen zwischen den Westsektoren Berlins und der Bundesrepublik Deutschland aufrechterhalten und entwickelt werden", so bleibt neben dem schon geschilderten Dissens in bezug auf die Qualität der Bindungen auch der genaue Inhalt des Wortes „entwickeln" offen: War damit nur die Festigung bereits bestehender Beziehungen gemeint oder können auch Bindungen durch das Knüpfen zusätzlicher, neuer Beziehungen (z. B. durch die Einrichtungen neuer Dienststellen) entwickelt werden? Die Sowjetunion (und mit ihr der Ostblock, insbesondere die DDR) haben in den vergangenen Jahren eine restriktive, die Westmächte sowie die Bundesrepublik und Westberlin (mit merklichen graduellen Unterschieden) die extensive Interpretation vertreten, wobei bemerkenswert ist, daß die Sowjetunion (und in ihrem Kielwasser auch die DDR) immer mehr versuchen, ihre aus dem Berlin-Abkommen abgeleitete unmittelbare Mitverantwortung für

---

27 Vgl. allgemein zum normtechnischen Phänomen der einseitigen Erklärung in der Ostvertragspolitik *Blumenwitz,* Das deutsch-polnische Ausreiseprotokoll vom 9. Oktober 1975 – Ein Beitrag zur Abgrenzung von vertraglichen und nichtvertraglichen Verpflichtungen in der neueren Staatenpraxis, in: Festschrift für F. A. v. d. Heydte Bd. I (1977), S. 47 ff.

die Gestaltung der im Grunde nur das westliche Lager betreffenden Beziehungen hervorzukehren.

c) Die Entwicklung der vergangenen Dekade hat zudem gezeigt, daß – politisch betrachtet – der Westen das Risiko des Handelns trägt[28], da in jedweder Entwicklung eine Veränderung des status quo und eine Verletzung der Entspannungsklausel des Teil I Ziff. 1 des Abkommens gesehen werden kann. Damit wurde der in der inneren Logik des Vertragswerkes begründete Satz, daß alles an Beziehungen erlaubt ist, was nicht speziell in der Anlage II und im Brief der drei Botschafter an den Bundeskanzler verboten wurde, in sein Gegenteil verkehrt. Es gelang auch nicht, die bisher von den Drei Mächten geförderten oder tolerierten gewachsenen Bindungen zwischen Berlin und dem Bund durch die Formulierung „wie bisher" in den Beziehungen zwischen Ost und West außer Streit zu stellen. Die Erklärungen der Westmächte im Teil II B und in der Anlage II wurden in der außenpolitischen Praxis des Ostblocks wie alte Autos abgewrackt: man sucht sich jeweils nur die ins eigene politische Konzept passenden Elemente heraus und sieht nur die von den Westmächten gegebene Sonderungsgarantie. Das „wie bisher" ist östlicherseits kein *akzeptiertes* Kriterium bei der Ermittlung zulässiger Bindungen, sondern bedeutet für ihre Praxis „wie bisher bestritten"[29]. Dieser Grunddissens in der Berlinfrage konnte selbstverständlich auch nicht durch die in den vergangenen Jahren immer wieder beschworene politische „Leerformel" von der „strikten Einhaltung und vollen Anwendung" des Berlin-Abkommens überbrückt werden, da die Meinungsverschiedenheiten über das was strikt eingehalten und voll angewendet werden soll fortbestehen.[30]

4. Zunächst stellte sich beim Abschluß des Berlin-Abkommens für die Bundesrepublik Deutschland die Frage, ob die von den drei Westmächten gegebene Sonderungsgarantie bei wohlwollender Auslegung –

---

28 So auch *Zündorf,* aaO., S. 135.
29 Vgl. hierzu das in der von den Außenministerien der DDR und der UdSSR herausgegebene Dokumentation, aaO., dargelegte umfangreiche Material.
30 Zuerst in der gemeinsamen Erklärung zum Abschluß des Besuchs *Breschnjew*s in Bonn am 21.5.1973, AdG 1973, S. 17902 f.; hierzu *Zündorf,* aaO., S. 173.

zumindest dem Grundsatz nach – noch *Verfassungsbindungen* zwischen der Bundesrepublik und dem Land Berlin gestattet[31].

a) Das Bundesverfassungsgericht hat die verfassungsrechtlichen Bindungen in seiner Grundvertragsentscheidung bejaht: Es zählt Berlin weiterhin zu den Ländern der Bundesrepublik: „... der Status des Landes Berlin der Bundesrepublik Deutschland ist nur gemindert und belastet durch den sog. Vorbehalt der Gouverneure der Westmächte." Diese besatzungsrechtlichen Vorbehalte wertet das Bundesverfassungsgericht nicht als Superverfassungsrecht, sondern verpflichtet alle Verfassungsorgane in Bund und Ländern auch künftig die Rechtspositionen des Grundgesetzes „ohne Einschränkungen geltend zu machen"[32]. Völkerrechtlich läßt sich der Fortbestand eines auch verfassungsrechtlich relevanten Bundes durch die Fortexistenz Deutschlands in den Grenzen vom 31.12.1937 und durch den Umstand darstellen, daß Anlage II zum Berlin-Abkommen nur von der „Suspendierung" gewisser Bestimmungen des Grundgesetzes und der Berliner Verfassung spricht.

Die auch verfassungsrechtliche Verknüpfung zwischen Bundesrepublik und Westberlin findet ihren Ausdruck in der Mitwirkung des Landes Berlin bei der Willensbildung des Bundes, in der fortbestehenden weitgehenden Rechtseinheit und in der Bundespräsenz in Berlin.

b) Das Viermächte-Abkommen untersagt das für den Bundesstaat typische Regieren des Bundes in Berlin; die Kehrseite der Medaille, das Mitwirken Berlins bei der Willensbildung im Bunde, also in erster Linie seine Repräsentation in dessen gesetzgebenden Körperschaften, wird nicht angesprochen.

(1) Trotzdem haben die UdSSR wie auch die DDR gegen alle Versuche, die Rechte der Westberliner Vertreter im Bundestag zu erweitern, Pro-

---

31 Vgl. hierzu *Doehring-Ress,* Staats- und völkerrechtliche Aspekte der Berlin-Regelung (1972), S. 6 ff., 39 ff.; *Menzel,* Die These von der „verfassungswidrigen Mitwirkung der Bundesregierung" am Viermächte-Abkommen über Berlin vom 3.9.1971, in: NJW 1972, S. 2249 ff.; *Schiedermair,* aaO., S. 166 ff.
32 BVerfGE 36, 1 (17); *Hacker,* aaO., S. 211 f.; *ders.,* Deutschland bleibt ein Rechtsbegriff – Anmerkungen zur Klarstellung des Bundesverfassungsgerichts, in: Politische Meinung, Heft 150 (1973), S. 63 ff. (77 ff.).

test eingelegt und einen Verstoß gegen Anlage II 1 des Abkommens geltend gemacht[33].

(2) Im Bundesrat bestanden einige Unsicherheiten bei der Frage, ob Berlin bei Abstimmungen, die nicht das Gesetzgebungsverfahren betreffen (also z. B. bei Entschließungsanträgen) mitwirkungsberechtigt ist. Dies wurde „ohne Präjudizwirkung für die noch offene Grundsatzentscheidung" bejaht[34].

Die vier Stimmen Berlins waren entscheidend bei der Ablehnung des von der Bayerischen Staatsregierung am 1. Juli 1975 im Bundesrat eingebrachten Entschließungsantrags zum KSZE Prinzipienkatalog[35]; mit dem Antrag sollte die Bundesregierung u. a. auch zur Klarstellung veranlaßt werden, daß die KSZE Schlußakte nicht daran hindert, „ – die Bindungen zwischen Berlin (West) und der Bundesrepublik Deutschland aufrechtzuerhalten und zu entwickeln – entsprechend ihrer Befugnis zur Vertretung der Interessen von Berlin (West) ... Berlin (West) in die KSZE-Absichtserklärung einschließlich der Folgevereinbarungen – einzubeziehen."

Aufgrund einer Vereinbarung der Ministerpräsidenten der Länder vom 30. August 1950 (sog. Königsteiner Abkommen) wechseln die Ministerpräsidenten der Länder sich jährlich im Amt des nach Art. 55 Abs. 1 GG zu wählenden Bundesratspräsidenten in der Reihenfolge ihrer Einwohnerzahl ab. Turnusgemäß trat am 1. Nov. 1978 Berlins Regierender

---

33 Vgl. Erklärung der Botschafter der UdSSR in den USA gegenüber dem State Department der USA zur Frage der Erweiterung der Rechte der Vertreter Westberlins im Bundestag vom 5. Januar 1973, Dokumente aaO., S. 129 und die entsprechende Erklärung der DDR gegenüber der Bundesregierung vom 10. Januar 1973, Dokumente aaO., S. 130.
Auch in der Ausdehnung des Wahlgesetzes vom 1.9.1975 auf Westberlin hat die UdSSR eine vertragswidrige Aufwertung der Berliner Vertreter gesehen, vgl. die entsprechende Erklärung des sowjetischen Außenministeriums gegenüber der Botschaft der Bundesrepublik in der UdSSR vom 14. Januar 1976, Dokumente aaO., S. 251.

34 Vgl. Bundesrat, 422. Sitzung, 11. Juli 1975, Sten. Ber. S. 191 (c). Siehe auch AdG 1975, S. 19566.

35 Vgl. Bayer. Staatsregierung, Bulletin 29/75 (2. Juli 1975) = Bundesrats-Drucksache 446/75. Hierzu *Blumenwitz*, Bayern und Deutschland, in: „Bayern-Deutschland-Europa", Festschrift für Alfons Goppel (1975), S. 41 ff. (56 ff.).

Bindungen Berlins

Bürgermeister, *Dietrich Stobbe,* sein Amt als Bundesratspräsident an, was auch innerhalb der Bonner SPD nicht unumstritten war[36]. Durch seine Wahl wurde der Regierende Bürgermeister von Berlin Organ des Bundesrates und vertrat als solcher die Bundesrepublik Deutschland in allen Angelegenheiten des Bundesrates; gem. Art. 57 GG war er zur Vertretung des Staatsoberhauptes bei dessen Verhinderung berufen.

c) Weit problematischer als die Vertretung Berlins in Bonn war in den vergangenen Jahren die Präsenz des Bundes in Berlin. Obwohl diese Präsenz rein rechtlich nicht mit der der Bundesrepublik von je her untersagten „Ausübung unmittelbarer Staatsgewalt über die Westsektoren Berlins" zu tun hat, war sie doch immer ein Politikum ersten Ranges. Durch das Berlin-Abkommen wurde erstmals die Dispositionsfreiheit der Westmächte bezüglich der Bundespräsenz vertragsrechtlich eingeengt.

Von der Aufrechterhaltung bzw. Entwicklung ist kraft ausdrücklichen Verbotes folgende Bundespräsenz in Westberlin ausgeschlossen:

(1) Gemäß Absatz 2 der Anlage II dürfen zunächst Bundespräsident, Bundesregierung, Bundesversammlung, Bundesrat und Bundestag einschließlich ihrer Fraktionen und Ausschüsse keine Verfassungs- oder Amtsakte mehr vornehmen.

Buchstabe b) des Interpretationsbriefes stellt klar, daß dies für die Bundesversammlung den Ausschluß von Sitzungen überhaupt bedeutet, für Bundestag und Bundesrat den Ausschluß von Plenarsitzungen; im Falle der Fraktionen dürfen Sitzungen nicht gleichzeitig abgehalten werden; „einzelne" Ausschüsse des Parlaments können im Zusammenhang mit der Aufrechterhaltung und Entwicklung der Bindungen" tagen.

---

36 Der Vorsitzende der SPD-Fraktion im Bundestag, *Herbert Wehner,* bedauerte die Entscheidung *Stobbe*s, auf das ihm zufallende Amt nicht zu verzichten, vgl. *Catudal,* aaO., S. 172.

Dieter Blumenwitz

Trotz der relativ konkreten Fassung der einzelnen Verbote sind Meinungsverschiedenheiten und Proteste der östlichen Seite nicht ausgeblieben[37].

Strittig war vor allem eine von der CDU/CSU beantragte Sitzung des Präsidiums und des Ältestenrates des Bundestags in Berlin. Die Bundesregierung war wohl ursprünglich der Auffassung, daß dieses Gremium, das im Januar 1976 zuletzt in Westberlin zusammengetreten war, nicht vom Präsenzverbot erfaßt wird[38], legte die Frage jedoch 1975 den drei Westalliierten zur Entscheidung vor. Die drei Westmächte entschieden im Januar 1976, daß sie unter den gegebenen Umständen eine Sitzung des Gremiums nicht für opportun erachteten, legten sich jedoch rechtlich nicht fest[39].

(2) Nach Buchstabe e) des Interpretationsbriefes fallen auch die einzelnen Mitglieder der Bundesregierung, nämlich Bundeskanzler und Bundesminister, ferner die Bundesministerien mit ihren Zweigstellen und alle Bundesgerichte unter das Verbot. Alle übrigen Dienststellen des Bundes dürfen weiterhin in Berlin tätig sein und Amtsakte erlassen, sofern sie nicht gegen das allgemeine Sonderungsgebot verstoßen und „unmittelbare Staatsgewalt über die Westsektoren Berlins" ausüben. Das Viermächte-Abkommen faßt im Abs. 3 der Anlage II das Amt des Bundesbevollmächtigten und die Vertretungen der Ministerien zu einer

---

37 DDR und UdSSR haben in den vergangenen Jahren u. a. protestiert gegen
  – die Tagung des Innenausschusses des Bundestages, Erklärung vom 28./29. Sept. 1973, Dokumente, aaO., Nr. 77, 78;
  – die Tagung des Präsidiums und des Ältestenrates des Bundestages, Erklärung vom 2./16. Jan. 1974, Dokumente, aaO., Nr. 89, 90;
  – die Sitzungen der CDU/CSU-Fraktionen von Landtagen, Erklärungen vom 30. April 1976, Dokumente, aaO., Nr. 176.
38 Vgl. auch *Zündorf,* aaO., S. 148: Die „staatlichen Organe", die unter das Präsenzverbot fallen, wurden dem Bundeskanzler expressiv verbis (und abschließend) unter lit. e des Interpretationsschreibens der drei Botschafter mitgeteilt; Präsidium und Ältestenrat wurden nicht erwähnt und können nach dem staatsrechtlichen Verständnis des GG auch nicht mit dem Bundestag gleichgesetzt werden.
39 Vgl. „Der Tagesspiegel" vom 1. März 1976 und „Die Welt" vom 26. Februar 1976; ferner *Catudal,* aaO., S. 130 f.

Bindungen Berlins

„ständigen Verbindungsbehörde" zusammen; den einzelnen Ministerien verbleiben jedoch Abteilungen mit einer gewissen Selbständigkeit[40].

Auch die Präsenz der Bundesbehörden in Westberlin war in den vergangenen Jahren ständig Anlaß von Protesten aus der DDR und der UdSSR[41]. Sozusagen die Nagelprobe für die weitere Entwicklung der Bindungen zwischen der Bundesrepublik und Berlin sollte in den Jahren 1973/74 die Errichtung einer vom „Bundesumweltamt" zum „Umweltbundesamt" umstilisierten weiteren Bundesbehörde sein[41a]. Obgleich die Rechtslage eindeutig für das Vorhaben sprach, wurde das Projekt auch im Westen mit einer entspannungsfeindlichen Demonstration in Zusammenhang gebracht. Mit der Sperrung der Transitwege für Bedienstete des Umweltbundesamtes demonstrierte die östliche Seite, daß sie weiterhin gewillt war, die geopolitische Karte voll auszuspielen, um ihre einseitige Vertragsinterpretation durchzusetzen. Insgesamt wurde die Affäre als ein Pyrrhussieg der Bundesregierung gewertet[42]; ein weiteres „heißes Eisen", das für unabsehbare Zeit auf Eis gelegt wurde, ist die „Nationalstiftung" mit Sitz in Berlin[43].

---

40 Zur früheren Rechtslage vgl. Erlaß vom 30.11.1953 (gemeinsames Ministerialblatt 1953, S. 565); s. a. *Stobbe*, aaO., S. 481.
41 Vgl. z. B. die Erklärungen in Dokumente, aaO., Nr. 76, 81, 84, 104, 105, 109, 110, 112, 114, 129, 139, 141, 168, 169, 175, 177, 188, 190, 200, 204, 205, 212. DDR und UdSSR gehen hierbei davon aus, daß das vierseitige Abkommen der Bundesrepublik und ihren Behörden generell die Ausübung von Staatsgewalt in Westberlin (also nicht nur die „unmittelbare Staatsgewalt über die Westsektoren Berlins") verbietet; hierzu *Zündorf*, aaO., S. 136.
41a Vgl. Gesetz vom 22.7.1974, BGBl. 1974 Teil I S. 1505 f.; s. auch AdG 1974, S. 18847, „Neue Züricher Zeitung" vom 22. August 1974 („Moskaus Einwände gegen das Berliner Umweltamt") und „Frankfurter Allgemeine Zeitung" vom 27. August 1974 („Keine neuen Beziehungen mit Berlin").
42 Vgl. *Catudal*, aaO., S. 123 ff. (127): „... by establishing such an agency in West Berlin, the Federal government has now pretty well foreclosed any possibility of obtaining cooperation from the East as originally hoped". S. a. *Stobbe*, aaO., S. 485, der darauf hinweist, daß es legitim ist, „bei Entscheidungen über Aktivitäten des Bundes in Berlin Gesichtspunkte wie Abbau des Mißtrauens, Vermeidung von Spannungen in Berlin zu berücksichtigen".
43 Vgl. hierzu „Der Spiegel" Nr. 1/2 aus 1977, S. 19 und „Frankfurter Allgemeine Zeitung" vom 5. März 1977, S. 1 und 25.

Dieter Blumenwitz

d) Zu den historisch gewachsenen und in ihrer Vielfalt hier nicht erschöpfend darstellbaren Bindungen zwischen der Bundesrepublik und dem Land Berlin gehört neben der „Berlin-Hilfe"[44] auch die Rechtseinheit.

(1) Die Rechtseinheit zwischen Berlin und dem Bundesgebiet wird in erster Linie durch die Übernahme der Bundesgesetzgebung auf den verschiedensten Gebieten mittels eines besonderen Verfahrens gewährleistet[45]. Die Übernahme von Bundesgesetzen, die nicht aus eigener Kraft in Westberlin Geltung verlangen, durch das Abgeordnetenhaus im sog. Mantelgesetzverfahren[46] deckt auch das Aufsichtsrecht des Bundes gem. Art. 84, 85 GG beim Gesetzesvollzug. Die Rechtseinheit erstreckt sich auf so wichtige Gebiete wie z. B. das Staatsangehörigkeitsrecht, so daß schon aus diesem Grunde die von der DDR wiederholt vorgetragene Forderung nach einer getrennten BRD- und Westberliner Staatsangehörigkeit unbegründet erscheint[47]. Auch in anderen Fällen haben die DDR und UdSSR gegen die „widerrechtliche Ausdehnung von Gesetzen der BRD auf Westberlin" protestiert[48].

(2) Die Rechtseinheit zwischen Berlin und dem Bundesgebiet wird aber auch durch die Einheit der höchstrichterlichen Rechtsprechung gewähr-

---

44 Das sog. Übermittlungsschreiben erinnert hier beispielhaft an den Brief der drei westlichen Hochkommissare an den Bundeskanzler in der Fassung vom Oktober 1954, der die „Berlin-Hilfe" des Bundes sanktionierte und die „Vorteile" herausstellte, „welche mit der Verfolgung einer der Politik der Bundesrepublik gleichartigen Politik durch Berlin verbunden sind".
45 Vgl. lit. b des Interpretationsbriefes: „geltende Verfahren bezüglich der Anwendbarkeit der Gesetzgebung der Bundesrepublik Deutschland auf die Westsektoren Berlins bleiben unverändert."
46 Vgl. Einzelheiten bei *Zivier*, Der Rechtsstatus des Landes Berlin, 3. Auflage 1977, S. 95 ff.; und die gesetzlichen und besatzungsrechtlichen Voraussetzungen für dieses Verfahren in: Dokumente zur Berlin-Frage, hrsg. v. Forschungsinstitut der Deutschen Gesellschaft für Auswärtige Politik in Zusammenarbeit mit dem Senat von Berlin (1962), S. 166 ff.
47 Vgl. z. B. Die Staatsangehörigkeit der Bürger West-Berlins, in: Jahrbuch für Internationales Recht Bd. 16 (1973), S. 266 ff.; hingegen *Wilke*, Bundesrepublik Deutschland und Deutsche Demokratische Republik (1976), S. 93.
48 So z. B. gegen das Einführungsgesetz zum Strafgesetzbuch (23.7.1973), gegen die Binnenschiffahrtsstraßen-Ordnung (22.10.1973), gegen das Gesetz über die Errich-

Bindungen Berlins

leistet. Die Sonderungsgarantie (Teil II B und Anlage II) und lit e des Interpretationsbriefes erfassen grundsätzlich auch die Bundesgerichte – insbesondere auch das Bundesverfassungsgericht[49]. Ist die Verfassungsmäßigkeit von Westberliner Gesetzen oder Hoheitsakten Streitgegenstand, so wäre die Streitentscheidung durch das Bundesverfassungsgericht ein Akt unmittelbarer Staatsgewalt über Berlin[50]. Anders verhält es sich bei den Entscheidungen sonstiger Bundesgerichte; sie üben zwar durch ihre Entscheidungen Staatsgewalt aus, jedoch nicht „über die Westsektoren Berlins", sondern nur über die in Westberlin ansässigen Prozeßbeteiligten.

5. Die dargestellten internen, auch verfassungsrechtlich relevanten Bindungen zwischen Berlin und dem Bund verlängern sich in den auswärtigen Bereich. Damit werden die zwischen Ost und West besonders umstrittenen Fragen der Außenvertretung Westberlins, seine konsularische Betreuung und die Ausdehnung völkerrechtlicher Vereinbarungen des Bundes auf Westberlin angesprochen.

Die Anlage IV zum Viermächte-Abkommen enthält einen Notenwechsel bestehend aus einer Mitteilung der drei Westmächte und einer Antwort der UdSSR über die Außenvertretung Westberlins. Zunächst verbleibt es bei der Oberhoheit der drei Westmächte bei der Außenvertretung Westberlins (Absatz 1). In Absatz 2 notifizieren die drei Westmächte sodann, daß sie sich bereit erklärt haben, der Bundesrepublik

---

tung des Umweltbundesamtes (20.6.1974), gegen das Gesetz zur Änderung des Gesetzes über die innerdeutsche Rechts- und Amtshilfe in Strafsachen (25.10.1974), gegen die Neufassung des Wahlgesetzes vom 1. September 1975 (14.1.1976), gegen die Verordnung über den Post- und Fernmeldeverkehr mit der Deutschen Post der DDR (21.9.1976), vgl. Dokumente, aaO., Nr. 73, 75, 80, 104, 109, 110, 120, 131, 138, 165 und 206.

49 Das sog. Übermittlungsschreiben stellt dies ausdrücklich unter Bezugnahme auf das (unveröffentlichte) Aide-mémoire der drei westlichen Regierungen vom 18.4.1967 betreffend die Entscheidung des Bundesverfassungsgerichts vom 20.1.1966 im Fall *Niekisch*. Vgl. Einzelheiten bei *Hauck*, Das richterliche Prüfungsrecht in Berlin (1969).

50 Schwierigkeiten haben sich aber auch dann ergeben, wenn das Bundesverfassungsgericht – wie im Verfahren gegen die Novellierung von § 218 StGB geschehen – im Wege der einstweiligen Anordnung nicht nur Bundesrecht suspendiert, sondern auch eine eigene Interimslösung verfügt ...

Dieter Blumenwitz

Deutschland bei der Interessenvertretung von Westberlin im Ausland bestimmte Funktionen einzuräumen, wobei „Sicherheit und Status" der Stadt nicht berührt werden; von einer „Vertretung der *Interessen*" ist die Rede, da es an der für eine echte „*Rechts*vertretung" erforderlichen eigenständigen Völkerrechtssubjektivität der drei Westsektoren Berlins fehlt. Die UdSSR erhob hiergegen „ihrerseits keine Einwände".

Aus dieser Formulierung hat sich in den letzten Jahren ein ergiebiger Streit über die Notwendigkeit der Zustimmung der UdSSR bei der Außenvertretung Westberlins durch die Bundesrepublik ergeben. Die Sowjetunion und ihre Verbündeten deuten das Viermächte-Abkommen in diesem Punkt praktisch als einseitige Unterwerfung unter ein sowjetisches Mitsprache- und Vetorecht. Die westliche Seite hatte sich mit dem Notenwechsel erhofft, daß die UdSSR von ihrer bisherigen Praxis abgehen würde, überall ihren Einfluß gegen die Außenvertretung Westberlins durch den Bund geltend zu machen[51].

Der Katalog der der Bundesrepublik Deutschland in den Unterabsätzen a mit d überlassenen Befugnisse enthält folgende kritische Punkte:

a) Die „Ausübung der konsularischen *Betreuung* (engl.: „Performance of consular services") für Personen mit ständigem Wohnsitz in den Westsektoren Berlins"; dies ist weniger als die in der Wiener Konsularkonvention[52] geregelte Wahrnehmung konsularischer „Aufgaben" (engl.: „functions"). Es fehlt eine der konsularischen Hauptaufgaben, nämlich die Ausstellung von Pässen, die in einem von den Viermächten vereinbarten Verhandlungsprotokoll besonders geregelt wurde, soweit sie mit Reisen in Ostblockstaaten in Zusammenhang stehen[53]. Obgleich

---

51 Vgl. z. B. *Van Well*, Die Teilnahme Berlins am internationalen Geschehen: Ein dringender Punkt auf der Ost-West-Tagesordnung, in: Europa-Archiv 1976, S. 647 ff. (652).
52 Übereinkommen vom 24.4.1963, BGBl. 1969 Teil II, S. 1535 ff. Vgl. hierzu auch *Scheel*, Texte zur Deutschlandpolitik, hrsg. vom Bundesministerium für innerdeutsche Beziehungen, Reihe II Bd. 1 (1975), S. 202.
53 Für die Einreise in die UdSSR und Länder, die dies verlangen, muß in den (Bundes-) Paß von Personen mit ständigem Wohnsitz in Berlin der Aufdruck „ausgestellt in Übereinstimmung mit dem Viermächte-Abkommen vom 3. September 1971" gestempelt werden.

Bindungen Berlins

Art. 5 der Wiener Konsularkonvention mit dem Ausdruck „Personen" ausdrücklich „natürliche" und „juristische" Personen umschreibt, wollen die Ostblockstaaten juristische Personen von der „Betreuung" durch die Bundesrepublik ausschließen. Dies wirkte sich nach Abschluß des Viermächte-Abkommens vor allem beim Rechtshilfeverkehr Westberliner Behörden mit Ostblockstaaten aus, obgleich die Bundesrepublik und diese Staaten zugleich Vertragsstaaten des Haager Zivilprozeß-Übereinkommens[54] waren und sind. Erst beim Besuch Außenminister *Scheels* in Moskau im November 1973 konnten vorsichtige Fortschritte erzielt werden[55], die sich gemäß der Führungsrolle der Sowjetunion in der Deutschland- und Berlinpolitik des Ostblocks auch auf andere sozialistische Staaten auswirkten[56]. Im Zusammenhang mit dem Austausch ständiger Vertretungen zwischen den beiden deutschen Staaten erreichte die Bundesregierung folgende mündliche Erklärung der Verhandlungsführer[57]:

„Die ständige Vertretung der Bundesrepublik Deutschland in der Deutschen Demokratischen Republik wird in Übereinstimmung mit dem Viermächte-Abkommen (*Kohl:* „Vierseitiges Abkommen") vom 3. September 1971 die Interessen von Berlin (West) vertreten."

Ziffer 5 des Protokolls über die Errichtung der ständigen Vertretungen[58] zählt zu den „Interessen des Entsendestaates" auch „Hilfe und Beistand für Personen" – also auch konsularische Funktionen. Zugleich ließ sich die DDR bestätigen:

---

54 Übereinkommen vom 1.3.1956, BGBl. 1958 Teil II, S. 576 ff.; nach dem Übereinkommen ist der Rechtshilfeverkehr ein Teil der normalen konsularischen Tätigkeit.
55 Beide Regierungen fanden sich bereit, „einen Meinungsaustausch zu Fragen der Gewährung von Rechtshilfe" aufzunehmen, wobei die „Rechtshilfe für Westberliner Gerichte ... in einer für die interessierten Seiten annehmbaren Form entsprechend dem Viermächte-Abkommen" geregelt werden sollte, vgl. AdG 1973, S. 18297.
56 Vgl. z.B. den im Zusammenhang mit dem Prager Vertrag erfolgten deutsch-tschechoslowakischen Notenwechsel vom 23./27. November 1973, AdG 1973, S. 19373, wonach die Rechtshilfe „in vollem Einklang mit der in dieser Frage in Moskau in den Tagen vom 31. Oktober bis 3. November 1973 erreichten Vereinbarung zu regeln" ist.
57 Dokumente, aaO., Nr. 94.
58 BGBl. 1974 Teil II, S. 933 ff.

Dieter Blumenwitz

„Vereinbarungen zwischen der Deutschen Demokratischen Republik und dem Senat (gemeint ist der „Senat in Berlin") bleiben unberührt."

Damit kann die konsularische Betreuung von Westberlinern bei Aufenthalt in Ostberlin aufgrund einer Besuchsvereinbarung eingeschränkt werden[59].

b) Gemäß Buchstabe b des Absatzes 2 haben sich die drei Westmächte „einverstanden erklärt, daß in Übereinstimmung mit dem festgelegten Verfahren völkerrechtliche Vereinbarungen und Abmachungen, die die Bundesrepublik Deutschlands schließt, auf die Westsektoren Berlins ausgedehnt werden können, vorausgesetzt, daß die Ausdehnung solcher Vereinbarungen und Abmachungen jeweils ausdrücklich erwähnt wird".

Entscheidend ist, daß die Ausdehnung von Vereinbarungen auf Westberlin der Zustimmung des Vertragspartners bedarf. Das Bundesverfassungsgericht hat jedoch das grundsätzlich freie Verhandlungsermessen dahingehend eingeschränkt, daß

„für die Bundesrepublik Deutschland handelnden Organe" die grundsätzliche Pflicht haben, „bei *jedem* Abkommen und bei jeder Vereinbarung mit der DDR, die ihrem Inhalt nach auf das Land Berlin und seine Bürger ausgedehnt werden können, auf der Ausdehnung auf Berlin zu bestehen und nur abzuschließen, wenn der Rechtsstand Berlins und seiner Bürger gegenüber dem für den Geltungsbereich des GG geltenden Rechtsstand – vorbehaltlich des für Berlin geltenden alliierten Vorbehalts und „in Übereinstimmung mit dem Viermächte-Abkommen vom 3.9.1971" – nicht verkürzt wird"[60].

In der Vertragspraxis mit den Ostblockstaaten wurde zwar mit der sog. „Frank-Falin-Formel" ein akzeptabler Passus für die Ausdehnung – namentlich von Handelsabkommen – auf Berlin gefunden[61]; zahlreiche Kulturprogramme und Vereinbarungen über wissenschaft-

---

59 Vgl. *Zündorf,* aaO., S. 309.
60 Grundvertragsurteil, aaO., B V 8.
61 „Entsprechend dem Viermächte-Abkommen vom 3. September 1971 wird dieses Abkommen in Übereinstimmung mit den festgelegten Verfahren auf Berlin (West) ausgedehnt."
Einzelheiten zur Vertragspraxis s. *Zündorf,* aaO., S. 159 f. und 348, insbes. Anm. 485.

lich-technische Zusammenarbeit scheiterten jedoch oder liegen seit Jahren auf Eis, weil sich die Sowjetunion gegen die unterschiedslose Einbeziehung von Westberlin sträubt[62]. Darüber hinaus haben die DDR und UdSSR in vielen Fällen gegen die Ausdehnung von Verträgen der Bundesrepublik mit Staaten des westlichen oder neutralen Auslands protestiert[63].

c) Anlage IV Abs. 2 lit e erwähnt im Zusammenhang mit der Interessenvertretung der Westsektoren Berlins durch die Bundesrepublik ausdrücklich internationale Organisationen und internationale Konferenzen; dort prallen dann meist auch die unterschiedlichen Auffassungen über den Berlinstatus und seine Regelung am schärfsten aufeinander, wie dies der diplomatische Streit über die den deutschen Aufnahmeantrag bei der UNO begleitende Berlinerklärung von Bundesaußenminister *Scheel* dokumentiert[64]. Die DDR hat sich in der ersten Phase gegen die Vertretung der Interessen Westberlins durch die Bundesrepublik in der UNO ausgesprochen, da es gem. Art. 1 Ziff. 1 der UN-Charta in erster Linie um Fragen der den Vier Mächten vorbehaltenen Sicherheit ginge[65]. Sie verfolgt bis zum heutigen Tage mit vielen kleinen Nadelstichen die Bindungen zwischen dem Bund und Berlin bis hin zu den

---

62 Nachweise bei *Van Well*, aaO., S. 647.
63 Vgl. Dokumentation, aaO., 43, 48, 55, 59, 60, 61, 82, 87, 91, 92, 97, 99, 101, 102, 106, 108, 111, 113, 115, 116, 117, 127, 130, 131, 145, 147, 150, 157, 162, 166, 170, 172, 174, 193, 198, 209, 214.
64 Brief vom 13.6.1979, Text: Dokumentation zur Deutschlandfrage, hrsg. v. *H. von Siegler*, Bd. IX, S. 200; diese Erklärung beruht auf einem Brief der Alliierten Kommandantur an den Regierenden Bürgermeister vom 13. April 1973, Text: Dokumentation, aaO., Bd. VIII, S. 302.
Die Sowjetunion bestand darauf, daß allein das Vierseitige-Abkommen Grundlage des Vertretungsrechts sein könne, vgl. Brief vom 26.6.1973, UN-Dokument A/9082 (S/10958) und die Erwiderung der Westmächte, Brief vom 7.12.1973, UN-Dokument A/9471 (S/11165).
65 Vgl. *Zündorf*, aaO., S. 161.

Dieter Blumenwitz

Abkürzungsverzeichnissen der Publikationen der UN-Sonderorganisationen[66].

d) Fragen, die anderenorts allenfalls in Fußnoten der Protokollabteilungen behandelt werden, erhalten im Zusammenhang mit Berlin hochpolitischen Charakter. Anlage IV Abs. 2 lit d greift derartige Probleme auf.

(1) Die Sowjetunion sagt zunächst zu, keine Einwände zu erheben gegen

„die Teilnahme von Personen mit ständigem Wohnsitz in den Westsektoren Berlins gemeinsam mit Teilnehmern aus der Bundesrepublik Deutschland am internationalen Austausch und an internationalen Ausstellungen!"

Westlicherseits erhoffte man sich mit dieser Erklärung die Aufgabe gewisser Praktiken im Ostblock, die Westberliner Teilnehmer an westdeutschen Delegationen durch eine eigene Delegationsliste, einen eigenen Ausstellungsstand und durch das Aufziehen der Berliner Bärenflagge zu sondern.

Die Bilanz der letzten 10 Jahre vermag nicht voll zu befriedigen. So wurde z. B. auf den Moskauer Filmfestspielen im Juli 1977 Westberlin von den sowjetischen Behörden als eigener Staat aufgelistet und die Bärenflagge aufgezogen[67]. Westberliner sollen nicht die Leitung einer Delegation der Bundesrepublik übernehmen, wie der Protest von DDR und UdSSR gegen die Bestellung eines hohen Beamten des Bundeskartellamtes in Westberlin zum Leiter einer deutschen Delegation[68] zeigt.

---

66 Vgl. z. B. Note der ständigen Vertretung der DDR beim Sitz der Vereinten Nationen und anderen internationalen Organisationen in Genf an den Generaldirektor der Weltgesundheitsorganisation zur Bezeichnung Westberlins in offiziellen Publikationen der Weltgesundheitsorganisation, Dokumente, aaO., Nr. 183. Stein des Anstoßes war die Abkürzung „F.R.G. (Ber) Berlin" für „Berlin (West)" im Cumulative Index für die Bände 21–25 des International Digest of Health Legislation. Mit ihrem Protest gibt die DDR „der Erwartung Ausdruck, daß das Sekretariat der Weltgesundheitsorganisation den Festlegungen des vierseitigen Abkommens Rechnung trägt und sich jeglicher Stellungnahme enthält, die diesen zuwiderlaufen".
67 Vgl. *Cadulet,* aaO., S. 170.
68 Vgl. *Cadulet,* aaO., S. 168.

Bindungen Berlins

(2) Buchstabe d enthält weiter die sowjetische Tolerierung der „Abhaltung von Tagungen internationaler Organisationen und von internationalen Konferenzen sowie Ausstellungen mit internationaler Beteiligung in diesen Sektoren, wobei berücksichtigt wird, daß Einladungen durch den Senat oder gemeinsam durch die Bundesrepublik Deutschland und den Senat ausgesprochen werden"[69].

Diese Formulierung verbietet nicht den Boykott internationaler Westberliner Veranstaltungen durch die Staaten des Ostblocks – diese können weiter boykottieren, wie z. B. anläßlich der Grünen Woche in Berlin mehrfach geschehen[70], oder ihre Teilnahme davon abhängig machen, daß nur der Senat einlädt. Nachdem die Ostblockstaaten den in Westberlin vom 6.–7. März 1976 stattfindenden internationalen Eisschnellaufmeisterschafen mit dem Hinweis fernblieb, das vierseitige Abkommen verlange eine besondere Einladung durch Westberlin, fand sich der Senat dem Vernehmen nach im Juni 1977 erstmals bereit, den sowjetischen Forderungen nachzukommen[71].

Im Bereich der Verbände und privatrechtlichen Vereinigungen und Veranstaltungen soll nach einer deutsch-sowjetischen Verständigung aus dem Frühjahr 1973 nicht der Bundesverband, sondern das entsprechende Westberliner Gremium einladen[72]; dadurch soll aber die Schirmherrschaft durch ein Bundesorgan, das damit ja keine „unmittelbare Staatsgewalt über die Westsektoren" ausübt, nicht berührt werden[73]. Trotzdem werden weiterhin Veranstaltungen in Berlin angegriffen, die – wie z. B. die Tagung des Zentralverbandes deutscher Schornsteinfegergesellen[74] – nichts mit Verboten des Viermächte-Abkommens zu tun haben können.

---

69 Formulierung nach Teil B der sowjetischen Erklärung.
70 Vgl. *Cadulet*, aaO., S. 172; unzulässig war allerdings die Behinderung der Grünen Woche durch uniformierte Sowjet-Soldaten, die am 30. Jan. 1978 das Ausstellungsgelände ohne Eintrittskarten betraten und 15 Minuten lang um einen Informationsstand herumstanden; der von Radio Moskau am 31. Jan. 1978 erhobene Vorwurf, die Grüne Woche widerspreche dem Geist des vierseitigen Abkommens, ist nicht zutreffend.
71 Vgl. *Cadulet*, aaO., S. 166 und 169.
72 Vgl. *Van Well*, aaO., S. 655.
73 Vgl. *Zündorf*, aaO., S. 164.
74 Hierzu *Stobbe*, aaO., S. 484.

III.

Die Bindungen zwischen den drei Westsektoren und der Bundesrepublik Deutschland haben sicherlich in dem letzten Jahrzehnt eine neue Kasuistik erfahren; ob damit auch eine neue Dimension erreicht wurde, entzieht sich einer rein rechtlichen Beurteilung. Zu den Elementen einer umfassenden Würdigung zählt sicher auch die Tatsache, daß das freie Berlin heute kein Käfig mehr ist. Geblieben ist aber trotz der angestrebten Normalisierung die Insellage in geopolitisch exponierter und gefährdeter Lage: In Anbetracht einer wieder bedrohten Entspannung keine „Insel der Seeligen", sondern Schnittpunkt unterschiedlichster politischer Interessen mit ihren negativen Auswirkungen auch auf die wirtschaftliche Stabilität und innere Sicherheit der Stadt.

Der Geltungsbereich des Viermächteabkommens

Dr. Dr. Michael Silagi
Institut für Völkerrecht, Göttingen

1. Fragestellung

Unter „Geltungsbereich" des Abkommens vom 3. September 1971 (VA) kann mehrerlei verstanden werden. Einmal gilt das Abkommen für die vier Vertragsparteien. Zum anderen geht es darum, was Jung und Zivier in ihrer Kontroverse in *Recht in Ost und West* den „sachlichen Regelungstatbestand" nennen[1]. Vertragsgegenstand wäre in diesem Sinne auch der Transit durch Gebiete der DDR oder in Anlage II Abs. 1 die Suspension von Bestimmungen des Grundgesetzes für die Bundesrepublik Deutschland.

Davon strikt zu trennen ist jedoch der räumliche „Anwendungsbereich" des Abkommens (vergleichbar in etwa mit dem, was Art. 29 der Wiener Vertragsrechtskonvention als „territorial scope" bezeichnet). Die Konfusion dieser Kategorien führt, so Jung, manche westliche Autoren in „heillose Verstrickung"[2]. Dieser räumliche Anwendungsbereich des Abkommens umfaßt entweder die drei Westsektoren Berlins oder aber „Groß-Berlin", d. h. Berlin unter Einschluß des Sowjetsektors. Er ist deckungsgleich mit dem in der Präambel und in Ziff. 1 der Allgemeinen Bestimmungen so genannten „betreffenden Gebiet" *(relevant area)*.

Die Beantwortung der Frage nach dem Anwendungsbereich ist von Bedeutung, weil sie in engem Zusammenhang mit dem räumlichen Geltungsbereich des Viermächtestatuts steht, auf das ja in Präambel und Allgemeinen Bestimmungen ebenfalls Bezug genommen wird,

---

1 O. Jung, „Vierseitiges Abkommen und sowjetischer Sektor von Berlin", *ROW* 19 (1975), S. 217 ff.; R. R. Zivier, „Zur Interpretation von Kompromißformeln im Viermächteabkommen", ebenda, S. 223 ff.

2 So Jung, a.a.O., S. 220, in einer kritischen Anmerkung zu entsprechenden Äußerungen T. Schweisfurths, der dieser „Konfusion" auch wieder in seiner seltsam betitelten Glosse „Berlin quo vaditur [sic!]?" *DA* 1981, S. 1304 ff. (1304), erliegt (Berlin hieße lateinisch übrigens *Berolinum*).

Michael Silagi

wenn von den „quadripartite", bzw. „joint rights and responsibilities" die Rede ist. Man könnte also sagen, daß der Geltungsbereich des Abkommens dasjenige Gebiet ist, welches dem Viermächtestatut unterworfen ist. Darauf soll wohl auch die Übersetzung von *Quadripartite Agreement* mit „Viermächteabkommen" verweisen. Im Gegensatz zu der Bezeichnung „Vierseitiges Abkommen" werde damit, so der Leiter des Deutschen Übersetzungsdienstes bei den UN, R. Paqué, in einem Leserbrief an die FAZ vom 19.9.1981, „eindeutig auch die Rechtsauffassung der Bundesrepublik und der Westmächte betont (Abkommen über ganz Berlin und nicht nur für die drei Westsektoren ...)." Freilich erscheint es zweifelhaft, ob sich aus der Verwendung der jeweiligen Attribute für das Berlinabkommen so weitreichende Schlüsse auf dessen Geltungsbereich ziehen lassen. Wenn die Übersetzung von *quadripartite* mit „vierseitig" dennoch fragwürdig ist, so deshalb, weil – zumindest im Englischen – dem deutschen „vierseitig" genauer *quadrilateral* entspräche. Nicht jedes Abkommen, an dem mehr als zwei (z. B. vier) Parteien beteiligt sind, ist ein multilaterales Abkommen. So wäre etwa ein Friedensvertrag zwischen mehreren Siegerstaaten und einem Besiegten zwar *multipartite,* aber doch *bilateral,* zweiseitig. Auch beim Berlinabkommen könnte man durchaus geteilter Ansicht darüber sein, ob hier nicht faktisch die drei westlichen Schutzmächte auf der einen und die UdSSR auf der anderen Seite ein zweiseitiges Viermächteabkommen abgeschlossen haben[3].

Allerdings sei schon hier erwähnt, daß der Schluß vom „Geltungsbereich" des Abkommens auf den räumlichen Umfang des Viermächtestatuts nicht so zwingend ist, wie es auf den ersten Blick scheinen mag: Man könnte zwar sagen, das Problem Ost-Berlin sei in der Präambel und in Ziff. 1 und 2 der Allgemeinen Bestimmungen in der Weise angesprochen, daß der Geltungsbereich der Viermächte-Rechte und -Verantwortlichkeiten mit dem Ausdruck „betreffendes Gebiet" *(relevant area)* umschrieben wurde[4]. Leider ist aber durchweg versäumt

---

3 Siehe dazu auch M. O. Hudson, Introduction, *International Legislation* I (1931), § 6 („Legal Character of Multipartite Instruments"), S. XVI f.
4 Eine Verbindung zwischen Viermächtestatut und „relevant area" sieht H. Schiedermair, *Der völkerrechtliche Status Berlins nach dem Viermächte-Abkommen vom 3. September 1971,* Berlin 1975, S. 15.

Geltungsbereich des Abkommens

worden, die „joint rights and responsibilities" eindeutig auf die *relevant area* zu beziehen. Diejenigen Absätze der Präambel und die Ziffern der Allgemeinen Bestimmungen nämlich, welche von den Rechten und Verantwortlichkeiten der vier Mächte sprechen, enthalten selber kein räumliches Bezugsobjekt. Der Geltungsbereich der Viermächte-Rechte und -Verantwortlichkeiten, die natürlich auch den Sowjetsektor Berlins umfassen, wird in diesen Absätzen und Ziffern überhaupt nicht, nicht einmal mit dem undefiniert bleibenden Ausdruck *relevant area,* umschrieben. Auch wenn also die noch zu klärende Frage, ob mit dem „betreffenden Gebiet" zwingend auch der Sowjetsektor von Berlin gemeint sei, bejaht werden könnte, so wäre damit nur gesagt, daß die vier Mächte ihre Vereinbarung „unter Berücksichtigung der bestehenden Lage in dem betreffenden Gebiet" (so § 4 der Präambel) geschlossen haben.

Lediglich Ziffer 4 der Allgemeinen Bestimmungen stellt in gewisser Weise eine Verbindung zwischen *the area* und Vereinbarungen der vier Mächte her. In dieser Ziffer stimmen die Vertragsparteien überein, „daß ungeachtet der Unterschiede in den Rechtsauffassungen die Lage, die sich in diesem Gebiet entwickelt hat und wie sie in diesem Abkommen *sowie in den anderen in diesem Abkommen genannten Vereinbarungen* definiert ist, nicht einseitig verändert wird." (Hervorhebung hinzugefügt!) Gerade diese Bestimmung ist aber, wie sich noch zeigen wird, ein durchaus zweischneidiges Argument: Neben, ja vor das normative Element stellt nämlich Ziffer 4 die faktische Lage, „die sich in diesem Gebiet entwickelt hat". Bezieht man nun auch den Sowjetsektor Berlins in das „Gebiet" ein, bedeutete dies eine, „wenn auch begrenzte Legalisierung der zahlreichen Rechtsbrüche, die zu der heute bestehenden Lage in Berlin geführt haben"[5] – Rechtsbrüche, die sich durchweg auf den Ostteil der geteilten Stadt beziehen.

Unter „Geltungsbereich des Abkommens" ist zweifellos das Gebiet zu verstehen, auf welches sich die zitierten Formulierungen von der *relevant area* beziehen. Es sollen zunächst die drei denkbaren Antworten auf die Frage nach dem so verstandenen Geltungsbereich skizziert werden. Sodann ist die Relevanz einer solchen Fragestellung aufzuzeigen, und

---

5 Ebenda, S. 57.

Michael Silagi

die drei Lösungen werden auf ihre Plausibilität hin überprüft. Schließlich folgt eine Untersuchung der Implikationen der im VA getroffenen Regelungen in rechtlicher und tatsächlicher Hinsicht. Es wird sich dabei zeigen, daß der in den Vertragstext eingegangene Formelkompromiß wirklich „dilatorisch" ist; denn wie jede derartige Modus-vivendi-Regelung löst er die zugrundeliegenden Probleme nicht, sondern weicht ihnen nur aus.

2. Die drei Alternativen

Zur Frage des Geltungsbereichs gibt es ein vielfältiges Schrifttum; alle Ansichten lassen sich im großen und ganzen in das folgende Schema einordnen.

a) Radikal gegen die Einbeziehung auch des Sowjetsektors von Berlin in das VA spricht sich die östliche Publizistik und Propaganda aus.

b) Den gegenteiligen Standpunkt vertreten einige westliche Autoren, wie etwa Zivier: „Der Wortlaut, die Systematik und der Sinn des Abkommens sprechen (...) dafür, daß unter dem ‚betreffenden Gebiet' in der Präambel und im ersten Teil des Abkommens ganz Berlin zu verstehen ist."[6]

c) Schließlich gibt es noch die Ansicht, wonach die Frage der Einbeziehung Ost-Berlins in das VA unentschieden geblieben sei. Diese Meinung vertritt etwa Schiedermair[7].

***

Im Osten wird durchwegs an der Formel vom „Westberlin-Abkommen" festgehalten. Als Willy Brandt im Sommer 1981 auf seinem umstrittenen Besuch in Moskau weilte, hielt er auch eine Tischrede im Kreml. Diese Tischrede war eine der wenigen Gastäußerungen der letzten Zeit, die in der *Prawda* ohne Abstriche veröffentlicht wurden. (Selbst der Libyer Khadhafi hatte sich seinerzeit Eingriffe in den Text gefallen lassen müssen[8].) Streichungen durch die Zensur waren bei der Wiedergabe des

---

6 Zivier, *Der Rechtsstatus des Landes Berlin,* 3. Aufl., Berlin 1977, S. 199.
7 Schiedermair, a.a.O., S. 14 ff., 42 ff., 54 Anm. 132.
8 *Die Welt* vom 3. Juli 1981.

Geltungsbereich des Abkommens

Textes aus sowjetischer Sicht auch gar nicht nötig, verzichtete doch der SPD-Vorsitzende „auf möglicherweise Anstoß erregende Formulierungen"[9]. Nur den Brandtschen Satz, „im September werden zehn Jahre seit dem Berlinabkommen der vier Mächte vergangen sein", ergänzte der Zensor: Um deutlich zu machen, daß es sich nach sowjetischer Sprachregelung nicht um ein Berlinabkommen, sondern um eines über West-Berlin handelt, fügte die *Prawda* an geeigneter Stelle in Klammern das Wort „West" ein[10]. In einem ungezeichneten Aufsatz zum Thema „10 Jahre Vierseitiges Abkommen über Westberlin" in der *Deutschen Außenpolitik* vom September 1981 heißt es hierzu: „Die Gründung des ersten Arbeiter- und Bauern-Staates auf deutschem Boden, die das gesamte Gebiet der sowjetischen Besatzungszone umfaßte, schloß von vornherein als integralen Bestandteil Berlin, die Hauptstadt der DDR, ein. Deshalb entbehren auch alle Behauptungen, das Vierseitige Abkommen vom 3. September würde für ‚ganz Berlin' gelten, jeder Grundlage. Nirgendwo finden und können sich in diesem Abkommen Feststellungen finden, die sich auf die Hauptstadt Berlin beziehen. Es gilt ausschließlich für Westberlin [sic]. Dies geht aus seinem Wortlaut klar hervor."[11]

Im freien Teil Deutschlands finden sich alle drei Auffassungen, wobei vor allem die dezidiert antitotalitären Kritiker der sozialliberalen Ostpolitik im Ergebnis weitgehend mit den ostdeutschen und sowjetischen Thesen konform zu gehen scheinen. Dies mag auf den ersten Blick überraschend erscheinen, da Deutschland am VA ja nicht unmittelbar beteiligt ist, aber diese Kritiker sehen das Abkommen in einem Kontext mit den Ostverträgen der Bundesrepublik Deutschland und messen der Zustimmung und Mitwirkung bundesdeutscher Stellen entscheidendes Gewicht für die westliche Verhandlungsposition zu. Die Frage Berlins spielte dann auch im Zusammenhang mit dem Grundver-

---

9 *FAZ* vom 2. Juli 1981.
10 Ebenda.
11 „10 Jahre Vierseitiges Abkommen über Westberlin", *Deutsche Außenpolitik* 26 (1981), Nr. 9, S. 5 ff. (10). Vgl. auch P. Abrassimow, *Westberlin gestern und heute,* Berlin (Ost) 1981, S. 166 ff., und G. Kirillov, „Ten Years of the Agreement on West Berlin" *International Affairs* (Moskau), 1981, Nr. 10, S. 72 ff.

Michael Silagi

trag eine Rolle: So hatte etwa Bayern im Verfahren vor dem Bundesverfassungsgericht u.a. gerügt, dieser enthalte eine gegen Art. 23 GG verstoßende Anerkennung der ostdeutschen Souveränität über den Ostsektor[12].

3. Die Relevanz der Fragestellung

Das VA über Berlin biete, so Martin J. Hillenbrand, den politischen und rechtlichen Rahmen, innerhalb dessen wir uns realistischerweise die künftige Entwicklung der Westsektoren Berlins vorzustellen hätten, und: „Im ganzen erreichte die westliche Seite ihr Hauptziel, nämlich eine wesentliche Verbesserung in der Abfertigung des deutschen zivilen Personen- und Güterverkehrs nach und von West-Berlin."[13] Demnach hätte sich die westliche Seite in den Verhandlungen auf West-Berlin als „Hauptziel" beschränkt und insoweit dieses auch erreicht.

Die Richtigkeit dieser Aussagen zunächst einmal unterstellt, scheint die Frage nach dem Geltungsbereich des Abkommens eher akademisch. In Wirklichkeit ist sie jedoch von einiger Bedeutung. Es geht hier darum, ob es ein Viermächtegebiet Groß-Berlin gibt und ob das VA von dieser Gegebenheit ausgeht (wobei schon hier betont sei, daß die Existenz eines Viermächtestatuts für ganz Berlin nicht davon abhängt, ob dieses auch 1971 vertraglich bestätigt wurde). Die Existenz eines solchen Gebietes würde bedeuten, daß die UdSSR hinsichtlich West-Berlins grundsätzlich nur diejenigen Befugnisse geltend machen kann, welche den Westmächten in Ost-Berlin zustehen. „Soweit eine Seite der anderen die frühere gemeinsame Ausübung der obersten Gewalt in ihrem Teil Berlins verwehrt, versteht es sich von selbst, daß umgekehrt ein Gleiches gilt. Angesichts der Wirklichkeit eines total gespaltenen Berlin bedeutet dies praktisch, daß der Viermächtestatus für Ost- wie für West-Berlin nur die Funktion eines Rechtsvorbehalts haben kann, den die jeweils

---

12 BVerfGE 36, 9. Ausführlicher in E. Cieslar / J. Hampel / F.-C. Zeitler, *Der Streit um den Grundvertrag,* München 1973, S. 120 f.
13 M. J. Hillenbrand, „Politische Situation, Sicherheit und symbolische Bedeutung", in: Hillenbrand (Hrsg.), *Die Zukunft Berlins,* Berlin 1981, S. 11 ff. (39, 44).

Geltungsbereich des Abkommens

nicht-präsente Seite gegen die Endgültigkeit des dort festgelegten realen Zustands geltend macht."[14]

Nur wenn die vier Mächte die Rechte aus dem Viermächtestatut weiterhin hinsichtlich der ganzen Stadt besitzen, kann man überhaupt sinnvoll die einleitenden „Allgemeinen Bestimmungen" des VA auch auf Ost-Berlin beziehen. In einem solchen Fall wäre die UdSSR auch aus dem Abkommen selbst dazu verpflichtet, die westlichen Kompetenzen hinsichtlich ganz Berlins, und damit auch des Sowjetsektors, zu achten und die dort bei seinem Abschluß herrschende Lage nicht einseitig zu verändern; dann hätte sie durch den seitherigen systematischen Abbau der meisten am 3. September 1971 noch bestehenden Restbestände des Viermächtestatus in Ost-Berlin das VA selbst verletzt, und zwar die bereits zitierte Ziffer 4 der Allgemeinen Bestimmungen[15].

Wer von dem oben zitierten Hauptziel der drei Westmächte bei den Berlinverhandlungen in den Jahren 1970 und 1971 ausginge, könnte jenen Abbau des Viermächtestatus in Ost-Berlin vielleicht in Kauf nehmen. Bedenklicher sind allerdings die Implikationen des östlichen Standpunkts, im Einklang mit dem VA gehandelt zu haben, im Hinblick auf West-Berlin. Die erwähnte parallele Kompetenz der Westmächte im Ostteil und der Sowjetunion in den Westsektoren der geteilten Stadt setzt einen Viermächtestatus für ganz Berlin voraus. Nur dann brauchten die westlichen Besatzungsmächte der UdSSR mangels westlicher Kompetenzen im Sowjetsektor ihrerseits im freien Teil der Stadt kein Mitspracherecht einzuräumen. Gegenüber dem sowjetischen Vertragspartner wären sie ausschließlich so weit in ihrer Handlungsfreiheit eingeschränkt, als dies im Abkommen vom 3. September 1971 niedergelegt ist.

---

14 G. Wettig, *Die Statusprobleme Ost-Berlins 1949–1980,* Köln 1980; siehe auch ders., *Konflikt und Kooperation zwischen Ost und West,* Bonn 1981, S. 163 f.
15 S. Mampel, „Der Status von Berlin (Ost) nach zehn Jahren Viermächteabkommen", *ROW* 25 (1981), S. 225 ff. (231); einen Überblick über die einseitigen Maßnahmen in bezug auf den Sowjetsektor gibt Wettig, *Das Vier-Mächte-Abkommen in der Bewährungsprobe,* Berlin 1981, S. 149 ff.

Michael Silagi

Die Beschränkung des Viermächtestatuts und damit auch des Geltungsbereichs der Allgemeinen Bestimmungen des VA auf die drei westlichen Sektoren würde zum Wegfall der Reziprozität der Kompetenzen beider Seiten in Ost- und in West-Berlin führen. Nur die Sowjetunion könnte aus dem Besatzungsstatut ein Mitspracherecht in West-Berlin fordern, nicht aber umgekehrt die Westmächte in Ost-Berlin. Dies entspräche der absurden östlichen Auffassung: Demnach sei Gesamt-Berlin stets ein Bestandteil der Sowjetischen Besatzungszone Deutschlands gewesen, und die drei Westmächte hätten die Westsektoren Berlins lediglich kraft einer freiwilligen und unter Vorbehalt erteilten Erlaubnis durch die UdSSR besetzen dürfen. Folglich bestehe zwischen der Sowjetunion und den drei westlichen Schutzmächten ein Verhältnis der Über- und Unterordnung[16]. Die Konsequenz dieser vom Osten verfochtenen Auffassung wäre nach Wettig, daß die Sowjetunion ein einseitiges Recht auf Eingriffe in die Besatzungsfunktionen der Westmächte im freien Teil der Stadt beanspruchen könnte. Das Abkommen vom 3. September 1971 enthielte also eine von allen vier für West-Berlin maßgeblichen Mächten getroffene Festlegung des Verhältnisses der Teilstadt zur Bundesrepublik Deutschland. Dieses Verhältnis sei auf den Rahmen beschränkt, welcher im VA vorgesehen sei. Mit anderen Worten: alles hätte als verboten zu gelten, was im Text der Vereinbarung nicht ausdrücklich geregelt sei[17].

Die vom Osten behauptete Beschränkung des Geltungsbereiches des Abkommens auf West-Berlin muß nicht tatsächlich diese weitreichenden Konsequenzen für die westliche Rechtsstellung haben. Selbst wenn man annähme, beim VA handle es sich nur um ein *Westberlin*-Abkommen, würde es die vor seinem Inkrafttreten bestandenen westlichen Besatzungsrechte im Hinblick auf den Ostteil der Stadt nicht beeinträchtigen. Wettig ist aber insoweit beizupflichten, als die Gefährlichkeit der These vom „*Westberlin*-Abkommen" weniger in einer Sanktionierung allfälliger Rechtsbrüche bezüglich der am 3. September 1971 bestehenden Rudimente des Besatzungsregimes in Ost-Berlin liegt als

---

16 Wettig, *Konflikt und Kooperation*, S. 164.
17 Ebenda.

Geltungsbereich des Abkommens

vielmehr in den im einzelnen noch gar nicht absehbaren Implikationen, die ein Ausschluß Ost-Berlins aus dem Geltungsbereich des Abkommens und ein Verzicht auf Besatzungsrechte in Gesamt-Berlin für die Rechtsposition der Westmächte im freien Teil Berlins haben könnte.

4. Der Geltungsbereich des Abkommens

Es fragt sich, ob – trotz dem bekannten Dissens über das Gebiet, für welches das VA gilt – die Allgemeinen Bestimmungen nicht doch so ausgelegt werden können, daß mit ihnen ganz Berlin gemeint sei. Es gibt eine Reihe von gewichtigen Gründen, die für eine Einbeziehung Ost-Berlins unter den Begriff *relevant area* sprechen. Die diesbezüglichen Argumente können hier als bekannt vorausgesetzt werden[18].

Handelte es sich bei dem Vertragstext um ein innerstaatliches Gesetzesdokument, so wären jene Argumente für eine Einbeziehung Ost-Berlins sicher zwingend. Art. 31 der für die Vertragsparteien noch nicht in Kraft getretenen (und von Frankreich seinerzeit abgelehnten!) Wiener Vertragsrechtskonvention spräche nicht gegen eine solche Interpretation. Auch Art. 31 der Vertragsrechtskonvention stellt ja unter anderem auf den „context" ab, und man wird Zivier, der aus Wortlaut, Systematik und Sinn des Abkommens[19] die Einbeziehung Ost-Berlins folgert, zumindest hinsichtlich der Systematik Recht geben können. Es scheint jedoch, daß die Vertreter einer solchen als „logisch" zu bezeichnenden Auslegung des VA nicht die wesentlichen Unterschiede zwischen innerstaatlicher und internationaler Textinterpretation bedenken. Sie liegen in der Natur der Sache und ergeben sich aus den unterschiedlichen Strukturprinzipien einerseits von Völkerrecht, andererseits von staatlichem Recht. In foro interno gibt es eine den Vertragsparteien und Gesetzesunterworfenen übergeordnete Instanz in Form einer Gerichtsbarkeit; sie greift im Falle von Zweifeln über den Inhalt einer Regelung auslegend und bei lückenhafter Regelung sogar ergänzend ein. Im zwischenstaatlichen Recht gibt es keine Gesetzesunterworfenen in diesem

---

18 Zivier, *Der Rechtsstatus des Landes Berlin,* S. 198 ff.
19 Ebenda, S. 199.

Sinne. Die Gesetzesanwender sind zugleich auch die Herren des Gesetzes. Gäbe es im Völkerrecht eine vom Willen der Vertragsparteien unabhängige Instanz, so wäre nichts gegen den Versuch einzuwenden, die unbestimmten Begriffe des Allgemeinen Teils des VA und seiner Präambel vernünftig – und daß hieße hier: Ost-Berlin mitumfassend – auszulegen. Aber eine solche von den Parteien unabhängige, ihnen übergeordnete Instanz gibt es, wie gesagt, im Völkerrecht nicht. Das Schlußprotokoll des VA sieht zur Streitschlichtung nicht einmal ein schiedsgerichtliches Verfahren vor, sondern lediglich Verhandlungen zwischen den Vertragsparteien.

Es ist unleugbar, daß im VA bewußt mehrdeutige Begriffe gewählt wurden, und es stellt sich daher die Frage, ob die Sowjetunion trotzdem aus dem Abkommen als solchem hinsichtlich Ost-Berlins als gebunden, die Westmächte als berechtigt angesehen werden können.

Im Völkerrecht gilt auch heute noch aus den soeben dargelegten Gründen die Maxime der *interpretatio in favorem debitoris,* das *in dubio contra stipulatorem* – häufig auch als Grundsatz der souveränitätsfreundlichen Auslegung bezeichnet. Diese Regel ist zwar in dem erwähnten Art. 31 der für die Parteien des VA nicht in Kraft getretenen Wiener Vertragsrechtskonvention nicht genannt (was wohl auch damit erklärt werden kann, daß der dieser Regel zugrundeliegende Gedanke nicht auf das Recht der Verträge beschränkt ist), es ist aber, so jüngst wieder Randelzhofer, „allgemein anerkannt, daß sie daneben gewohnheitsrechtlich gilt"[20]. Hier geht es zwar nicht um eine Souveränitätsbeschränkung, denn die Besatzungsrechte der Alliierten sind keine Souveränitätsrechte[21]; in ihrer allgemeinen Form des *in dubio mitius* findet aber die Regel auch hier Anwendung und führt zu einer Verneinung der oben gestellten Frage.

---

20 A. Randelzhofer, *Der Einfluß des Völker- und Europarechts auf das deutsche Ausländerrecht,* Berlin 1980, S. 39 mit weiteren Nachweisen bei Berber, Seidl-Hohenveldern, Simma und Verdross.
21 Insoweit schief die Überlegungen von Schweisfurth, a.a.O., S. 1304, der den Grundsatz des *in dubio contra stipulatorem* auf „im Zweifel immer zugunsten der Souveränität" verkürzt.

Wie kam es zu der bedauerlichen Tatsache, daß im VA bewußt mehrdeutige Begriffe verwendet wurden? Das liegt natürlich einerseits daran, daß zwischen den beiden Seiten im Grundsätzlichen eine Einigung kaum erzielt werden konnte. Dennoch darf man die Ursachen für die konkreten Kompromißformeln nicht auf die unüberbrückbaren Meinungsverschiedenheiten reduzieren. Hillenbrand hat in seiner bereits zitierten Definition des westlichen Hauptziels deutlich gemacht, daß im Mittelpunkt des westlichen Interesses West-Berlin und damit die Sicherung des ungehinderten zivilen Zugangs dorthin stand. Schon für die Zeit des Mauerbaus beschränkte sich, so Wettig, „das amerikanische Engagement ausdrücklich auf den Westteil der Stadt. Die Wahrung des Vier-Mächte-Status auf dem Gebiet des Sowjetsektors wurde demgegenüber zweitrangig;"[22] und Catudal bestätigt diese weitgehende Selbstbeschränkung auf West-Berlin auch für die Verhandlungen von 1970/71: „Legal considerations aside, the four Ambassadors decided as a practical matter to focus on West Berlin during negotiations. According to one Allied official familiar with the proceedings, 'The Soviet Sector was written off because Western negotiators realized they could not influence developments there.'"[23]

5. Zur Funktion von Dissens und Vorbehaltsklausel

Catudal zitiert dann seinen Gewährsmann weiter dahingehend, daß „in this view, the major concern of the Allies was to obtain 'adequate safeguards' for the Western legal position 'so that the Soviets couldn't come back later and say we had agreed to a Four-Power status for West Berlin.'"[24] Es erscheint zwar fragwürdig, ob das VA irgendeinen Beitrag zur Festschreibung des Viermächtestatus von ganz Berlin geleistet hat, aber wenn mit der zitierten Aussage gemeint sein soll, daß im Abkommen West-Berlin nicht als ein besonderes Gebiet unter räumlich hierauf

---

22 Wettig, *Konflikt und Kooperation*, S. 110.
23 H. M. Catudal, *The diplomacy of the Quadripartite Agreement on Berlin: a new era in East-West politics*, Berlin 1978, S. 245.
24 Ebenda.

beschränkten Viermächtestatus definiert wurde, so ist das durchaus richtig.

Gewiß enthält das VA auch keine ausdrückliche Bekräftigung des östlichen Standpunkts; doch der Wert, der in diesem Zusammenhang der Respektierungsklausel in Ziffer 4 der Allgemeinen Bestimmungen zugeschrieben wird, sollte nicht überschätzt werden. Wohl bezieht sich die Klausel nicht nur auf das Abkommen selbst, sie bezieht sich vielmehr „auch auf alle die Rechte und Verantwortlichkeiten, die den vier Mächten unabhängig von dem Abkommen im Rahmen ihrer Verantwortung für Berlin zugefallen sind"[25], und diese Rechte und Verantwortlichkeiten umfassen nach richtiger Auffassung selbstverständlich auch Ost-Berlin. Aber zwischen den drei Westmächten und der Sowjetunion bestand hierüber bei Vertragsabschluß kein Konsens. Die Respektierungsklausel ist daher im Lichte des Vorbehalts der unterschiedlichen Rechtsstandpunkte zu sehen. Dieser in der Präambel und Ziffer 4 der Allgemeinen Bestimmungen festgeschriebene Dissens ist nicht eigentlich ein offener, vereinbarter Einigungsmangel, denn „in welchen Fragen sich die Rechtsauffassungen der Parteien unterschieden, geht aus dem Wortlaut der Vorbehaltsbestimmungen nicht hervor"[26]. Selbst der Gegenstand des Dissenses – die Viermächteverantwortung für ganz Berlin, die Einbeziehung also auch des Sowjetsektors in das Berlin-Statut – ist noch schamhaft verschwiegen, ja tabuisiert worden.

Das vermeintliche Kunstwerk der Vorbehalts- und Unberührtheitsklauseln, wie wir es ja auch in den Ostverträgen der Bundesrepublik Deutschland finden, ist demnach für den westlichen Standpunkt wenig hilfreich, da ja auch der Gegenstand dieser Klauseln zwischen den Parteien strittig blieb, jedenfalls im VA nicht genannt wird. Zumindest während der Laufzeit des VA, solange es von der anderen Seite im großen und ganzen respektiert wird, dürfte, überspitzt ausgedrückt, die Funktion der dem operativen Teil vorgeschalteten Allgemeinen Bestimmungen und der Präambel vor allem in einer Ausschaltung allfälliger verfassungsrechtlicher Bedenken gegen die Zustimmung und Mitwir-

---

25 Schiedermair, a.a.O., S. 50.
26 Zivier, *Der Rechtsstatus des Landes Berlin*, S. 203.

Geltungsbereich des Abkommens

kung bundesdeutscher Stellen beim Zustandekommen des VA und gegen das Transitabkommen liegen[27]. Daß der Status Ost-Berlins durchaus auch im Hinblick auf das Grundgesetz von Relevanz sein kann, erhellt aus der erwähnten Behauptung Bayerns vor dem Bundesverfassungsgericht, der Grundvertrag enthalte eine Anerkennung der Souveränität der DDR über den Ostsektor.

Eine möglicherweise nicht vorsätzliche und sicher bezeichnende Inkonsequenz der Westalliierten liegt darin, daß sie ihre diplomatischen Vertretungen in der „Hauptstadt der DDR", d. h. im Sowjetsektor der Viermächtestadt Berlin, errichtet haben. Wenn Zivier meint, dem Wort „Hauptstadt" komme im Völkerrecht keine besondere Relevanz zu, die Hauptstadt sei „die Stadt, in der die höchsten Organe eines Landes ihren Sitz haben"[28], und er daher die Hinnahme der Hauptstadtfunktion durch die Westmächte für belanglos hält, so ist das nur teilweise richtig. Es kommt zwar gelegentlich vor, daß Staaten oder De-facto-Regimes Orte außerhalb ihres Territoriums zur Hauptstadt deklarieren (Litauen nach dem 1. Weltkrieg in bezug auf Wilna; Nationalchina in bezug auf Nanking), aber dann haben die höchsten Organe dieses Landes nicht ihren Sitz in der Hauptstadt (wie dies ja auch sonst nicht automatisch der Fall ist – Beispiel: Niederlande, Bolivien). Wenn jedoch ein Staat oder De-facto-Regime seine Zentralverwaltungsorgane in einer außerhalb seines Territoriums gelegenen „Hauptstadt" konzentriert hat, so ist dies ein Unikum, das völkerrechtlich durchaus Beachtung verdiente.

Daß bei der Frage der Wahl des Amtssitzes einer Vertretung nicht bloß Praktikabilitätserwägungen im Spiel sind, zeigt das Beispiel Israels: Nach der Staatsgründung hatten nur wenige Länder ihre Vertretungen in der Hauptstadt Jerusalem eingerichtet, deren Osthälfte im Unabhängigkeitskrieg von der transjordanischen „Arabischen Legion" besetzt worden war. Heute, nach der Wiedervereinigung der Stadt durch Israel, haben praktisch alle Botschaften ihren Sitz in Tel Aviv, und schon jetzt bereitet die geplante Verlegung oberster Behörden in die 1967 befreite

---

27 Ebenda, S. 190 f.; vgl. schon G. Ress, „Verfassungs- und völkerrechtliche Überlegungen", in: K. Doehring/G. Ress, *Staats- und völkerrechtliche Aspekte der Berlin-Regelung,* Frankfurt 1972, S. 29 ff. (34 ff.).
28 Zivier, *Der Rechtsstatus des Landes Berlin,* S. 89.

Michael Silagi

jüdische Altstadt Jerusalems in Hinblick auf die Aufrechterhaltung eines geregelten diplomatischen Verkehrs denselben Staatskanzleien Kopfzerbrechen, die anscheinend nichts dabei finden, ihre DDR-Missionen im Sowjetsektor Berlins zu unterhalten und Kontakt mit den dort angesiedelten DDR-Organen zu pflegen. Während aber im Falle der israelischen Hauptstadt die dafür vorgetragenen völkerrechtlichen Motive einer unvoreingenommenen Prüfung nicht standhalten[29], drängen sich für den Ostteil der Viermächtestadt Berlin entsprechende statusrechtliche Bedenken geradezu auf.

Wie wenig ernst von bundesdeutscher Seite der besondere Status Ost-Berlins genommen wird, ersieht man daran, daß die Ständige Vertretung der Bundesrepublik Deutschland ebenfalls dort ihren Sitz hat – auch hiergegen haben natürlich die westlichen Parteien des VA nicht bei der Sowjetunion protestiert. Dem Eindruck, durch die Errichtung unserer Ständigen Vertretung in Ost-Berlin die Souveränität der DDR anzuerkennen, hat man dadurch entgegenzuwirken versucht, daß man ihr die Bezeichnung „Ständige Vertretung der Bundesrepublik Deutschland *bei* der Deutschen Demokratischen Republik" gibt. Dieser Versuch ist aber fragwürdig und kommt außerdem zu spät: Im Protokoll zwischen der Regierung der Bundesepublik Deutschland und der Regierung der Deutschen Demokratischen Republik über die Errichtung der Ständigen Vertretungen vom 14. März 1974 ist als amtliche Bezeichnung „Ständige Vertretung der Bundesrepublik Deutschland" ohne jeden Zusatz festgelegt[30]. Die wohl nur vermeintlich salvatorische Präposition „bei" findet sich nur im internen, bundesdeutschen Sprachgebrauch[31],

---

29 Vgl. J. Stone, *Israel and Palestine,* Baltimore 1981, S. 98 ff.; die Bezeichnung der Altstadt, bestehend aus armänischem, christlichem, jüdischem und muslimischem Viertel, als „arabisches" Ost-Jerusalem ist – auch abgesehen vom Völkerrechtlichen – schon aus demographischen Gründen abwegig, denn bereits Jahrzehnte vor Beginn der zionistischen Einwanderung war die Bevölkerungsmehrheit dieser Altstadt jüdisch (ebenda, S. 114).
30 BGBl. 1974 II, S. 934, Ziffer 2.
31 So etwa im „Gesetz zur Regelung besonderer dienstrechtlicher Fragen der Bediensteten in der Ständigen Vertretung der Bundesrepublik Deutschland bei der Deutschen Demokratischen Republik" vom 13. Juni 1974, BGBl. I, S. 1273 f.; vgl. Wettig, *Das Vier-Mächte-Abkommen,* S. 147.

nicht in gegenüber der DDR verbindlichen Texten. Wo in diesen nicht von der Ständigen Vertretung ohne Ortsangabe die Rede ist, heißt es in den Vertragstexten „Ständige Vertretung der Bundesrepublik Deutschland *in* der Deutschen Demokratischen Republik", und zwar zweimal (zufälligerweise im Zusammenhang mit der Vertretung der Interessen West-Berlins in Übereinstimmung mit dem VA); zuerst in den „Erklärungen beider Seiten in bezug auf Berlin (West)", deren Absatz 2 im Grundvertragsurteil des Bundesverfassungsgerichts ebenfalls unter Verwendung des Verhältniswortes „in" wiedergegeben wird[32], und dann im Protokollvermerk 6 zum Protokoll vom 14. März 1974[33]. Dort heißt es, „die Ständige Vertretung der Bundesrepublik Deutschland in der Deutschen Demokratischen Republik wird in Übereinstimmung mit dem Viermächte-Abkommen vom 3. September 1971 die Interessen von Berlin (West) vertreten."

Leider ist das Bundesverfassungsgericht auf die von Bayern angeschnittenen Fragen im Zusammenhang mit Ost-Berlin nicht eingegangen.

6. Zur Problematik der Mehrdeutigkeiten

Wenn gemeinhin angenommen wird, der Osten betrachte den Sowjetsektor von Berlin als außerhalb des Geltungsbereichs des VA gelegen, so ist dies nur insoweit richtig, als es um westliche Rechte im Hinblick auf Ost-Berlin geht. Zugleich sieht die östliche Seite im Abkommen selbst eine ausdrückliche Bestätigung ihres Standpunktes; das Abkommen gehe von der Zugehörigkeit Ost-Berlins zur DDR aus[34]. Das ist zwar nicht konsequent, doch leider nicht ganz abwegig. Auch aus westlicher Sicht enthält ja das Abkommen eine Festschreibung der bisherigen, d. h. vor dem 3. September 1971 erfolgten Verstöße des Ostens gegen den Viermächtestatus Berlins. Ziffer 4 der Allgemeinen Bestimmungen wird daher teilweise als Einschwenken der Westmächte auf den Integrationsstandpunkt der UdSSR bezeichnet[35]. Die UdSSR begibt sich zwar in

---

32 BGBl. 1973 II, S. 429, wiedergegeben in BVerfGE 36, 33.
33 BGBl. 1974 II, S. 934.
34 Schiedermair, a.a.O., S. 18.
35 Jung, a.a.O., S. 223.

Michael Silagi

Widerspruch zu ihrer Ansicht, das VA gelte nur für West-Berlin, wenn sie die Respektierungsklausel auch auf den Sowjetsektor bezieht, aber sie weiß auch, daß sich die Westmächte den Vorwurf eines „venire contra factum proprium" zuzögen, wenn sie leugneten, der Begriff „situation" beziehe sich auch auf den Ostteil der Stadt[36].

Es *wäre* wohl nicht nur, wie Mampel treffend anmerkt, es *war* „ein Fehler, den Status von Berlin (Ost) allein unter dem Aspekt des Geltungsbereichs des Viermächteabkommens zu betrachten"[37]. Vielmehr ist die Frage nach dem Fortbestand des Viermächtestatus davon unabhängig zu sehen. Was die Veränderungen der Lage seit 1971 betrifft, könne zwar das Veränderungsverbot der Ziffer 4 des Allgemeinen Teils nicht für Ost-Berlin gelten, wenn sich das Abkommen nicht auf den Ostteil der Stadt erstrecke. „Trotzdem sind die Veränderungen nicht gerechtfertigt. Es ist dann nämlich von der Fortdauer des Viermächtestatus auszugehen"[38] – und, so wäre hinzuzufügen, der Westen könnte auch weiterhin die Rechtsverstöße der Sowjets im Hinblick auf Ost-Berlin anprangern, die vor dem 3. September 1971 erfolgten.

Verfassungsrechtliche Fragen wirft die Mitwirkung bundesdeutscher Organe am Zustandekommen des VA auf. Potentiell folgenschwerer sind die Abstriche, die das Abkommen am Status des freien Teils der Stadt festschrieb und die als Gegenleistung für eine großzügigere Gestaltung von Transit und Besuchsregelung in Kauf genommen wurden. Am bedenklichsten erscheint aber folgendes: Die Westmächte begaben sich im VA „in die Bindung offiziell vereinbarter sowjetischer Mitsprache in West-Berliner Angelegenheiten"[39]. Diese Bindung ist, wie wir gesehen haben, eine einseitige. Zumindest vertragsimmanent, d. h. aus dem Abkommen vom 3. September 1971 selber, kann ein entsprechendes Recht der Westmächte gegenüber der UdSSR in bezug auf den Ostsektor nicht abgeleitet werden; das VA macht es eher noch problematischer, die überkommenen Rechte der drei westlichen Schutzmächte im Hinblick auf Berlin als Ganzes zu realisieren.

---

36 Mampel, a.a.O., S. 226.
37 Ebenda.
38 Ebenda, S. 331.
39 Matthias Walden, *Die Welt* vom 26. August 1971.

Geltungsbereich des Abkommens

Ursache hierfür ist, daß sich die westlichen Vorbehalte gegenüber der sowjetischen Rechtsauffassung lediglich in verklausulierter Form im Abkommen finden; die Zugeständnisse an die Sowjetunion hingegen sind recht genau gefaßt. Die Last der unbestimmten Formulierungen des Allgemeinen Teils und der Präambel fällt ganz auf die westlichen Vertragspartner. Wettig hatte schon 1968, vor Beginn der neuen Ostpolitik, vor den Folgen solcher Asymmetrie gewarnt: „Die bestimmt gefaßten Punkte der Übereinkunft bringen einer bestimmten Partei [...] überwiegenden Nutzen, während der überwiegende Nutzen, den die unbestimmt gefaßten Punkte einer anderen Partei [...] zum Ausgleich dafür verheißen, durch die Streitigmachung der Interpretation, d.h. durch eine Aufhebung der Übereinkunft in diesem Punkte, annulliert wird."[40] Dem wäre, so sehr wir das bedauern müssen, auch heute, mehr als zehn Jahre nach Abschluß des VA, nichts hinzuzufügen.

---

40 Wettig, *Das Problem der Unbestimmtheit in zwischenstaatlichen Übereinkünften,* Köln 1968, S. 3.

Der Status von Berlin (Ost)

von Professor Dr. Siegfried Mampel
Freie Universität Berlin

1. Berlin (Ost) Teil des „betreffenden Gebiets"

Über den Status von Berlin (Ost) zu sprechen, bedeutet, den Teil der Stadt in die Analyse von Inhalt und Folgen des Viermächteabkommens vom 3. September 1971[1] einzubeziehen, für den unter den Vertragspartnern umstritten ist, ob sich das Abkommen auf ihn erstreckt oder nicht. Es kam nur die Formel von dem „relevant area" zustande, dem „betreffenden Gebiet". Nach *Hartmut Schiedermair*[2] und *Otmar Jung*[3] hat dieser vereinbarte Dissens (agreement to not agree) zur Folge, daß die unterschiedlichen Rechtsstandpunkte trotz ihrer Gegensätzlichkeit nach dem Viermächteabkommen völlig gleichwertig nebeneinander stehen. *Schiedermair* hält es sogar für unzulässig, etwa im Wege einer gekünstelten Interpretation des Abkommens dem einen Rechtsstandpunkt den Vorzug vor dem anderen zu geben. *Jung* meint indes, *Schiedermair* unterschätze noch die Schwäche der westlichen Position nach der Konzession, im Abkommen den Dissens festzuschreiben.

Meiner Meinung nach ist zunächst *Ernst R. Zivier*[4] in der Ansicht zu folgen, daß ein Formelkompromiß von einem vereinbarten Dissens zu unterscheiden ist. Jedoch bin ich der Ansicht, daß mit dem Formelkompromiß nur eine Form gewählt wurde, in der die Einigung über die Nichteinigung in diesem Punkt als solche nicht unmittelbar in Erscheinung tritt, sondern durch einen unbestimmten Begriff verhüllt wurde.

---

1 Beilage zum Bundesanzeiger Nr. 174 vom 15.9.1972, S. 50.
2 *Hartmut Schiedermair,* Der völkerrechtliche Status Berlins nach dem Viermächte-Abkommen vom 3. September 1971, Berlin, Heidelberg, New York, 1975, S. 43.
3 *Otmar Jung,* Vierseitiges Abkommen und sowjetischer Sektor Berlins, ROW 1975, S. 217 ff.
4 *Ernst Renatus Zivier,* Der Rechtsstatus des Landes Berlin, Eine Untersuchung nach dem Viermächte-Abkommen vom 3. September 1971, Dritte, stark überarbeitete und erweiterte Auflage, Berlin 1971, S. 200–202.

Siegfried Mampel

Den Unterschied zwischen Formelkompromiß und vereinbarten Dissens sehe ich zunächst nur darin, daß mit dem ersten eine Formel zur Verdeckung von Meinungsverschiedenheiten gefunden werden konnte. Der Vorteil ist klar: Formal ist eine volle Einigung erzielt. Der Dissens verbirgt sich in der Unbestimmtheit des verwendeten Begriffs, hier „relevant area", das betreffende Gebiet. Das sieht einvernehmlicher aus als eine Einigung über die Nichteinigung, bei dem das Bestehen von Meinungsverschiedenheiten offen ausgedrückt wird. (Beispiele sind Abs. 5 der Präambel des Grundlagenvertrages[5], wo es heißt: „unbeschadet der unterschiedlichen Auffassungen der Bundesrepublik Deutschland und der Deutschen Demokratischen Republik zu grundsätzlichen Fragen, darunter zur nationalen Frage" sowie Abs. 6 der Präambel des Viermächteabkommens mit der Wendung „unbeschadet ihrer Rechtspositionen" – „without prejudice to their legal positions". Sie wird im folgenden noch eine Rolle spielen.)

Nach meiner Auffassung hat auch die in einen Formelkompromiß gekleidete Einigung über die Nichteinigung zur Folge, daß jede Vertragspartei ihren Rechtsstandpunkt aufrechterhalten kann, ohne des Vertragsbruchs geziehen zu werden, soweit dieser vom Formelkompromiß noch gedeckt wird. Alle am Abkommen Beteiligte und Interessierte dürfen entsprechend dem Sinn des Formelkompromisses ihren eigenen Standpunkt noch wie vor vertreten. Dritten bleibt es unbenommen, sich für den einen oder anderen Standpunkt zu entscheiden oder aber unentschieden zu bleiben. Unbestritten gilt das für die Positionen, die die Vertragspartner bereits vor dem Abschluß des Abkommens vertreten haben. Streitig ist, ob aus dem Abkommen selbst Argumente gewonnen werden dürfen, damit sie der Gegenseite zur Widerlegung ihrer Argumentation entgegengehalten werden, es also etwa unzulässig sei, die Meinung zu vertreten, daß aus dem Abkommen herausgelesen werden könne, daß es sich auch auf den Ostteil der Stadt erstrecke. M. E. kann eine in ein Formelkompromiß gekleidetes agreement to not agree kein Hindernis dafür sein. Hier erweist sich wirklich ein Vorteil des offenbar

---

5 Vertrag über die Grundlagen der Beziehungen zwischen der Bundesrepublik Deutschland und der Deutschen Demokratischen Republik vom 21. 12. 1972 (BGBl. 1973 II 423/GBl. DDR 1973 II 25).

Status vn Berlin (Ost)

zunächst nur aus aus kosmetischen Gründen verwendeten unbestimmten Begriffs „relevant area". Jeder kann sich darunter vorstellen, was er für richtig hält. Alle Bestimmungen des Abkommens sind so gefaßt, daß jede Meinung über den Geltungsbereich gedeckt ist. Es ist nicht einzusehen, warum es den Vertragspartnern nicht gestattet sein sollte, die Bestimmungen des Abkommens selbst so zu interpretieren, wie sie diese verstehen. Was aber die Interpretation durch Dritte angeht, so sind sie an das, was die Vertragspartner meinten, nicht unbedingt gebunden. Es kann ihnen nicht verwehrt werden, sich der üblichen Interpretationsmethoden zu bedienen. Es ist nun *Zivier*[6] in der Ansicht zuzustimmen, daß die Mehrzahl der grammatischen, logischen, systematischen und historischen Gesichtspunkte zugunsten der Annahme spricht, daß unter „relevant area" ganz Berlin und damit auch der Ostteil der Stadt verstanden werden kann[7]. *Schiedermair* ist nicht in der Meinung zu folgen, daß eine solche Interpretation unzulässig sei, weil an einer Stelle des Abkommens die Meinungsverschiedenheiten durch einen vereinbarten Dissens verdeckt würden.

2. Berlin (Ost) unter dem fortgeltenden Viermächtestatus

Indessen wäre es ein Fehler, den Status von Berlin (Ost) allein unter dem Aspekt des Geltungsbereichs des Viermächteabkommens zu betrachten. Denn unabhängig von dieser Frage besteht die Frage nach dem Fortbestand des Viermächtestatus für die Stadt Berlin als ganzer und damit auch für den Ostteil der Stadt. Beide Fragen stehen sicher insofern in einem Zusammenhang, als die Frage des Geltungsbereichs nur deshalb in Streit geraten konnte, weil über die Frage der Fortdauer des

---

6 *Ernst Renatus Zivier*, Zur Interpretation von Kompromißformeln im Viermächteabkommen, ROW 1975, S. 223.
7 *Georg Ress*, in: *Karl Doering/Georg Ress*, Staats- und völkerrechtliche Aspekte der Berlin-Regelung, Frankfurt am Main, 1972, S. 38, und *Hans Heinrich Mahnke*, Zur politisch-rechtlichen Interpretation des Viermächte-Abkommens über Berlin, in: Drei Jahrzehnte Außenpolitik der DDR, herausgegeben von *H. A. Jacobsen* u. a., München, Wien, 1969, S. 129, sind ebenfalls der Ansicht, der Geltungsbereich des Viermächte-Abkommens erstrecke sich auf ganz Berlin, was sich aus der Struktur des Abkommens ergebe.

Siegfried Mampel

Viermächtestatus unter den Vertragspartnern keine Übereinstimmung bestand und auch weiterhin nicht besteht. Der Formelkompromiß in der Präambel und Teil I Abs. 1, 2 und 4 des Viermächteabkommens wurde wegen dieser Meinungsverschiedenheit notwendig, damit an ihr nicht das ganze Vertragswerk scheiterte.

Die Frage der Fortdauer des Viermächtestatus für die ganze Stadt gehört also unzweifelhaft zu den Problemen, über die ebenfalls keine Einigung unter den Vertragspartnern erzielt werden konnte[8]. Mit der Formel in der Präambel des Abkommens „without prejudice to their legal positions" machten sie diesen Dissens deutlich. Indessen kann aus dem Viermächteabkommen auf die Fortdauer des Viermächtestatus geschlossen werden. Denn auch das Londoner Protokoll vom 12. 9. 1944 (mit seinen Ergänzungen vom 14. 11. 1944 und vom 26. 7. 1945[9], das Londoner Protokoll vom 14. 11. 1944 mit seiner Änderung vom 1. 5. 1945 – Beitritt Frankreichs)[10] sowie die Erklärung und die beiden Feststellungen vom 5. 6. 1945[11] als die rechtlichen Grundlagen des Viermächtestatus fallen unter die Wendung in der Präambel:

„Acting on the basis of their quadripartite rights and responsibilities, and of the corresponding wartime and postwar agreements and decisions of the Four Powers, which are not affected;".

Man kann die Formel wagen: Ohne Viermächtestatus kein Viermächteabkommen.

Indessen ist zu beachten, daß das Viermächteabkommen seit 1945 inhaltlich erheblich verändert worden ist. Das gilt in bezug auf beide Teile der Stadt. Auf Einzelheiten braucht hier nicht eingegangen zu werden. Entscheidend ist, daß das Viermächteabkommen von 1971 der tatsächlichen Entwicklung bis zum Tage des Vertragsabschlusses Rechnung trägt. Das ist der Sinn der weiteren Wendung in seiner Präambel:

---

8 AaO., wie Fußnote 4, S. 202.
9 *Herbert Krüger/Dietrich Rauschning*, Die Gesamtverfassung Deutschlands, Nationale und internationale Texte zur Rechtslage Deutschlands, Frankfurt am Main/Berlin, 1962, Nr. 2 I, II und III.
10 AaO., wie Fußnote 9, Nr. 3.
11 AaO., wie Fußnote Nr. 4, 5 I und II.

Status vn Berlin (Ost)

„Taking into account the existing situation in the relevant area."

Hartmut Schiedermair[12] ist in der Ansicht zuzustimmen, daß der Begriff „situation" mehrdeutig ist, weil er sowohl im faktischen als auch im rechtlichen Sinne gemeint sein kann. M. E. ist er im faktischen Sinne auszulegen, jedenfalls was die Lage im Ostteil der Stadt betrifft. Dafür spricht vor allem, daß wegen der unterschiedlichen Rechtspositionen keine Übereinstimmung erzielt werden konnte, was die Lage im Rechtssinne wäre[13]. Es müßte bei einer Auslegung im Sinne von Rechtslage angenommen werden, daß die Westmächte im Viermächteabkommen in bezug auf Berlin (Ost) eine Rechtslage anerkannt hätten, derzufolge ihre Rechte auf den Stand geschrumpft wären, wie er am Tage des Abschlusses des Abkommens tatsächlich bestand. Das Gegenteil ist richtig. Die Westmächte haben wiederholt den Viermächtestatus für ganz Berlin unterstrichen[14]. Am 2.5.1978 wiesen sie, wie schon häufig vorher und später auf die fortdauernde Gültigkeit der Viermächtebestimmungen über die Entmilitarisierung ganz Berlins hin. Sie erklärten, daß ihre Haltung unverändert sei, daß es aber seit 30 Jahren aufgrund sowjetischer Obstruktion der Alliierten Kommandatur nur in den westlichen Sektoren möglich sei, ihre Beschlüsse durchzusetzen[15]. Die Sowjetunion kann sich schon gar nicht darauf berufen, daß die Westmächte in bezug auf Berlin (Ost) eine Rechtslage anerkannt hätten; denn das stände in Widerspruch zu ihrer Ansicht, das Viermächteabkommen gelte nur für Berlin (West).

Indessen ergeben sich auch aus der Anerkennung einer faktischen Lage gewisse Rechtsfolgen. Die Westmächte haben erklärt, daß sie diese respektieren wollen; daran sind sie gebunden. Denn nach ihrer Meinung gilt das Viermächteabkommen für ganz Berlin. Sie könnten sich deshalb nicht auf den Standpunkt stellen, der Begriff „situation" beziehe sich

---

12 AaO., wie Fußnote 2, S. 53, Fn. 135.
13 In bezug auf die Westsektoren kann der Begriff „Situation" dagegen im Rechtssinne verstanden werden, weil insoweit kein Streit darüber besteht, daß die Lage dort rechtlich u. a. durch das Viermächteabkommen geregelt ist.
14 Note der Westmächte an den UNO-Generalsekretär *Waldheim,* Der Tagesspiegel vom 26.4.1975.
15 DIE WELT vom 3.5.1978.

nicht auf den Ostteil der Stadt. Sie würden sich den Vorwurf eines „venire contra factum proprium" zuziehen, wenn sie Rechte im Ostteil der Stadt geltend machen würden, die sie bis zum Abschluß des Viermächteabkommens vom 3.9.1971 nicht ausgeübt oder eine Rechtsverwahrung, insbesondere durch Erhebung eines Protestes, geltend gemacht haben, wie letzteres anläßlich des Baus der Mauer und stets bei Verletzung alliierter Entmilitarisierungsbestimmungen geschehen ist und weiter geschieht. Sicher haben die Westmächte auch insoweit nicht auf solche Rechte verzichtet, aber ihrer Ausübung – abgesehen von der Unmöglichkeit ihrer faktischen Durchsetzung – stände der genannte völkerrechtliche Grundsatz entgegen. Freilich gilt Entsprechendes auch für die Sowjetunion. Wegen deren Rechte und Verantwortlichkeit im Westteil der Stadt genügt der Hinweis, daß sich nach ihrer Auffassung das Abkommen vom 3.9.1971 ausschließlich auf diesen Teil der Stadt bezieht und damit für deren besatzungsrechtlichen Status eine neue Grundlage geschaffen hat. Sie darf danach nicht mehr die Rechte und die Verantwortlichkeit der Westmächte für diesen Teil in Frage stellen, wie sie das, insbesondere in ihrer Note vom 27.11.1958[16], getan hatten.

Wie steht aber die Sowjetunion zur Fortdauer von Rechten und Verantwortlichkeiten der Westmächte im Ostteil der Stadt? Die Antwort darauf ist nicht so eindeutig, wie man geneigt wäre, das aus gewissen ständig wiederholten Erklärungen von ihrer Seite zu schließen.

Sie hat zwar nach dem Abschluß des Viermächteabkommens wiederholt unmißverständlich erklärt, daß es eine „gemeinsame Verwaltung von Groß-Berlin" nicht mehr gebe. So sei aus der gemeinsam von den Ministerien für Auswärtige Angelegenheiten der DDR und der UdSSR herausgegebenen Dokumentensammlung zitiert:

„Was die Frage der gemeinsamen Verwaltung Berlins durch die vier Mächte betrifft, so haben die drei Mächte diese bekanntlich seinerzeit selbst beseitigt, indem sie die Erfüllung der vierseitigen Abkommen und Beschlüsse vereitelten und die Westsektoren Berlins von ihrer natürlichen Umwelt isolierten."

---

16 Dokumente zur Berlin-Frage, 1944–1962, München 1962, Nr. 241 (Chruschtschow-Ultimatum).

Status vn Berlin (Ost)

Aus dem Schreiben der Ständigen Vertretung der UdSSR bei den Vereinten Nationen zur Veröffentlichung von Angaben über Westberlin im Demographischen Jahrbuch der Vereinten Nationen vom 12.5.1975[17].

"Was die Behauptung der amerikanischen Seite über „Groß-Berlin" betrifft, das angeblich bis jetzt einen Viermächtestatus haben soll, ist der sowjetische Standpunkt diesbezüglich wohlbekannt und wurde wiederholt den drei Westmächten zur Kenntnis gegeben .... Die in den ersten Nachkriegsjahren erfolgte gemeinsame Verwaltung Berlins wurde seinerzeit von den drei Westmächten selbst liquidiert, die die Erfüllung der vierseitigen Vereinbarungen und Beschlüsse verletzten und die Westsektoren von ihrer natürlichen Umgebung abtrennten."

Aus der Erklärung des Ministeriums für Auswärtige Angelegenheiten der UdSSR gegenüber der Botschaft der USA zur Einreise von Bürgern anderer Staaten aus Westberlin in die DDR vom 10.3.1977 (gleichlautende Erklärungen wurden gegenüber der britischen und französischen Botschaft abgegeben.)[18].

Ein wesentlicher Umstand fällt auf: Die Sowjetunion setzt in ihren Verlautbarungen den Begriff „Viermächtestatus" geflissentlich mit einer gemeinsamen Verwaltung von ganz Berlin gleich. Sie geht völlig daran vorbei, daß die Westmächte bei ihrer Berufung auf die Fortgeltung des Viermächtestatus nicht die Fortdauer eine gemeinsamen Verwaltung von ganz Berlin geltend machen. Ohnehin bezog sich schon 1945 die gemeinsame Verwaltung von „Groß-Berlin" nur auf die Angelegenheiten, die zentral zu regeln waren. Die Kommandanten aller Sektoren haben im übrigen auch unter dem Dach des Viermächtestatus für ihren jeweiligen Sektor Normsetzungs- und Normdurchsetzungsgewalt ausgeübt[19]. In der Anordnung der Alliierten Kommandatur vom 21.1.1946 (BK/O [46] 45) wurde zur Klarstellung u.a. auf folgendes hingewiesen:

---

17 Ministerium für Auswärtige Angelegenheit der DDR, Ministerium für Auswärtige Angelegenheiten der UdSSR, Das Vierseitige Abkommen über Westberlin und seine Realisierung, Dokumente 1971–1977, Berlin (Ost), 1979, Dokument Nr. 144.
18 AaO., wie Fußnote 17, Nr. 218.
19 *Siegfried Mampel*, Der Sowjetsektor von Berlin, Eine Analyse seines äußeren und inneren Status, Frankfurt am Main/Berlin, 1963, S. 36/37.

Siegfried Mampel

"Gesetze, Erlasse, Verordnungen, Veröffentlichungen, Bestimmungen und Anordnungen der russischen, amerikanischen, französischen und britischen Militärregierungen in den betreffenden Sektoren Berlins haben Gültigkeit nur in solchen Sektoren."[20]

So ist denn auch in Teil I Ziffer 3 des Viermächteabkommens nicht nur von „gemeinsamen", sondern auch von „individuellen" Rechten der „Vier Regierungen" die Rede, die gegenseitig geachtet werden sollen. Darunter sind nicht nur Zutrittsrechte zu verstehen. Von Anfang an hatte das Viermächtestatut eine gemeinsame Verwaltung in diesem modifizierten Sinne zum Gegenstand.

Vor allem aber übersieht die Polemik der Sowjetunion, daß das Viermächtestatut auch andere Rechte als die zu einer gemeinsamen Verwaltung zum Gegenstand hatte, z. B. wechselseitige Zutrittsrechte zu den Sektoren für die Militärpersonen der Besatzungsmächte.

Das Entscheidende ist indessen folgendes:
Die Sowjetunion respektiert nach wie vor gewisse Rechte der Westmächte im Ostteil der Stadt. Im einzelnen wird das noch darzustellen sein. An diesem Faktor muß sich die Sowjetunion messen lassen, auch wenn sie es vorzieht, selbst zu diesen zu schweigen. Sie hat es dem Ersten Sekretär des ZK der SED, *Erich Honecker,* überlassen, in dem bekannten Interview mit dem amerikanischen Journalisten, *C. L. Sulzberger,* auf dessen Frage Stellung zu nehmen:

„Im Vierseitigen Abkommen, oder wie Sie sich ausdrücken, im Viermächteabkommen über Berlin (West) wird davon gesprochen, daß die Rechtspositionen der vier Mächte unberührt bleiben. Aber wir sind ja Menschen, die Realitäten achten, so daß wir vom letzten vierseitigen Abkommen der vier Mächte ausgehen, das Berlin (West) bzw. die Westsektoren Berlins betrifft. Ausgehend von diesem Vierseitigen Abkommen über Berlin (West) sehen wir auch das ganz Neue, das sich inzwischen entwickelt hat. Das hat nichts damit zu tun, daß wir bestimmte Praktiken, die noch vorhanden sind, akzeptieren. Aber das sind Fragen zwischen den vier Mächten."[21]

Sehr klar sind diese Ausführungen nicht. Immerhin stellt *Honecker* eine Verbindung her zwischen dem Abkommen vom 3. 9. 1971, das sich nach

---

20 Verordnungsblatt von Groß-Berlin 1946, S. 34.
21 Neues Deutschland vom 25. 11. 1972, S. 3.

Status vn Berlin (Ost)

seiner Meinung nur auf Berlin (West) bezieht, und den noch vorhandenen Praktiken, die im Ostteil der Stadt von den Westmächten ausgeübt werden. Wenn er im übrigen auf die Beziehungen zwischen den vier Mächten verweist, so zeigt er damit, daß auch er der bestehenden Lage Rechnung trägt; denn vom Standpunkt des Chefs der Staatspartei der DDR aus müßte eine Frage, die die „Hauptstadt der DDR" angeht, die Beziehungen der DDR und nicht der Sowjetunion zu den Westmächten betreffen. Damit scheinen die gewundenen Erklärungen *Honecker*s zu ergeben, daß er eine gewisse verbliebene Zuständigkeit der Sowjetunion im Verhältnis zu den Westmächten hinsichtlich des Ostteils der Stadt annimmt, weil das die Sowjetunion so will. Wo sollte diese Zuständigkeit aber anders herkommen als aus dem Viermächtestatus?

Sicher ist, daß es derartige „Praktiken" der Westmächte in Berlin (Ost) gibt, und daß sie von der östlichen Seite, der Sowjetunion und ihrem Gefolge von der DDR „akzeptiert" werden. Ob freilich mit der Verwendung des Begriffs „akzeptieren" die Hinnahme eines faktischen Zustandes oder im Umfange der „Praktiken" die Anerkennung einer Rechtsposition der Westmächte bedeuten, ist unklar. Ursache für die Unklarheit ist letzlich das Schweigen der Sowjetunion verbunden mit ihrem Ausweichen auf ein Gleichsetzen des Viermächtestatus mit einer gemeinsamen Verwaltung. Offenbar will die Sowjetunion hier eine Grauzone aufrechterhalten, aus der heraus sie je nach der politischen Lage nach der einen oder der anderen Seite operieren kann. Trotz dieses Nebels ist erkennbar, daß ohne Rücksicht auf die Frage des Geltungsbereichs des Viermächteabkommens vom 3.9.1971 die in der Präambel und des Teils I Ziffer 4 verwendeten Formeln „the existing situation" bzw. „the situation, which has developed" (die bestehende Lage bzw. die Lage, die sich entwickelt hat) von Gewicht ist, auch für die Frage, in welchem Maße der Viermächtestatus im Zeitpunkt des Abschlusses des Abkommens räumlich und sachlich ohne Rücksicht auf die Unterschiede in den Rechtsauffassungen noch Wirksamkeit entfaltete.

Das rechtfertigt, bei der Untersuchung der Lage von Berlin (Ost) ohne Rücksicht darauf, ob das Viermächteabkommen vom 3.9.1971 für diesen Teil der Stadt gilt oder nicht, von der zum Zeitpunkt des Abschlusses des Abkommens bestehenden Lage auszugehen, und sodann zu prüfen, inwieweit sich diese Lage verändert hat. Eine rechtliche Wertung soll sich anschließen.

Siegfried Mampel

3. Die Lage in Berlin (Ost) bei Abschluß des Viermächteabkommens und ihre Veränderung während der zehnjährigen Vertragsdauer

3.1 nach dem Recht der DDR

Die Lage in Berlin (Ost) nach DDR-Recht bei Abschluß des Viermächteabkommens, also am 3.9.1971, kann mit wenigen Sätzen skizziert werden.

Nach Art. 1 Satz 3 der DDR-Verfassung von 1968[22] ist Berlin die Hauptstadt der DDR[23]. Freilich konnte schon seit Gründung der DDR nur der Ostteil der Stadt die Funktion einer Hauptstadt ausüben. Die einfache Gesetzgebung trug dem Rechnung, so etwa § 1 Abs. 2 GöV[24]. Im übrigen gilt: Zur Zeit des Abschlusses des Viermächteabkommens am 3.9.1971 bestand zwischen dem Ostteil der Stadt Berlin mit ihren acht Stadtbezirken und der DDR nicht nur völlige Einheit des Rechts-, Wirtschafts-, Finanz-, Verteidigungs- und Sicherheitssystems, sondern dieser war bereits ein Bestandteil – man kann sagen: a constituent part – konstitutiver Bestandteil – der DDR[25] und wurde von ihr regiert. Nur wenige Besonderheiten waren zu verzeichnen, die daran erinnerten,

---

22 Vom 6.4.1968 (GBl. I 199), unverändert in der Fassung vom 7.10.1974 (GBl. I 432).
23 Damit folgte die sozialistische Verfassung der DDR der Gründungsverfassung vom 7.10.1949 (GBl. S. 5). Schon vor der Gründung der DDR hatten die zentralen Behörden der sowjetisch besetzten Zone und die Vorstände der Parteien und Massenorganisationen im Sowjetsektor ihren Sitz.
24 Gesetz über die örtlichen Volksvertretungen und ihre Organe in der Deutschen Demokratischen Republik vom 12.7.1973 (GBl. I 313). Das hinderte freilich nicht, daß noch im Jahre 1976 Ausweise für Abgeordnete der Stadtverordnetenversammlung von Groß-Berlin ausgestellt wurden (Bekanntmachung über die Gestaltung der Ausweise für Abgeordnete und Nachfolgekandidaten der Bezirkstage vom 4.11.1976, GBl. I 486). Erst nach den Wahlen im Jahre 1981 wurden Ausweise für die „Abgeordneten der Stadtverordnetenversammlung von Berlin, Hauptstadt der DDR" ausgestellt (Bekanntmachung über die Gestaltung der Ausweise für Abgeordnete und Nachfolgekandidaten der Stadtverordnetenversammlung von Berlin, Hauptstadt der DDR, und der Bezirkstage vom 5.6.1981, GBl. I 269.).
25 „Berlin ist die Hauptstadt der Deutschen Demokratischen Republik. Sie ist ein integraler Bestandteil unseres Staates und hat keinen anderen Status als jedes beliebiges andere Territorium der DDR", so *Erich Honecker,* Generalsekretär des ZK der

Status vn Berlin (Ost)

daß auch der Ostteil von Berlin einmal unstreitig zu dem besonderen Besatzungsgebiet „Groß-Berlin" unter Viermächteverwaltung gehört hatte. Zu dieser Lage war es etappenweise gekommen. Die wesentlichen Stationen der Entwicklung waren[26];

1. die administrative Spaltung der Stadt im Jahre 1948,
2. die Unterstellung der Organe des Ostteils der Stadt unter die zentralen Organe der DDR im Jahre 1957[27],
3. der Erlaß des Staatsrates der DDR „Ordnung über die Aufgaben und die Arbeitsweise der Stadtverordnetenversammlung von Groß-Berlin und ihrer Organe" vom 7.9.1961[28], in der dem Ostteil der Stadt die Funktion eines Bezirks der DDR zugeteilt wurde,
4. der Bau der Mauer am 13.8.1961,
5. die Übernahme des Verteidigungsgesetzes der DDR[29] und anderer dem Militärwesen dienenden gesetzlichen Bestimmungen durch die Stadtverordnetenversammlung[30],
6. Auflösung der sowjetischen Kommandantur im Ostteil der Stadt am 22.8.1962[31] und Ernennung eines Offiziers der Nationalen Volksarmee der DDR zum Stadtkommandanten am 23.8.1962[32].

SED und Vorsitzender des Staatsrates sowie des Nationalen Verteidigungsrates der DDR im Interview des stellvertretenden Chefredakteurs der „Saarbrücker Zeitung", *Erich Vollmer,* am 17. Februar 1977, auch in „Nationalzeitung" (Berlin-Ost) vom 22.2.1977. Fast gleichlautend ist die Erklärung des Ministeriums für Auswärtige Angelegenheiten der UdSSR vom 10.3.1977 (aaO. wie Fußnote 17, Dokument Nr. 218).

26 Einzelheiten bis 1962 bei: *Siegfried Mampel,* aaO., wie Fußnote 19.
27 Gesetz zur Übernahme des Gesetzes über die örtlichen Organe der Staatsmacht vom 28.1.1957 (VOBl. I 69) und Beschluß der Volksvertretung von Groß-Berlin über die Anwendung des Gesetzes der Volkskammer der Deutschen Demokratischen Republik über die Rechte und Pflichten der Volkskammer gegenüber den örtlichen Volksvertretungen vom 28.1.1957 (VOBl. I 77).
28 Sonderdruck des GBl. Nr. 341.
29 Vom 20.9.1961 (GBl. I 175).
30 Verordnung zur Übernahme des Verteidigungsgesetzes, des Wehrpflichtgesetzes, des Militärstrafgesetzes und des Gesetzes zur Ergänzung des Gerichtsverfassungsgesetzes und des Gesetzes über die Staatsanwaltschaft vom 26.1.1962 (Verordnungsblatt von Groß-Berlin 145).
31 Neues Deutschland vom 23.8.1962.
32 Neues Deutschland vom 24.8.1962.

Siegfried Mampel

Auf der Ebene des DDR-Rechts waren folgende Besonderheiten verblieben:

1. Die Bestellung der Vertretung des Ostteils von Berlin der Volkskammer war abweichend von der der anderen Mitglieder der Volkskammer geregelt. Die 66 Ostberliner Volkskammerabgeordneten wurden nicht unmittelbar gewählt, sondern von der Stadtverordnetenversammlung des Ostteils von Berlin bestimmt[33].

2. Für den Ostteil der Stadt bestand ein besonderes Verkündungsblatt, das „Verordnungsblatt für Groß-Berlin", als Indiz dafür, daß Rechtsnormen zu ihrer Wirksamkeit im Ostsektor der Promulgation darin bedürfen. Es gab zur Zeit des Abschlusses des Viermächteabkommens zwar schon längst nicht mehr die Parallelgesetzgebung, sondern die gesetzlichen Bestimmungen der DDR wurden durch Übernahmeverordnung des Magistrats, ohne Rücksicht auf die Form (Erlaß des Staatsrates, Gesetz der Volkskammer, Verordnung des Ministerrates, Anordnung eines Ministers oder anderen Leiters eines zentralen Staat-Anordnung eines Ministers oder anderen Leiters eines zentralen Staatsorgans) für Berlin (Ost) in Kraft gesetzt. Indessen gab es auch Rechtsnormen der DDR, die ohne besondere Verkündigung im Verordnungsblatt im Ostteil der Stadt galten, vor allem Erlasse des Staatsrates. Dazu gehören der erwähnte Staatsratserlaß vom 7.9.1961[33a] sowie vor allem die Verfassung der DDR von 1968. Nach ihrem Inkrafttreten wurde die Praxis vereinfacht. Die gesetzlichen Bestimmungen wurden nicht mehr einzeln für den Ostteil der Stadt übernommen und die Übernahmeverordnung verkündet, sondern es gab nur noch Sammelübernahmen unter dem Titel „Übernahme gesetzlicher Vorschriften". Auch wurde der Wortlaut der gesetzlichen Bestimmung im Verordnungsblatt nicht mehr

---

33 § 7 Abs. 2 Gesetz über die Wahlen zu den Volksvertretungen der Deutschen Demokratischen Republik (Wahlgesetz) vom 31.7.1963 (GBl. I 97) in der Fassung der Änderungsgesetze vom 13.9.1965 (GBl. I 207), vom 2.5.1967 (GBl. I 57) und vom 17.1.1969 (GBl. 1970 I 1).
33a A.a.O. von Fußnote 28

Status vn Berlin (Ost)

veröffentlicht, sondern es wurde deswegen auf das Gesetzblatt der DDR verwiesen[34].

3. An den Straßen vom Ostteil der Stadt nach der DDR bestanden Kontrollposten der Deutschen Volkspolizei.

Nach zehnjähriger Vertragsdauer besteht von diesen „Besonderheiten" nicht eine einzige mehr. Im einzelnen verlief die Entwicklung wie folgt:

1. Bei den Volkskammerwahlen am 14.6.1981 wurden die Abgeordneten auch im Ostteil der Stadt unmittelbar gewählt. Die Wahl erfolgte in den fünf Wahlkreisen[35]. Gewählt wurden insgesamt 40 Abgeordnete (Treptow/Köpenick 8, Mitte/Friedrichshain 7, Marzahn/Lichtenberg 11, Prenzlauer Berg 6, Weissensee 8 Abgeordnete), so daß sich die Zahl der Ostberliner Volkskammerabgeordneten entsprechend dem Verhältnis der Bevölkerungszahl zwischen Berlin (Ost) und der DDR um 26 vermindert (zuvor 66).

Vorangegangen war im Juni 1979 eine Änderung des Wahlgesetzes von 1976[36]. Indessen wurden bereits in der im amtlichen Handbuch der Volkskammer (6. Wahlperiode beginnend am 17.11.1971) veröffentlichten Liste der Mitglieder der Fraktionen (SED, CDUD, LDPD, NDPD, FDGB, DBD, DFD, FDJ und DKB)[37] die Ostberliner Vertre-

---

34 So erstmals im Verordnungsblatt von Groß-Berlin vom 20.6.1968 (S. 393). Wegen der Entwicklung im einzelnen: *Siegfried Mampel,* Die sozialistische Verfassung der Deutschen Demokratischen Republik, Text und Kommentar, Frankfurt am Main, 2. Auflage, 1982, Art. 1 Rz 79–85.

35 Beschluß des Staatsrates der Deutschen Demokratischen Republik über die Wahlkreise und die Zahl der in den Wahlkreisen zu wählenden Abgeordneten für die Wahlen zur Volkskammer der Deutschen Demokratischen Republik vom 14. Juni 1981 vom 16.3.1981 (GBl. I 98).

36 Gesetz zur Änderung des Wahlgesetzes vom 28.6.1979 (GBl. I 319), durch den § 7 Abs. 1 des Wahlgesetzes von 1976 die Fassung erhielt: „Die Volkskammer besteht aus 500 Abgeordneten". Damit ist wie in Art. 54 der Verfassung von 1968/1974 nunmehr offengelassen, wie die Bestellung der Ostberliner Volkskammerabgeordneten vorgenommen werden soll. Ein Kommentar von DDR-Seite wurde dazu nicht abgegeben. Aus der Änderung des Wahlgesetzes konnte jedoch bereits 1979 unschwer auf eine Änderung des Bestellungsverfahrens geschlossen werden.

37 Die Volkskammer der Deutschen Demokratischen Republik (6. Wahlperiode), Berlin (Ost), 1972, S. 95–103.

Siegfried Mampel

ter nicht mehr getrennt von den in der DDR gewählten Abgeordneten aufgeführt. Das stand im Gegensatz zu der vorher geübten Praxis[38] und wurde im Handbuch der 7. Wahlperiode (beginnend am 17.10.1976)[39] fortgeführt.

2. Im September 1976 wurde das Erscheinen des „Verordnungsblattes von Groß-Berlin" endgültig eingestellt[40], nachdem es schon nach dem Inkrafttreten der DDR-Verfassung von 1968 einige Monate lang nicht mehr erschienen war[41]. Eine offizielle Begründung wurde nicht gegeben. In dem erwähnten Interview mit einer westdeutschen Zeitung erklärte der Generalsekretär des ZK der SED und Vorsitzende des Staatsrates der DDR, *Erich Honecker,* am 17.2.1977 jedoch, dies sei aus Papierersparnis geschehen[42].

3. Die Kontrollposten an den Übergängen von Berlin (Ost) nach der DDR wurden am 1.1.1977 aufgehoben. In dem erwähnten Interview erklärte *Honecker* dazu, ohne eine Begründung zu geben, es handele sich dabei um eine innere Angelegenheit der DDR.

4. Zusätzlich ist eine Veränderung im Ostteil der Stadt zu behandeln, die die territoriale Gliederung dort betraf. Wenn es sich dabei auch zweifellos um eine wichtige und damit hier darzustellende Veränderung handelt, so muß doch zunächst offenbleiben, ob diese auch die Lage im Sinne des Viermächteabkommens betroffen hat.

Im Frühjahr 1979 wurde die Zahl der acht Stadtbezirke im Ostteil der Stadt um einen vermehrt[43]. Der neunte Stadtbezirk Berlin-Marzahn wurde aus dem Stadtbezirk Berlin-Lichtenberg ausgegliedert. Im

---

38 Die Volkskammer der Deutschen Demokratischen Republik (5. Wahlperiode), Berlin (Ost), 1968, S. 126–135 und früher.
39 Die Volkskammer der Deutschen Demokratischen Republik (7. Wahlperiode), Berlin (Ost), 1977, S. 62–71.
40 Letzte Ausgabe vom 20.9.1976 (Nr. 18/1976).
41 Vom 8.4.1968 (Teil I) bzw. 5.4.1968 (Teil II) bis zum Wiedererscheinen am 20.6.1968.
42 AaO., wie Fußnote 25.
43 Die Planung geht mindestens auf das Jahr 1976 zurück (Berliner Zeitung vom 4.5.1976 und 21.10.1976).

Status vn Berlin (Ost)

Januar 1979 wurde zunächst eine neue SED-Kreisorganisation gebildet, für die am 28.1.1979 eine Kreisdelegiertenkonferenz stattfand. Auf dieser wurde eine SED-Kreisleitung gewählt[44]. Auf ihrer 11. Tagung am 30.3.1979 wählte die Stadtverordnetenversammlung von Berlin (Ost) *Hermann Wern* als „Mitglied des Magistrats von Berlin" und bestätigte dessen „Berufung zum Stadtrat und Leiter der Aufbauleitung Berlin-Marzahn"[45]. Ein spezieller Beschluß der Stadtverordnetenversammlung von Berlin (Ost) über die Bildung des neuen Stadtbezirks, der unter Bestätigung durch den Ministerrat nach § 72 Abs. 1 GöV[46] erforderlich gewesen wäre, ist nicht bekannt geworden. Indessen ging aus der Wahlbekanntmachung des amtierenden Oberbürgermeisters des Ostteils der Stadt hervor, daß die Stadtverordnetenversammlung ebenfalls am 30.3.1979 über die Anzahl der Abgeordneten für die neu zu wählende Stadtbezirksversammlung Berlin-Marzahn, die Wahlkreise und die Anzahl der in den einzelnen Wahlkreisen anläßlich der Wahlen zu den örtlichen Volksvertretungen am 20.5.1979 zu wählenden Abgeordneten beschlossen hatte[47]. Es kann davon ausgegangen werden, daß in diesem Beschluß auch die formelle Entscheidung über die Bildung des neuen Stadtbezirks enthalten ist. Es ist aber durchaus zulässig, anzunehmen, daß mit den „Wahlen" zu der Volksvertretung dort die Bildung vollzogen würde. Jedenfalls wurde am 20.5.1979 auch eine Stadtbezirksversammlung Berlin-Marzahn gewählt, die später ihre Organe (Rat des Stadtbezirks, Kommissionen) bildete. Auch eine entsprechende Verwaltung, in Fachorgane gegliedert, wurde eingerichtet.

5. Erwähnenswert ist ferner, daß seit dem 11.2.1974 der Oberbürgermeister von Berlin Mitglied des Ministerrates der DDR ist. Damals wurde ein Minister in dieses Amt gewählt. Dieser war bis dahin Minister für Bezirksgeleitete Industrie und Lebensmittelmittelindustrie gewesen. Dieses Ressort gab er auf, blieb aber Mitglied des Ministerrates und

---

44 Neues Deutschland vom 29.1.1978.
45 Neues Deutschland vom 31..3./1.4.1979. Zuvor war vom 25.10.1976 bis 14.7.1978 ein „Stadtrat und Leiter der Arbeitsgruppe 9. Bezirk" tätig gewesen.
46 AaO., wie Fußnote 24.
47 Neues Deutschland vom 31.3./1.4.1979.

wurde auch am 26.6.1981 bei der Neuwahl des Ministerrates wieder zum Mitglied gewählt[47a].

3.2 nach alliiertem Recht

Zur Zeit des Abschlusses des Viermächteabkommens konnten die Westmächte im Ostteil nur noch wenige Rechte ausüben. Daran hat sich während der zehnjährigen Vertragsdauer nichts geändert. Es handelt sich nur um folgende:

1. Militärpersonen der Westmächte können in Uniform dienstlich und privat den Ostteil der Stadt betreten, freilich nur an den von der DDR festgelegten Übergängen, und sich dort unbehindert bewegen. (Zivilpersonen der Westmächte unterliegen den gleichen Regelungen wie „Ausländer und Staatenlose". Darüber werden unter 3.3.2. Einzelheiten dargestellt.)

2. Militärische und zivile Flugzeuge, die in den USA, Großbritannien und Frankreich registriert sind, können sich im Luftraum über dem Ostteil der Stadt unter der Kontrolle der alliierten Luftsicherheitszentrale, bewegen. Diese Behörde besteht unverändert seit ihrer Errichtung im Jahre 1945 weiter, hat aber ihren Sitz in Berlin (West).

3. Ebenfalls im Westteil der Stadt, nämlich im Bezirk Spandau, befindet sich das Kriegsverbrechergefängnis mit dem noch einzigen Insassen *Rudolf Heß*. Es wird immer noch gemeinsam von den Siegermächten des Zweiten Weltkrieges betrieben und bewacht. Da es ohne Bezug auf den Ostteil von Berlin ist, kann es hier außer Betracht bleiben.

3.3 Änderungen im Grenzregime

1. Die Mindestumtauschsätze, die bei Unterzeichnung der Reise- und Besuchsvereinbarung durch den Senat (von Berlin) und der Regierung der DDR am 20.12.1971[48] für Besucher aus den Westsektoren im Ostteil der Stadt und der DDR von den DDR-Behörden auf 5 DM bei einem Tagesbesuch, auf 10 DM bei einem Aufenthalt von zwei Tagen und bei

---

[47a] Neues Deutschland vom 27./28.6.1981.
[48] AaO., wie Fußnote 4, S. 346.

Status vn Berlin (Ost)

Besuchen von drei und mehr Tagen auf 10 DM pro Tag festgesetzt, aber schon bei Inkrafttreten der Berlin-Regelung am 3. 6. 1972 insofern geändert worden waren, als die Sonderregelungen für Tagesaufenthalte und Zweitagebesuche in der DDR (nicht im Ostteil der Stadt) entfiel[49], wurden am 5. 11. 1973 erheblich erhöht[50] (auf 20 DM pro Tag im allgemeinen, auf 10 DM für einen Tagesaufenthalt im Ostteil der Stadt.) Im November 1974 wurden die Sätze auf 13 DM je Aufenthaltstag in der DDR und auf 6,50 DM bei einem Tagesaufenthalt in Berlin (Ost) ermäßigt[51]. Mit Wirkung vom 13. 10. 1980 an wurden die Mindestumtauschsätze wiederum drastisch auf 25 DM pro Tag für einen Besuch in der DDR einschließlich des Ostteils von Berlin erhöht. Die bisherige Befreiung für Rentner entfiel[52].

2. Mit Wirkung vom 1. 1. 1977 an wurde die Einreiseregelung für Ausländer und Staatenlose geändert. Bis dahin hatten diese Personenkreise zur Einreise nach Berlin (Ost) eine Bescheinigung erhalten, die zu einem Aufenthalt von 24 Stunden dort berechtigt hatte[53]. Aufgrund der Dreizehnten Durchführungsbestimmung zum Paß-Gesetz der Deutschen Demokratischen Republik vom 17. 12. 1976[54] benötigen sie nunmehr ein Visum, das am Grenzübergang gegen eine Gebühr erteilt wird und um 24 Uhr des Ausstellungstages seine Gültigkeit verliert. Diese Regelung gilt auch für die Staatsangehörigen der USA, Großbritanniens und Frankreichs. Damit sind „Ausländer und Staatenlose" beim Betreten

---

49 AaO., wie Fußnote 4, S. 258.
50 Anordnung über die Durchführung eines verbindlichen Mindestumtausches von Zahlungsmitteln vom 5. 11. 1973 (GBl. I 51).
51 Anordnung über die Durchführung eines verbindlichen Mindestumtausches von Zahlungsmitteln vom 5. 11. 1974 (GBl. I 497).
52 Anordnung über die Durchführung eines verbindlichen Mindestumtausches von Zahlungsmitteln vom 9. 10. 1980 (GBl. I 291). Die Befreiung der Rentner, die mit der Anordnung vom 5. 11. 1973 (Fußnote 50) entfallen war, war durch Anordnung vom 10. 12. 1974 wieder eingeführt worden (Neues Deutschland vom 11. 12. 1974).
53 AaO., wie Fußnote 4, S. 87.
54 GBl. I 553.

des Ostteils der Stadt vom Westteil aus den Deutschen mit Wohnsitz in der Bundesrepublik Deutschland gleichgestellt[55].

4. Wertung

4. Die Veränderung der Lage im Lichte des Veränderungsverbotes im Viermächteabkommen

Geht man von der m. E. zutreffenden Meinung aus, das Viermächteabkommen gelte für ganz Berlin, soweit seine Geltung nicht ausdrücklich auf die Westsektoren beschränkt ist (Teil II), so gilt auch in bezug auf den Ostteil der Stadt die Pflicht, die Lage, die sich in diesem Gebiet entwickelt hat und wie sie in diesem Abkommen sowie in den anderen in diesem Abkommen genannten Vereinbarungen definiert ist, nicht einseitig zu verändern (the situation which has developed in the area, and it is defined in this Agreement as well as in the other agreements referred to in this Agreement, shall not to be changed unilaterally) in Teil I, Ziffer 4 – im folgenden nicht ganz treffend, aber kurz „Veränderungsverbot" genannt.

Alle hier aufgeführten Veränderungen in Berlin (Ost) erfolgten ohne Zustimmung der Westmächte, also einseitig. Indessen bezieht sich das Veränderungsverbot eben nur auf die Lage, die sich in diesem Gebiet entwickelt hat und wie sie im Viermächteabkommen sowie den anderen in diesem Abkommen genannten Vereinbarungen definiert ist. Wenn auch die Vereinbarungen der vier Siegermächte, die den Viermächtestatus von Groß-Berlin begründeten, im Viermächteabkommen an keiner Stelle im einzelnen aufgeführt sind, kann doch kein Zweifel darüber bestehen, daß sie unter die globale Bezugnahme des Viermächteabkommens fallen.

---

55 § 4 Abs. 3 Fünfte Durchführungsbestimmung zum Paßgesetz der Deutschen Demokratischen Republik vom 11. 6. 1968 (GBl. II 331) in der Fassung der zehnten Durchführungsbestimmungen vom 17. 10. 1972 (GBl. II 653), der elften Durchführungsbestimmung vom 17. 10. 1972 (GBl. II 653) und der zwölften Durchführungsbestimmung vom 14. 6. 1973 (GBl. I 271).

Status vn Berlin (Ost)

Nun ist, wie schon oben (Teil II) ausgeführt, der Viermächtestatus seit 1945 inhaltlich insofern modifiziert, als in Fragen, die nicht zentrale, sondern ausschließlich sektorale Belange betrafen, die Sektorenkommandanten eine auf ihre Sektoren beschränkte, eigene Normsetzungs- und Normdurchsetzungskompetenz hatten. Nahmen sie diese wahr, handelten sie im Rahmen des Viermächtestatus. Insoweit waren schon damals einseitige Veränderungen gestattet. Daran konnte auch das Viermächteabkommen nichts ändern, weil der Viermächtestatus nur mit diesem modifizierten Inhalt zur Lage am 3.9.1971 gehörte.

Freilich ist auch zu beachten, daß es sich bei der dargestellten speziellen Zuständigkeit der Sektorenkommandanten gegenüber der allgemeinen gemeinsamen Zuständigkeit um eine Ausnahme handelt. Sie kann daher nur dann gegeben sein, wenn die Veränderung eine Sachlage betrifft, die ohne jede Beziehung zur Gesamtsituation Berlins steht und die anderen Sektoren in keiner Weise betrifft.

Unter diesem Aspekt kann die Bildung eines neuen Stadtbezirks im Ostteil Berlins als eine Angelegenheit angesehen werden, die ohne Beziehungen zur Gesamtsituation Berlins steht und auch die anderen Sektoren nicht betrifft. Es könnte zwar eingewandt werden, daß die territoriale Gliederung von Groß-Berlin im Londoner Protokoll und in den Ergänzungsabkommen dazu[56] deswegen festgeschrieben ist, weil darin zwanzig Bezirke namentlich aufgeführt sind, davon acht für den sowjetisch besetzten Sektor. Aber die namentliche Erwähnung der zwanzig Bezirke hat doch nur die Bedeutung, daß so die Sektoren leichter zu bestimmen und abzugrenzen waren. Eine Bestandsgarantie sollte damit sicher nicht gegeben werden. Veränderungen in der Anzahl sind damit nach den alliierten Vereinbarungen nicht ausgeschlossen, sofern nur die Grenzen zwischen den Sektoren und die Grenze zwischen ganz Berlin und den umgebenden Gebieten, also der DDR, nicht betroffen sind. Der neue Ostberliner Stadtbezirk Berlin-Marzahn wurde indessen auf dem Gebiet des Ostteils der Stadt gebildet. Es wurden nur Bezirksgrenzen innerhalb dieses Teiles von Berlin geändert. Deshalb bedeutet die Bildung dieses Stadtbezirks zwar eine Veränderung der

---

56 AaO., wie Fußnote 9, 10 und 11.

Siegfried Mampel

Lage, nicht aber einer solchen, die unter das Verbot von Teil I, Ziffer 4 fällt. Die Westmächte haben, soweit übersehbar, auch keine Einwendungen gegen die Bildung von Berlin-Marzahn als neunten Stadtbezirks im Ostteil der Stadt erhoben[56a].

Alle übrigen geschilderten Veränderungen betrafen aber die Lage, die nach Teil I, Ziffer 4 des Abkommens nicht verändert werden darf. Das gilt ebenso für die Einstellung des Verordnungsblattes wie die Abschaffung der Kontrollen an den Übergängen von Berlin (Ost) zur DDR, wie zwischen den Ämtern des Oberbürgermeisters und eines Mitglieds des Ministerrates der DDR und vor allem die Einführung der Direktwahl der Volkskammerabgeordneten aus Berlin (Ost). Denn sie stellten die letzten Schritte dar, durch welche die Einbeziehung des Ostteils von Berlin in die DDR vollendet wurde – möge man sie nun Annexion oder Integration nennen. Jeder Schritt dieser Einbeziehung war dazu bestimmt, nach und nach mehr und mehr den Ostteil der Stadt faktisch dem Einfluß der Westmächte zu entziehen und die Herrschaft der DDR auf ihn zu erstrecken. Die praktisch bedeutungsvollsten, deshalb auch schmerzlichsten und spektakulärsten Eingriffe waren die administrative Spaltung der Stadt im Jahre 1948 und der Bau der Mauer im Jahre 1961. Der rechtlich wichtigste Eingriff war indessen die Unterstellung der Verwaltung von Berlin (Ost) unter die zentralen Behörden der DDR. Damit hatten Volkskammer, Staatsrat und Ministerrat der DDR auf der Ebene des deutschen Rechts die Gewalt auch über einen Teil Berlins gewonnen, wenn auch diese noch unter Besonderheiten ausgeübt werden mußte[57]. Freilich sind solche nicht in der Wendung des Übernahmegesetzes vom 28.1.1957[58] zu sehen, das DDR-Gesetz über die örtlichen

---

[56a] Erinnert sei daran, daß der amerikanische Stadtkommandant am 15.7.1945 den von der sowjetischen Besatzungsmacht am 5.6.1945 aus dem Stadtbezirk Wilmersdorf herausgelösten und für selbständig erklärten Stadtbezirk Friedenau wieder in den Stadtbezirk Wilmersdorf eingegliedert, also ebenfalls ohne Mitwirkung der anderen Alliierten gehandelt hatte (Berlin, Kampf um Freiheit und Selbstverwaltung 1945–1946, Chronik, herausgegeben vom Senat von Berlin, 2. ergänzte und erweiterte Auflage, Berlin 1961, S. 51, 130, 131).

57 *Siegfried Mampel,* aaO., wie Fußnote 19, S. 336.

58 AaO., wie Fußnote 27.

Status vn Berlin (Ost)

Organe der Staatsmacht gelte dort nur „unter Berücksichtigung des Aufbaus und der Stellung der staatlichen Organe von Groß-Berlin". Damit wurden nur den Eigenheiten Rechnung getragen, die sich daraus ergeben, daß sich der Ostteil von Berlin von den anderen Großstädten durch seine Größe unterscheidet, aber auch durch seine Bedeutung als „Hauptstadt". Dazu gehört, daß der Ostteil von Berlin trotz seines Charakters als Stadt wie ein Bezirk der DDR gestellt ist und sein „verfügendes-vollziehendes Organ" nicht Rat, sondern Magistrat genannt wird (seine Volksvertretung heißt dagegen wie im Stadtkreis „Stadtverordnetenversammlung"). Trotzdem mag seinerzeit die erwähnt Floskel dazu beigetragen haben, daß die Vorgänge im Jahre 1957 kaum Aufsehen erzeugten. Auch von den Westalliierten wurden sie, soweit feststellbar, ohne Rechtsverwahrung hingenommen. Deshalb muß die im Jahre 1957 entstandene Lage zu der Situation gerechnet werden, die sich im Ostteil der Stadt bis zum Abschluß des Viermächteabkommens entwickelt hat und nach dem Abkommen von den Westmächten faktisch hingenommen wird. Trotz der Bedeutung, die die Unterstellung der Behörden des Ostsektors von Berlin unter die zentralen Instanzen der DDR im Jahre 1957 hat, dürfen die weiteren Veränderungen aber nicht bagatellisiert werden. Das gilt insbesondere für die, welche nach dem Abschluß des Viermächteabkommens vorgenommen wurden. Mögen sie in Anbetracht dessen, was bereits früher passierte, geringfügig erscheinen, sie bedeuten eben die letzten Schritte zur totalen Integration des Ostteils der Stadt auf der Ebene des deutschen Rechts. Das gilt im gleichen Maße für die Einstellung des „Verordnungsblattes für Groß-Berlin", wie für die Direktwahl der Berliner Volkskammerabgeordneten, wie für die Aufhebung der Kontrollen an den Übergängen von Berlin (Ost) in die DDR. Mit der Personalunion zwischen den Ämtern des Oberbürgermeisters und eines Mitglieds des Ministerrates ist im Ostsektor sogar eine engere Verbindung geschaffen worden, als sie zu den Räten der Bezirke besteht. So muß mit Nachdruck festgestellt werden, daß diese Vorgänge unter das Veränderungsverbot fallen, freilich immer unter der Voraussetzung, das Viermächteabkommen gelte auch im Ostteil der Stadt.

Was nun das Regime an den Übergängen von den Westsektoren in den Ostsektor angeht, also an den Durchlässen durch die Mauer, so fallen Veränderungen ebenfalls unter das Verbot des Teil 1, Ziffer 4 des Viermächteabkommens. Es handelt sich dabei keineswegs um eine

Siegfried Mampel

„innere Angelegenheit der DDR" bzw. ihrer „Hauptstadt", denn es sind Maßnahmen, die auch die Westsektoren betreffen, weil die Besucher des Ostsektors von dort her ihren Weg nehmen. Deshalb war die Einführung des Visazwanges für Ausländer und Staatenlose sowie die Erhöhung der Mindestumtauschsätze Vorgänge, die unter das Veränderungsverbot fallen. Indessen wurde von ihnen eine weitere Bestimmung des Viermächteabkommens betroffen, deren Geltung unbestritten ist. Nach Teil II C Satz 1 hat sich die Regierung der Sowjetunion verpflichtet, „daß die Kommunikationen zwischen den Westsektoren Berlins und Gebieten, die an diese Sektoren grenzen, sowie denjenigen Gebieten der Deutschen Demokratischen Republik, die nicht an diese Sektoren grenzen, verbessert werden" („The Government of the Union of Soviet Socialist Republics declares that communications between the Western Sectors of Berlin and areas bordering on these Sectors and those areas of the German Democratic Republic which do not border on these Sector will be improved."); es handelt sich hier um Berlin (West), den Ostteil der Stadt sowie die DDR. Die dargestellten Veränderungen im Grenzregime (Einführung der Visapflicht für Ausländer und Staatenlose, Erhöhung der Mindestumtauschsätze) stellen eine Verletzung der Verpflichtung der Sowjetunion dar, auch wenn sie formal auf Akten von seiten der DDR beruhen. Denn wenn die konkreten Regelungen, die die Reisen, die Kommunikationen und den hier nicht interessierenden Gebietsaustausch betreffen, von den zuständigen deutschen Behörden vereinbart werden sollen („Detail arrangements concerning travel, communications and the exchange of territory ... will be agreed by the competent German authorities."), so erfüllt die Sowjetunion ihre Verpflichtung, indem sie dafür sorgt, daß die DDR sich an das Viermächteabkommen hält. Wenn also die Sowjetunion und die DDR verpflichtet sind, für eine Verbesserung der Kommunikationen zu sorgen, so ist Geschäftsgrundlage des Abkommens in dieser Beziehung, daß die Kommunikationen in einem gewissen Ausmaße bestehen. Sie zu verschlechtern, wie das geschehen ist, bedeutet also, an den Geschäftsgrundlagen des Viermächteabkommens zu rütteln.

Exkurs:

Die Sowjetunion übernahm also zur Ausführung des Viermächteabkommens in dieser Beziehung eine Verpflichtung, die auf ihrer Seite von

Status vn Berlin (Ost)

der DDR zu erfüllen war. Deutsche Behörden des Ostteils von Berlins sind nicht unmittelbar, sondern nur über die DDR-Behörden betroffen. Aus dieser Regelung kann geschlossen werden, daß die Sowjetunion ein „schwaches Besatzungsstatut für Ost-Berlin" aufrecht erhält, wie das offenbar *Hans Heinrich Mahnke*[59] annimmt. M. E. drückt sich aber auch so das verfassungsrechtlich begründete Verhältnis von DDR zur UdSSR aus (Art. 6 Abs. 2 Sätze 1 und 2 DDR-Verfassung von 1968/1974), das ich an anderer Stelle als Protektorat neuer Art (Quasiprotektorat) bezeichnet habe[60]. Beachtlich ist, daß die Sowjetunion ihre Rechte im Ostteil der Stadt den Behörden der DDR schon vor dem Abschluß des Viermächteabkommens übertragen hatte, wenn auch nicht durch einen publizierten Rechtsakt, so doch zumindest durch schlüssiges Handeln[61], daß aber die DDR nur entsprechend dem Willen des Protektors handeln darf. Auch das gehört zur bestehenden Lage bzw. zur Lage, wie sie sich bis zum Abschluß des Viermächteabkommens entwickelt hatte.

4.2 Die Veränderungen der Lage nur im Lichte des Viermächtestatus

Wenn man annimmt, daß' die Geltung des Viermächteabkommens sich nicht auf den Ostteil der Stadt erstreckt, kann auch das Veränderungsverbot in Teil I, Ziffer 4 nicht für diesen Teil nunmehr gelten. Trotzdem sind die Veränderungen nicht gerechtfertigt. Es ist dann nämlich von der Fortdauer des Viermächtestatus auszugehen. Für die alliierten Vereinbarungen, auf denen es beruht, gilt der allgemeine völkerrechtliche Grundsatz „pacta sunt servanda".

Mögen die Verletzungen des Viermächtestatuts durch die Sowjetunion bis zum Abschluß des Viermächteabkommens am 3.9.1971 auch faktisch mit Ausnahme derer, gegen die ausdrücklich Protest eingelegt worden ist, wie zum Beispiel anläßlich des Baus der Mauer und regelmäßig bei der Verletzung des entmilitarisierten Zustandes in Berlin faktisch

---

59 AaO., wie Fußnote 7.
60 *Siegfried Mampel,* Die außenpolitischen Maximen in der DDR-Verfassung von 1968/1974, in: „Die Außenbeziehungen der DDR", Jahrbuch 1980 der Gesellschaft für Deutschlandforschung, herausgegeben von *Gernot Gutmann* und *Maria Haendcke-Hoppe,* Heidelberg, 1981, S. 9.
61 *Siegfried Mampel,* aaO., wie Fußnote 19, S. 384.

akzeptiert sein, so erstreckt sich diese Hinnahme nicht auf weitere Verletzungen. So selbstverständlich dies ist, so muß es doch festgestellt werden. Auf keinen Fall kann *Karl Doehring* in der Ansicht[62] gefolgt werden, daß die Aufteilung der Viermächteverwaltung für Berlin bereits in der Vergangenheit auf die Weise vollzogen wurde, daß den Westmächten bei Abschluß des Viermächteabkommens nur noch Rechte und Verantwortlichkeiten bezüglich West-Berlins zugestanden hätten, ein Mitspracherecht der Westmächte in Angelegenheiten, die den Ostteil der Stadt beträfen, also nicht mehr gegeben wäre. Wie *Hartmut Schiedermair*[63] zu Recht im Jahre 1975 ausführte, ist bei Aussagen über einen möglichen Verzicht der Westmächte auf ihre Mitspracherechte in Berlin (Ost) äußerste Zurückhaltung geboten. Wie berechtigt diese Empfehlung war, zeigt die weitere Entwicklung. Die Westalliierten haben häufig mit Nachdruck darauf verwiesen, daß nach ihrer Ansicht das Viermächtestatut weiter besteht. Erinnert sei an die Note an den Generalsekretär der UNO, *Kurt Waldheim,* vom April 1975[64]. Sie haben gegen die Einführung der Visapflicht für Ausländer und Staatenlose beim Übergang von West-Berlin nach Berlin (Ost) am 6.1.1977[65] protestiert, ebenso wie gegen die Einführung der Direktwahl der Volkskammerabgeordneten in Berlin (Ost) (Zeitpunkt nicht feststellbar)[66]. Geschwiegen haben sie freilich offensichtlich zur Einstellung des „Verordnungsblattes von Groß-Berlin" und zur Abschaffung der Kontrollen an den Übergängen von Berlin (Ost) in die DDR. In Anbetracht der anderen Proteste können daraus jedoch keine Schlüsse gezogen werden[67]. Die Westmächte haben sogar auch bei anderer Gelegenheit als bei Eingriffen von seiten der Sowjetunion bzw. der DDR auf die Nichtzugehörigkeit des Ostteils der Stadt zur DDR hingewiesen und dabei sogar indirekt am

---

62 AaO., wie Fußnote 7, S. 5.
63 AaO., wie Fußnote 2, S. 54/55, Fn. 132.
64 AaO., wie Fußnote 14.
65 *Ernst Renatus-Zivier,* aaO., wie Fußnote 4, S. 87, Fn. 28.
66 Frankfurter Allgemeine Zeitung vom 12.6.1981, Tagesspiegel vom 16.6.1981.
67 Verwahrung gegen die Erhöhung des Mindestumtauschsatzes hat dagegen die Bundesregierung erhoben, ohne im einzelnen auf die Rechtslage einzugehen (Pressemitteilung des Presse- und Informationsamtes der Bundesregierung vom 10.10.1980, „Bulletin des Presse- und Informationsamtes der Bundesregierung vom 17.10.1980.

Status vn Berlin (Ost)

Gesetzgeber der Bundesrepublik Deutschland Kritik geübt. In ihrer Anordnung BK/O (75) 2 vom 28.1.1975[68] haben sie, worauf *Zivier* hinweist[69], festgelegt, daß auch nach der Übernahme des Änderungsgesetzes zur Tierärzteordnung vom 3.7.1975 das Gesetz keineswegs so ausgelegt werden dürfe, daß der Ostsektor einen integrierten Bestandteil der DDR bilde. Denn das Änderungsgesetz unterscheidet – im Gegensatz zur früheren Fassung der Tierärzteordnung – nicht mehr zwischen der DDR (SBZ) und dem Ostsektor; es ist darin nur noch von „Ausbildungsstätten der Deutschen Demokratischen Republik" die Rede. In diesem Zusammenhang ist ferner zu erwähnen, daß die Botschaften der drei Westmächte ebenso wie die Ständige Vertretung der Bundesrepublik Deutschland in Berlin (Ost) nicht „in der DDR", sondern „bei der DDR" bestehen. Das wird oft im Sprachgebrauch der Massenmedien nicht beachtet.

4.3 Schlußbetrachtung

Hat sich das Viermächteabkommen für die Lage des Westteils der Stadt und ihre Bewohner auch günstig ausgewirkt und ohne Zweifel zu einer Beruhigung der Lage um Berlin geführt, so mußte offensichtlich dafür ein Preis gezahlt werden. Die Westmächte mußten sich mit der Entwicklung im Ostteil der Stadt faktisch abfinden, ohne jedoch genötigt zu werden, eine Rechtsposition aufzugeben. Es gelang jedoch nicht, einen wirksamen Mechanismus zu entwickeln, um zu verhindern, daß auf der Ebene des deutschen Rechts die Eingliederung des Ostsektors in die DDR vollendet wurde. Daran konnten die Rechtsverwahrungen der Westmächte nichts ändern. Sie haben nicht einmal wegen dieser Veränderungen nach dem Abschluß des Viermächteabkommens das in Ziffer 4 des Schlußprotokolls vom 3.6.1972 vorgesehene Streitbeilegungsverfahren durch Einleitung von Viermächte-Konsultationen in Gang gesetzt, obwohl das, wie *Hartmut Schiedermair* zu Recht feststellt[70], auch bei einer Verletzung nur des Viermächtestatus geschehen kann. Sie haben sich damit begnügt, Protest einzulegen. Offenbar haben die

---

68 Gesetz- und Verordnungsblatt von Berlin, S. 708.
69 AaO., wie Fußnote 4, S. 86.
70 AaO., wie Fußnote 2, S. 191.

Siegfried Mampel

Westmächte keine Verletzung durch die Sowjetunion als „ernste Schwierigkeit in der Anwendung des Abkommens" angesehen. Man könnte aus deutscher Sicht anderer Meinung sein, aber es gilt sich wegen höher zu bewertender Gesichtspunkte abzufinden; auch das gehört zum deutschen Nachkriegsschicksal. Wie die Berlin-Frage ist auch das Problem des Ostteils der Stadt eingebettet in die deutsche Frage insgesamt. Eine Sonderlösung für Berlin kann und wird es nicht geben. Mögen weitere Verbesserungen im Status des Westteils und der Kommunikation zwischen beiden Teilen erreicht werden können, insgesamt kann die Berlin-Frage mit der deutschen Frage nur offengehalten werden. Mit ihren Protesten und ihrem sonstigen Verhalten haben die Westmächte nicht nur eigene Rechte gewahrt, sondern auch ihren Teil zur Offenhaltung der deutschen Frage beigetragen. Das konnte und kann zur Zeit praktisch nichts ändern. Aber es hat Bedeutung für die Zukunft. Das sollten auch die sehen, die Proteste der Westmächte zu Fragen Ost-Berlins lediglich als Pflichtübung werten.

Dritte Arbeitssitzung:

Probleme des Verkehrs

Leitung: Privatdozent Dr. *Dieter Schröder*
Syndikus der SPD-Fraktion
im Berliner Abgeordnetenhaus

Referate: 1. *Helmut Wulf*
Probleme des Transitverkehrs von und nach Berlin (West)

2. Dr. *Peter Schiwy*
Probleme der Besuchsregelung

3. Professor Dr. *Wolfgang Seiffert*
Gesamtberliner Probleme der S-Bahn

„Probleme des Transitverkehrs von und nach Berlin (West)"

Ministerialdirigent Helmut Wulf
Delegationsleiter der Bundesrepublik Deutschland
in der Transitkommission (Artikel 19 Transitabkommen)
und der Verkehrskommission (Artikel 32 Verkehrsvertrag),
Bonn

A

Der unbehinderte Zugang von und nach Berlin (West) ist Tag für Tag für viele Menschen von Bedeutung; er ist einer der Voraussetzungen für die Lebensfähigkeit dieser Stadt. Fragen des Zuganges haben in früheren Jahren zu ernsten Konflikten zwischen den Weltmächten geführt. Die 1971 erstmals mögliche vertragliche Regelung des zivilen Zuganges auf dem Landwege von und nach den von den Westalliierten besetzten Sektoren Berlins hat deshalb im Rahmen der Berlin-Regelung ein besonderes Gewicht.

Ich bin Bundesbeamter; die Transit-Regelung gehört zu meinem Aufgabengebiet. Ich bitte um Verständnis dafür, daß ich mir deshalb gewisse Beschränkungen auferlegen muß, hierzu gehört auch die Wahrung der Vertraulichkeit gewisser Vorgänge. Andererseits weise ich darauf hin, daß ich hier meine persönliche Ansicht vertrete, nicht aber eine Äußerung für die Bundesregierung abgebe.

Ich muß dem Folgenden noch eine weitere Vorbemerkung vorausschicken: Der Transitverkehr verläuft für die weit überwiegende Mehrzahl der Reisenden tagtäglich unbehindert. Wenn ich hier auf Probleme des Transits hinweise, so dürfen die Proportionen nicht aus dem Auge verloren werden. Es handelt sich um Probleme, die unter Quantitätsgesichtspunkten ohne jede Bedeutung sind. Auch soweit sie Bedeutung haben, geht es in allererster Linie darum, ob sich hier etwa Ansatzpunkte für mögliche ernstere Schwierigkeiten im Falle einer krisenhaften Verschlechterung der allgemeinen Beziehungen zwischen der Bundesrepublik Deutschland und der DDR zeigen.

Helmut Wulf

B

I. Die in den letzten 10 Jahren aufgetretenen wichtigeren Transitprobleme lassen sich auf ein paar einfache Grundmuster zurückführen:

1. Die Berlin-Regelung, von der die Transit-Regelung ein Teil ist, klammert grundsätzliche Meinungsverschiedenheiten aus, um unter den Beteiligten, die eine sehr unterschiedliche, in manchem gegensätzliche Staats- und Gesellschaftsordnung haben, „zu praktischen Verbesserungen der Lage" zu kommen. Daß eine solche pragmatische Regelung prinzipiell nichts Schlechtes sein muß, wird gerade für den Benutzer der Transitstrecken augenfällig, zumal, wenn er sich an die Verhältnisse vor 1971 erinnern kann. Andererseits liegt in dieser Konstruktion zugleich notwendigerweise der Keim möglicher Probleme. Dies gilt auch für die Transit-Regelung in dem Viermächte-Abkommen vom 3. September 1971, insbesondere dessen Anlage I[1], und dem aufgrund dieses Abkommens zwischen den Regierungen der Bundesrepublik Deutschland und der DDR geschlossenen Abkommen vom 17. Dezember 1971; dem sogenannten Transitabkommen[2].

2. Der eine Teil der Transit-Regelung, das Viermächte-Abkommen, in dem die grundsätzlichen Bestimmungen enthalten sind, ist von den Mächten in Ausübung ihrer besonderen Rechte und Verantwortlichkeiten geschlossen[3]. Der andere Teil, das Transitabkommen, ist zwar zwischen den beiden deutschen Regierungen geschlossen worden, beruht aber auf der Verhandlungsermächtigung der Mächte[4] und ist im übrigen u. a. nach den Ziffern 2 bis 5 des Viermächte-Schlußprotokolls vom 3. Juni 1972 der authentischen Interpretation der unmittelbaren Abkommenspartner entzogen[5]. Zudem gehört der gesamte Komplex Deutsch-

---

[1] Viermächte-Abkommen vom 3. September 1971; vgl. Beilage zum Bundesanzeiger Nr. 174 vom 15. September 1972.
[2] Abkommen zwischen der Regierung der Bundesrepublik Deutschland und der Regierung der Deutschen Demokratischen Republik über den Transitverkehr von zivilen Personen und Gütern zwischen der Bundesrepublik Deutschland und Berlin (West) vom 17. Dezember 1971 ebenda.
[3] Schreiben der Botschafter der drei Westmächte an den Bundeskanzler vom 3. September 1971 ebenda.
[4] Ebenda.
[5] Viermächte-Schlußprotokoll vom 3. Juni 1972 ebenda.

land und Berlin, was die Bundesrepublik Deutschland anbelangt, zu dem Bereich, in dem die Alliierten weiterhin ihre originären Rechte und Verantwortlichkeiten wahrnehmen. Entsprechendes gilt für die DDR im Hinblick auf die UdSSR. Diese politischen und rechtlichen Abhängigkeiten mit weitgehenden Einschränkungen der Souveränität der beiden deutschen Staaten können ebenfalls nicht nur Vorteile, sondern auch gelegentlich Probleme mit sich bringen.

3. Schließlich ist die Regelung des Transitverkehrs für die Bundesrepublik Deutschland und die DDR in gleichem Maße von einschneidender Bedeutung. Dies führt unabhängig von systembedingten Meinungsverschiedenheiten und anderen für diesen Transitverkehr spezifischen Bedingungen zu schlichten Interessengegensätzen. Ich erwähne als Beispiel die Ende 1973 aufgetretene Meinungsverschiedenheit über das Ausmaß der Gefahr, daß durch den Transitverkehr auf der Straße eine in der Türkei grassierende Tierseuche in die DDR eingeschleppt werden könnte, und über die Angemessenheit der von der DDR ergriffenen Schutzmaßnahmen[6]. Allgemeine Transitprobleme dieser Art scheinen mir im Zusammenhang mit der Berlin-Regelung von geringerer Bedeutung zu sein; ich möchte diese Probleme daher vernachlässigen.

II. Unter den von der Berlin-Regelung ausgeklammerten Fragen steht die Deutschland-Frage und mit ihr die Staatsangehörigkeitsfrage im Vordergrund. Für die Transit-Regelung bedeutet das: In den Kontext der völkerrechtlichen Transit-Regelung muß an allen Stellen, an denen das Völkerrecht auf die Staatsangehörigkeit des Betroffenen abstellt, eine Meinungsverschiedenheit eingesetzt werden. Nach östlicher Ansicht gibt es „Bürger der Bundesrepublik Deutschland" und „Einwohner von Westberlin", die Transitreisende sein können, und Bürger der DDR, die Staatsangehörige des transitgewährenden Staates DDR sind, während es sich nach Ansicht der Bundesrepublik Deutschland in allen drei Fällen um deutsche Staatsangehörigkeit handelt. Diese Meinungsverschiedenheit hat bei der Transit-Regelung an zwei Stellen zu Problemen geführt:

---

6 Hier und im folgenden sehe ich von Belegen für Vorgänge ab, die zu ihrer Zeit in der Tagespresse öffentlich erörtert worden sind.

Helmut Wulf

1. Bei Abschluß des Transitabkommens befanden sich etwa 3 Mio. früherer DDR-Bewohner – zum Teil schon seit Jahren – im Bundesgebiet. Diese Personen und ihre Kinder wurden von der DDR noch als ihre Staatsbürger in Anspruch genommen. Die Behandlung dieses Personenkreises innerhalb der Transit-Regelung war problematisch, da die DDR sich darauf berief, daß völkerrechtliche Abkommen zwischen Staaten im allgemeinen nicht das Verhältnis zwischen einem Abkommenspartner und seinen eigenen Angehörigen regeln. Schon wegen der großen Zahl der Betroffenen konnte diese Frage nicht auf sich beruhen. Sie wurde in dem Sinne geregelt, daß die DDR die Behandlung dieses Personenkreises als Transitreisende zusicherte, sich für bestimmte Fälle ein Zurückweisungsrecht vorbehielt und geflüchtete Militärpersonen von dieser Sonderregelung ausnahm[7]. Später hat die DDR durch Gesetz vom 16.10.1972 bis zum 31.12.1971 Geflohenen ihre Staatsbürgerschaft entzogen[8].

An Randzonen dieser Kollisionsregelung hat es vereinzelte Probleme gegeben. So besteht eine Meinungsverschiedenheit darüber, ob die „Flüchtlings-Regelung" auch für Personen gilt, die nach der Paraphierung des Abkommens bzw. dem 31.12.1971 geflohen sind[9]. In der Praxis ist dies ein der vertraulichen Einzelfallberatung vorbehaltenes Gebiet[10].

Weiterhin ist es in dem in breiter Öffentlichkeit erörterten Fall des 1962 aus der DDR geflohenen, damals 18jährigen NVA-Soldaten *Jablonski*, der bei der Flucht einen anderen NVA-Soldaten erschossen und deswegen später in Westdeutschland wegen Mordes zu Jugendstrafe verurteilt worden war, zur Erörterung der Frage gekommen, ob die DDR sich auch dann noch auf ihren „Militärvorbehalt" berufen kann, wenn sie

---

7 Vgl. *Zündorf,* Die Ostverträge, München 1979, Seite 195 ff.! *Zündorf* stellt den „Militärvorbehalt" in Abrede, vgl. Anm. 609. Hier irrt *Zündorf!*
8 Gesetz zur Regelung von Fragen der Staatsbürgerschaft vom 16. Oktober 1972, GB. DDR I, 1972, S. 265.
9 *Zündorf* aaO.
10 Vgl. das Merkblatt „Reisen nach und von Berlin (West)", herausgegeben vom Bundesministerium für innerdeutsche Beziehungen, 8. Aufl. 1981, S. 17.

dem Betroffenen inzwischen nach ihrem eigenen Recht ihre Staatsbürgerschaft aberkannt hat und ihn zur Zeit der Festnahme, im Dezember 1978, als „Bürger der Bundesrepublik Deutschland" ansieht. Die DDR hat sich darauf berufen, daß der besondere Status des Soldaten von dem Verlust der Staatsangehörigkeit unabhängig sei. Die Bundesregierung hat dem widersprochen. Über den Fall wird man streiten können.

2. Noch stärker wirken sich die Meinungsunterschiede in der Staatsangehörigkeitsfrage in dem zweiten Problemfeld aus, dem der Fluchthilfe. Je weitgehender der Transitverkehr durch einen fremden Staat privilegiert wird, um so mehr wächst das Bedürfnis, diesen Verkehr von dem nichtprivilegierten Verkehr zu trennen[11]. Das Viermächte-Abkommen und das Transitabkommen enthalten infolgedessen Bestimmungen, die die Aufnahme von Personen in Beförderungsmitteln der Transitreisenden als Mißbrauch der Transitwege bezeichnen und den transitgewährenden Staat, die DDR, ermächtigen, in solchen Fällen bestimmte Maßnahmen zum Schutz ihrer öffentlichen Ordnung zu treffen. Darüber hinaus überläßt zumindest das Transitabkommen den Schutz der öffentlichen Ordnung der DDR nicht allein dieser selbst, sondern verpflichtet in seinem Artikel 17 die Bundesregierung, „im Rahmen ihrer Möglichkeiten" den Mißbrauch der Transitstrecken zu verhindern. Die Bundesregierung hat dementsprechend auch in grundsätzlichen Erklärungen ihre Entschlossenheit bekräftigt „mit den Mitteln unserer Rechtsordnung gegen diejenigen vorzugehen, die aus Gewinnsucht den Mißbrauch der Transitwege betreiben und sich dabei über die Normen unserer Rechtsordnung hinwegsetzten"[12].

Die Rechtsordnung der Bundesrepublik Deutschland betrachtet freilich Bewohner der DDR, die durch Aufnahme in Transportmitteln von Transitreisenden aus der DDR zu uns gelangen, als deutsche Staatsangehörige, die ihr Grundrecht nach Artikel 11 GG auf ungehinderte Einreise in das

---

11 Zur internationalen Praxis vgl. *Gussek,* Die internationale Praxis der Transitgewährung und der Berlin-Verkehr, 1973, S. 20 ff.
12 „Auskünfte A–Z zum Stand der innerdeutschen Beziehungen", herausgegeben vom Bundesministerium für innerdeutsche Beziehungen, 8. Auflage, 1981, S. 24, unter Hinweis auf den Bericht der Bundesregierung zur Lage der Nation am 9.3.1978.

Helmut Wulf

Bundesgebiet nur auf diese oder ähnlich riskante Weise verwirklichen können. Dies färbt auch auf den gewerblichen Fluchthelfer ab. Die Berliner Justiz nimmt es dessen ungeachtet mit der Verfolgung von Straftaten, die gewerbliche Fluchthelfer häufig zur Ermöglichung der Fluchthilfe oder bei dieser Gelegenheit begehen, sehr ernst und hält sich dabei an die Rechtsprechung des Bundesgerichtshofes in Strafsachen über die Anwendung von Notstandsvorschriften bei Fluchthilfe[13]. Anderswo ist die Milieukenntnis geringer und so bleibt hier manches auch bei uns im Dunkeln. Außerdem fehlt es in der Regel an Eingriffsnormen, um den Mißbrauch der Transitstrecken zu verhindern. Zu einer Ergänzung der öffentlichen Ordnung der Bundesrepublik Deutschland durch eine Gesetzesinitiative oder im Wege der Rechtsverordnung ist die Bundesregierung nach Artikel 17 des Abkommens, der die Bundesregierung lediglich „im Rahmen ihrer Möglichkeiten" in Pflicht nimmt und in dem wichtigen Absatz b) selbst auf die „allgemein üblichen Vorschriften der Bundesrepublik Deutschland bezüglich der öffentlichen Ordnung" Bezug nimmt, aber nicht verpflichtet.

Ich stehe auch hier zu dieser Ansicht und habe sie in all den Jahren amtlich vertreten. Lassen Sie mich trotzdem eine Anmerkung machen:

Es ist die Frage aufgeworfen worden, ob die Bundesregierung nicht doch in dem ihr vom Grundgesetz gezogenen Rahmen weitere Maßnahmen treffen könne und müsse. Sinn der Transit-Regelung sei es, den freien Zugang nach Berlin (West) zu gewährleisten und auf diese Weise einen Beitrag zur Befriedung Mitteleuropas zu erbringen, nicht aber, Bewohnern der DDR die Flucht zu erleichtern – so hoch man deren Freiheitsrecht auch veranschlagen wolle – und auf diese Weise zur Destabilisierung der DDR beizutragen. Die erneute Hineinziehung des ausgeklammerten Grundkonflikts über Deutschlandfrage und Staatsangehörigkeit stelle aber die getroffene praktische Regelung als solche in Frage. Diese Fragen haben sich insbesondere im Zusammenhang mit der Arbeitsmethode gewerblicher Fluchthelfer ergeben, verschlußfähige Lkw mit versteckten Zugängen zum Laderaum zu versehen, nach Täuschung unseres Zolls verplombt in die DDR einzufahren und auf den

---

13 Urteil vom 6. Februar 1968 – 5 Str 632/67 – (unveröffentlicht).

Probleme des Transits

Transitstrecken Flüchtlinge durch den versteckten Zugang aufzunehmen. Gegen diese Praktiken hatte die DDR nicht nur protestiert, sondern war auch dazu übergegangen, verdächtig erscheinende äußerlich ordnungsgemäß verplombte Lkw zu öffnen, auch wo dies sich im Nachhinein als ein Fehlgriff erwies. Diese Kontrollen, die bis heute in Einzelfällen praktiziert werden, sind mit Artikel 6 des Transitabkommens und Ziffer 2a) der Anlage I zum Viermächte-Abkommen unvereinbar.

Die Bundesregierung hat sich in diesem Falle gezwungen gesehen, eine Änderung des Verplombungsgesetzes vom 23. Juni 1972[14], zu initiieren, durch die über den in der Regel nicht praktikablen oder nicht beweisbaren § 136 des Strafgesetzbuches (Siegelbruch) hinaus die Manipulation an Verschlußfahrzeugen mit Bußgeld bedroht wird. Dies ist durch das Gesetz vom 18.8.1980 geschehen[15], diese Fluchtmethode ist seitdem nicht mehr bekanntgeworden.

Das Spannungsverhältnis zwischen dem ungehinderten Zugang nach Berlin (West) und der Freizügigkeit deutscher Staatsangehöriger dürfte indessen vermutlich auch weiterhin eine Rolle spielen.

III. In geringerem Maße als die ausgeklammerte Deutschland-Frage sind Fragen des Status von Berlin und der Bindungen der Westsektoren an den Bund in der Berlin-Regelung unbeantwortet geblieben. Dies hat immerhin doch in drei Fallgruppen zu Problemen geführt.

1. Ich möchte hier, weil es in einen anderen Zusammenhang gehört, nicht im einzelnen erörtern, inwieweit im Viermächte-Abkommen vom 3. September 1971 ein Übereinkommen darüber erzielt worden ist, daß nach Abschluß des Abkommens in den Westsektoren Berlins weitere Bundesbehörden eingerichtet werden konnten. Von seiten der Sowjetunion ist dies bekanntlich bestritten worden. Nach der Einrichtung des Umweltbundesamtes im Juli 1974 ist es zu den bekannten Schwierigkei-

---

14 Gesetz über die Verplombung im Durchgangsverkehr von zivilen Gütern zwischen der Bundesrepublik Deutschland und Berlin (West) vom 28. Juni 1972 (Bundesgesetzbl. I. S. 985).
15 Artikel 11 des Gesetzes zur Änderung und Vereinfachung des Einkommensteuergesetzes und anderer Gesetze vom 18. August 1980 (Bundesgesetzbl. I. S. 1537).

ten gekommen, bei denen die DDR durch das Abkommen vom 17. Dezember 1971 nicht gerechtfertigte Befragungen und Durchsuchungen durchgeführt hat und einen Beamten des Umweltbundesamtes zurückgewiesen hat. Die Argumentation der DDR folgte der sowjetischen Argumentation, es könne sich nämlich nicht auf die Bestimmungen des einen Teiles des Viermächte-Abkommens (die Transit-Regelung) berufen, wer die Bestimmungen des anderen Teils (Statusfragen von Berlin [West]) verletze. Dieser Argumentation ist entgegengehalten worden, daß die DDR aus dem Viermächte-Abkommen vom 3. September 1971, dessen Abkommenspartner sie nicht sei und zu dessen Interpretation sie nicht befugt sei, keine Rechte herleiten könne, insbesondere kein Retorsionsrecht. Die strittige Statusfrage ist daher mit der DDR überhaupt nicht erörtert worden. Hierbei war zusätzlich von Bedeutung, daß vergleichbare Eingriffe aus der Zeit bis 1971 unter Hinweis auf angeblich rechtswidrige Vorgänge in Berlin (West) in den Verhandlungen zum Transitabkommen noch in frischer Erinnerung waren und derartiges zukünftig vermieden werden sollte. Die Schwierigkeiten um das Umweltbundesamt sind heute, was den Transitverkehr angeht, behoben. Trotzdem weisen die Vorgänge aus dem Jahre 1974 auf ein latentes Problem. Dies gilt auch für die Frage der Verknüpfung der einzelnen Teile der Berlin-Regelung untereinander und der Befugnis aus dem einen oder anderen Teil Rechte abzuleiten – oder ggfl. einen anderen zu deren Ausübung zu ermächtigen.

2. Der Status des freien Teils der Stadt und seine Bindung an die westliche Welt wird in der Praxis noch viel radikaler, als von der Frage der Errichtung neuer Bundesbehörden durch die Frage berührt, ob etwa die DDR befugt ist, den Zugang zu dem Zwecke zu verweigern, in Berlin (West) an der DDR nicht genehmen Kundgebungen teilzunehmen. Dies läuft auf die Frage hinaus, ob die DDR den Transitverkehr von und nach Berlin (West) als Hebel benutzen kann, um in das innere Gefüge der Westsektoren dieser Stadt hineinzuregieren. Derartige Fragen waren vor 1971 verschiedentlich aufgetaucht; die DDR hatte sich auch in diesen Fällen letztlich auf Statusfragen berufen.

Diese Frage, die im Ergebnis eindeutig verneint werden kann, klang noch einmal an, als die DDR am 12./13. August 1976 einer größeren Anzahl jugendlicher Teilnehmer einer Sternfahrt nach Berlin (West) aus Anlaß der Wiederkehr des 13. August 1961 und am 16./17. Juni 1978 wiederum einer größeren Anzahl jugendlicher Teilnehmer einer ähnlichen Sternfahrt aus Anlaß der Wiederkehr des 17. Juni 1953 die Benutzung der Transitwege verweigerte. Die DDR hatte parallel in publizistischen Äußerungen polemisch auf die Zielrichtung beider Demonstrationen hingewiesen[16]. In amtlichen Äußerungen hat sie sich freilich ausschließlich auf den vorhandenen Verdacht des Mißbrauchs nach Artikel 16 des Transitabkommens berufen und vom Boden dieser Abkommensbestimmung her argumentiert. Dabei konnte sie in dem ersteren der beiden Fälle u. a. darauf verweisen, daß ein solcher Verdacht auch in einer verbreiteten unbestreitbar unabhängigen Tageszeitung im Bundesgebiet geäußert worden war. In späteren Jahren ist es zu derartigen Behinderungen nicht mehr gekommen. Der reibungslose Ablauf der Kundgebung aus Anlaß der 20. Wiederkehr des 13. August 1961 vor wenigen Wochen rechtfertigt die Annahme, daß solche Probleme in der Tat der Vergangenheit angehören.

3. Nur der Vollständigkeit halber weise ich darauf hin, daß Statusfragen im Zusammenhang mit den von Berlinern geforderten Personalpapieren im Einzelfall zu Problemen allerdings untergeordneter Art führen. Im Gegensatz zu Bewohnern des Bundesgebietes verlangt die DDR bekanntlich von den Bewohnern der Westsektoren Berlins, soweit sie deutsche Staatsangehörige sind, den behelfsmäßigen Berliner Personalausweis und erkennt für diesen Personenkreis ausgestellte Bundesreisepässe nicht an. Ein praktisches Problem ergibt sich hier, wenn ein Berliner Transitreisender im Ausland seine Papiere verloren hat. Zur Überschreitung der Auslandsgrenzen kann ihm die Auslandsvertretung der Bundesrepublik Deutschland einen Reisepaß mit beschränkter Geltungsdauer ausstellen; bei der Überschreitung der Grenzen der DDR hilft ihm dies nicht. Doch stellt die DDR in solchen Fällen gebührenpflichtige Identitätsbescheinigungen aus.

IV. Ungeachtet einer gewissen Kosmetik ist die Transit-Regelung für die DDR eine erhebliche Souveränitätsbeschränkung. Diese Souveränitätsbeschränkung berührt zugleich aus der Sicht der DDR den Schutz

---

16 Vgl. *Wettig*, Die Durchführung des Berlin-Transits nach dem Viermächte-Abkommen 1972–1981, Bundesinstitut für ostwissenschaftliche und internationale Studien 1981, S. 16 ff.

ihrer inneren Ordnung, da sie die Abgrenzung nach Westen durch faktische Kontaktmöglichkeiten durchlöchert, die sich schwerer als bei der Einreise in die DDR kontrollieren lassen. Aus dem Spannungsverhältnis zwischen Transitgewährung, Souveränität und innerer Ordnung der DDR rühren Probleme eines weiteren Problemkreises.

1. Vorwiegend Fragen der Souveränität der DDR berührt die eingangs schon gestreifte Frage des persönlichen Anwendungsbereichs der Transit-Regelung. Artikel 3 des deutsch-polnischen Abkommens vom 21. April 1921 über den freien Durchgangsverkehr zwischen Ostpreußen und dem übrigen Deutschland[17] bestimmte, daß die Durchgangsfreiheit ohne Rücksicht auf die Staatsangehörigkeit der Personen, auf den Ursprung der Waren und auf die Staatsangehörigkeit des Absenders oder Empfängers gelte. Das Viermächte-Abkommen enthält eine solche Bestimmung nicht; derartiges war nicht durchsetzbar. Das Transitabkommen regelt diese Frage indirekt: In dem Protokollvermerk Nr. 11 sind Bestimmungen über Visagebühren für „Bürger dritter Staaten". Ebenso enthält die Protokollnotiz zu dem Verfahren für die Ausfertigung und Behandlung von Warenbegleitscheinen eine Regelung für in dritten Staaten zugelassene Gütertransportmittel. In der Praxis behandelt die DDR dementsprechend auch Angehörige dritter Staaten als Transitreisende. Sie entzieht sich jedoch mit der Behauptung, das Recht auf Benachrichtigung könnte nur von dem Heimatstaat geltend gemacht werden, im Hinblick auf Ausländer der in Artikel 16 Ziffer 5 des Transitabkommens enthaltenen Mitteilungspflicht bei Festnahmen und Zurückweisungen. In den Sitzungen der Transitkommission gibt sie aber über Drittstaatler Auskunft.

2. Sowohl um Souveränitätsfragen (Ausländerrecht) als auch um Fragen der öffentlichen Sicherheit dürfte es bei dem generellen Verhalten der DDR im Zusammenhang mit den Mitteilungspflichten nach Artikel 16 Ziffer 5 des Transitabkommens bei Zurückweisungen und dem Ausschluß von der Benutzung der Transitwege gehen. Betroffen sind vor-

---

17 Abkommen zwischen Deutschland, Polen und der Freien Stadt Danzig über den freien Durchgangsverkehr zwischen Ostpreußen und dem übrigen Deutschland vom 21. April 1921 (Reichsgesetzbl. 1921, S. 1069).

Probleme des Transits

wiegend solche Personen, deren Aufenthalt auf dem Gebiet der DDR aus Gründen der inneren Ordnung unerwünscht ist und bei denen die DDR argwöhnt, daß sie sich an die im Transitabkommen enthaltenen Beschränkungen sowieso nicht halten.

Artikel 16 Ziffer 5 Absatz 2 des Abkommens vom 17. Dezember 1971 lautet bekanntlich:

> „Über Festnahmen, den Ausschluß von Personen von der Benutzung der Transitwege und Zurückweisungen sowie über die dafür maßgebenden Gründe werden die zuständigen Organe der Deutschen Demokratischen Republik alsbald die zuständigen Behörden der Bundesrepublik Deutschland unterrichten."

Die Mitteilungspraxis der DDR sieht demgegenüber folgendermaßen aus:

- Wenn die DDR die Zurückweisung von Reisenden auf Artikel 16 Ziffer 2 Absatz 2 des Abkommens stützt, also bei präventiven Zurückweisungen –, geben die zuständigen Organe überhaupt keine Nachricht. Die DDR behauptet, in diesen Fällen nicht zu einer Nachricht verpflichtet zu sein.

- Werden Personen aufgrund begangener Mißbräuche der Transitwege von deren Benutzung ausgeschlossen, so geben die Organe der DDR gleichfalls keinerlei Nachricht, solange der Betroffene nicht einen Durchreiseversuch gemacht und dabei zurückgewiesen worden ist. Auch hier behauptet die DDR, zu einer Benachrichtigung nicht verpflichtet zu sein.

- Auch wenn von der Benutzung der Transitwege Ausgeschlossene einen Durchreiseversuch gemacht haben und dabei zurückgewiesen worden sind, geben die Organe der DDR – wie schon eingangs erwähnt – keinerlei Nachricht, wenn es sich um Ausländer handelt, unabhängig davon, ob diese Ausländer in der Bundesrepublik Deutschland einen festen Wohnsitz haben oder nicht.

- Ebensowenig geben die Organe der DDR abkommensgemäße Mitteilungen, wenn deutsche Staatsangehörige von der Benutzung der Transitwege ausgeschlossen sind und einen erfolglosen Durchreiseversuch gemacht haben. Sie teilen lediglich in gewissen Zeitabständen mit, wie viele Personen – nach Bewohnern des Bundesgebietes und der Westsektoren Berlins getrennt – in dem verstrichenen Zeitabschnitt ausgeschlossen und zurückgewiesen oder erneut zurückgewiesen sind. Ebenso summarisch bezeichnen sie die Gründe „wegen der Begehung von Straftaten", „wegen vorsätzlichen unberechtigten Verlassens der Transitwege" oder „wegen der wiederholten Begehung von Ordnungswidrigkeiten durch Verletzung der Straßenverkehrsvorschriften". Da sich etwa 25 % der betroffenen Deutschen und eine unbekannte Zahl der betroffenen Ausländer bei Zurückweisungen nicht bei den Behörden der Bundesrepublik Deutschland melden, ist eine vollständige Identifizierung der Zurückgewiesenen nicht möglich. Ebensowenig ist es aufgrund der Mitteilungspraxis der DDR möglich, in allen Fällen, in denen es erforderlich ist, durch die Bundesregierung Gegenvorstellungen zu erheben. Dies ist umso bedenklicher, als die Unterlagen der DDR über Transitreisende, wie bei anderer Gelegenheit festgestellt wurde, nicht selten Unrichtigkeiten enthalten.

3. Auch die Kollision von Souveränitätsbeschränkungen der DDR durch die Transit-Regelung mit Souveränitätsbeschränkungen gegenüber der Sowjetunion kann möglicherweise zu Problemen führen. Die Frage ist im Zusammenhang mit Durchsuchungen im Straßenverkehr aktuell geworden, die die DDR im Januar, Februar und März 1974 bei Fahndungsmaßnahmen durchgeführt hat, die offenbar sowjetischen Deserteuren galten und wahrscheinlich auf sowjetisches Ersuchen durchgeführt wurden. Die DDR berief sich seinerseits darauf, diese nach dem Viermächte-Abkommen und dem Transitabkommen nicht zulässigen Durchsuchungen seien zur Aufrechterhaltung der öffentlichen Sicherheit und der Sicherheit der Transitreisenden gegenüber bewaffneten und besonders gefährlichen Personen erforderlich gewesen. Der Fall gibt Anlaß zu einem Blick auf Parallelfälle im Luftverkehr: Im Zuge der Fahndungsmaßnahmen gegen den internationalen Terrorismus sind im Luftverkehr vielerorts auch Diplomaten allgemeinen Überwachungsmaßnahmen unterworfen worden, um eine lückenlose Fahndung zu ermöglichen, ohne daß die betroffenen Diplomaten oder deren Entsendestaaten hiergegen Einwände erhoben hätten.

V. Schließlich können sich auch daraus Probleme ergeben, daß der Reisende während des Transits einer ihm völlig fremden, seiner heimischen gegensätzlichen Staats- und Gesellschaftsordnung unterworfen ist. Das liegt daran, um mit *Willy Brandt* zu reden, daß „Berlin da liegt, wo es liegt". Berührungspunkte mit dieser fremden Ordnung ergeben sich meist, wenn der Reisende gegen auch für den Transitreisenden verbindliche Regeln verstößt, insbesondere der Kraftfahrer gegen Ver-

Probleme des Transits

kehrsregeln. Freilich zeigen sich die Systemunterschiede gerade hier am wenigsten. Was ins Gewicht fällt, ist vor allem das Fehlen gerichtlicher Nachprüfung bei der Verhängung von Ordnungsstrafen der Deutschen Volkspolizei, und der Hauptanwendungsfall der der Überschreitung der vorgeschriebenen Höchstgeschwindigkeit. Ich glaube, daß der Reisende hierbei das Maß an Gerechtigkeit bekommt, das ihm das Transitabkommen, das auf das Recht der DDR verweist, zumißt: eine in der Regel um Objektivität bemühte polizeiliche Beschwerdeentscheidung. Als eigentliches Problem tritt dieses Rechtsgefälle dadurch in Erscheinung, daß sehr viele Reisende sich – ohne daß dies gerechtfertigt wäre – polizeilicher und fiskalischer Willkür ausgesetzt fühlen. Gegen dieses Gefühl ist, wenn der Reisende objektiv im Unrecht ist, schwer anzugehen; es führt zu einer Verunsicherung des Zuganges und richtet dadurch Schaden an.

C

Gestatten Sie mir eine kurze zusammenfassende Würdigung: Die spezifischen Bedingungen der Berlin-Regelung haben in den abgelaufenen 10 Jahren keine schwerwiegenden Probleme im Berlin-Transit geschaffen und werden dies, soweit dies absehbar ist, auch in Zukunft nicht tun. Freilich besteht ein Problemvorrat bei Fragen der Bindungen Berlins an den Bund und bei der Fluchthilfe. Soweit im übrigen der DDR Verstöße gegen die Transit-Regelung vorgeworfen werden konnten, handelt es sich in der Mehrzahl der Fälle um Randfragen.

Probleme der Besuchsregelung

Dr. Peter Schiwy[1]

Rechtsanwalt, Berlin

> Die Dinge sind nie so, wie sie sind, sie sind das, was man aus ihnen macht.
>
> J. A.

Das Berliner Viermächte-Abkommen und seine innerdeutschen Ausführungsvereinbarungen erfreuen sich heute im Westen Deutschlands, aber auch bei den Verbündeten der Bundesrepublik, weitgehend politischer Anerkennung und Wertschätzung. Insbesondere die Erleichterungen, die die Vereinbarungen – freilich vorwiegend für die West-Berliner und weniger für die Menschen im Ostteil der Stadt und der DDR – gebracht haben, dienen dabei als Begründung. In den Hintergrund getreten sind angesichts der alles in allem befriedigenden Praxis die Bedenken, die die juristischen und damit auch politischen Unklarheiten in den Vertragstexten auslösen. Sie sind Ausdruck der fehlenden juristischen Präzisierung der Verträge als Folge fortdauernder fehlender politischer Übereinstimmung. Das beiderseits erkennbare Ziel, aus vordergründigen politischen Absichten zu vertraglichen Abreden zu kommen, bedingte diesen Mißstand. Er ist notdürftig durch manche praktische Verfahrensweise überdeckt worden.

I.

Die Besuchs-Regelung ist für die Berliner neben dem Transitabkommen, das wesentliche Erleichterungen für den Verkehr zwischen der Stadt und dem übrigen Bundesgebiet geschaffen hat, *die zentrale* Ausführungsvereinbarung zu dem Viermächte-Abkommen vom 3. Septem-

---

[1] Der Verfasser dankt Herrn Assessor Stefan Forch für die tatvolle Unterstützung bei der Fertigstellung des Manuskripts.

ber 1971. Das Transitabkommen betrifft allerdings nicht nur Berliner, sondern auch andere Personen, die die Transitwege von und nach Berlin benutzen. Demgegenüber sind von der Besuchs-Regelung ausschließlich Einwohner West-Berlins, d. h. „Personen mit ständigem Wohnsitz in den Westsektoren Berlins" begünstigt. Für andere Personen, etwa Westdeutsche, die sich besuchsweise in der Stadt aufhalten, gilt die Vereinbarung nicht. Ein anderer Unterschied liegt darin, daß die Besuchsregelung vom Senat von Berlin mit der DDR vereinbart wurde, während das Transitabkommen zwischen der Bundesregierung und der Ost-Berliner Regierung ausgehandelt wurde. Beides unterstreicht die besondere lokale Bedeutung der „Vereinbarung zwischen dem Senat und der Regierung der Deutschen Demokratischen Republik über Erleichterungen und Verbesserungen des Reise- und Besucherverkehrs" vom 20. Dezember 1971.

Diese spezifische lokale Bedeutung teilt sie mit dem gleichfalls zwischen dem Senat von Berlin und der DDR vereinbarten Gebietsaustausch, dessen wichtigste Folge die direkte Anbindung der früheren Enklave Steinstücken im Südwesten Berlins an den Bezirk Zehlendorf bedeutete. (In den Gebietsaustausch wurde später noch ein Gelände am ehemaligen Potsdamer Bahnhof einbezogen.)

Mit dem Inkrafttreten der Besuchsregelung wurde es erstmals wieder einem größeren Personenkreis möglich, in den Ostteil der Stadt zu fahren. Zwar hatte der Bau der Mauer am 13. August 1961 selbst noch nicht unmittelbar zur Folge, daß West-Berliner den Ostteil Berlins nicht mehr aufsuchen durften. Vielmehr konnten – wie Ziff. 3 der Bekanntmachung vom 12. August 1961 (GBl. DDR II, S. 333) zu entnehmen ist – „friedliche Bürger von Westberlin" unter Vorlage ihres Personalausweises weiterhin nach Ostberlin fahren; ein Umstand, der belegt, daß es vom ersten Tage an Zweck der Mauer war, Bewegungsmöglichkeiten in der Stadt von Osten her zu unterbinden, nicht aber auch die Einreise vom Westen her. Aber auch diese Möglichkeit blieb nur wenige Tage erhalten. Am 22. August 1961 verfügte der DDR-Innenminister, daß „Westberliner Bürgern...das Betreten der Hauptstadt der DDR (das demokratische Berlin) nur mit einer Aufenthaltsgenehmigung gestattet (sei)." Diese Aufenthaltsgenehmigung würde durch das Präsidium der Volkspolizei erteilt, entsprechende Anträge könnten unter Angabe der Besuchsgründe in zwei Zweigstellen des Deutschen Reisebüros der DDR in West-Berlin gestellt werden.

Probleme der Besuchsregelung

Zu einer Besuchsregelung kam es jedoch damals nicht; die Alliierte Kommandatur ordnete am 25. August 1961 in der BK/0(61) 11 (GVBl. 1961, S. 1222) an, daß die Einrichtung und der Betrieb solcher Büros in den Westsektoren verboten sei.

Nach langwierigen Verhandlungen gelang es dann erst im Dezember 1963 wieder, West-Berlinern mit dem ersten Passierscheinabkommen (Korber-Wendt) eine Möglichkeit zum Besuch bei Verwandten zu eröffnen. Diese für Zeiträume um Ostern, Pfingsten und Weihnachten geltenden Passierscheinregelungen konnten 1966 letztmalig vereinbart werden; danach waren Besuche nur noch in dringenden Familienangelegenheiten möglich.

Die Besuchsregelung wurde bereits vor ihrem Inkrafttreten (zusammen mit dem Viermächte-Abkommen) am 3. Juni 1972 von der DDR zu Ostern und Pfingsten 1972 vorläufig angewandt; 450.000 bzw. 626.000 Personen machten von diesen Besuchsmöglichkeiten Gebrauch.

Insgesamt hat der Besuchsverkehr eine erfreuliche Entwicklung genommen. Er ist ein wesentlicher Beitrag zur Normalisierung, ungeachtet der Schwierigkeiten und Rückschläge, die sich insbesondere aus Einreiseverweigerungen für bestimmte Personen und aus der zuletzt im November 1980 erfolgten Erhöhung des Mindestumtausches ergeben.

Wie der Senat in seinem neunten Bericht über die Durchführung des Vier-Mächte-Abkommens und der ergänzenden Vereinbarungen zwischen dem 1. Juni 1980 und dem 31. Mai 1981 mitteilt, haben insgesamt seit dem 3. Juni 1972 nahezu 28 Millionen Einreisen stattgefunden, in den einzelnen jährlichen Berichtszeiträumen zwischen 2,7 Mio. und 3,7 Mio. schwankend. Im letzten Berichtsjahr ging diese Zahl allerdings auf 2,13 Mio. zurück; sicherlich eine Folge des erhöhten Mindestumtausches.

Der Berliner Senat teilte im Oktober 1981 mit, daß seit dem 13. Oktober 1980 bis zum 11. Oktober 1981 nur noch etwa 1,3 Millionen mal Besuchsreisen von West-Berlinern in den Ostteil der Stadt und in die DDR unternommen wurden. Das waren 52,2 Prozent weniger als in der gleichen Zeit des Vorjahres, als über 2,6 Millionen Genehmigungen zu Besuchen bei Verwandten und Freunden im Ostteil der Stadt und in der DDR erteilt wurden.

Dieser Rückgang des Besucherverkehrs ist ein Rückschlag; der Senat bemüht sich deshalb, die Erhöhung des Mindestumtausches rückgängig

Peter Schiwy

zu machen, wie der jetzige Regierende Bürgermeister, Richard von Weizsäcker, in seiner am 2. Juli 1981 abgegebenen Regierungserklärung und vor allem in seiner Rede am 13. August 1981 erklärte. Die Frage, inwieweit die DDR mit dieser Erhöhung die Besuchsregelung verletzt hat, wird später noch genauer zu untersuchen sein; zuvor soll jedoch, auch im Hinblick auf die Beantwortung dieser Frage, untersucht werden, welche Rechtsnatur die Besuchsregelung besitzt.

II.

Die Rechtsnatur der Besuchsregelung

Die Besuchsregelung ist in einer nicht leicht durchschaubaren Weise in das Viermächte-Abkommen eingeflochten. Diese Einflechtung erleichtert es jedoch keineswegs, die Rechtsnatur dieser Vereinbarung zwischen dem Senat von Berlin und der DDR-Regierung zu bestimmen. Auch wenn man ausschließen kann, daß die Besuchsregelung einer staatlichen Rechtsordnung, etwa der west- oder der mitteldeutschen Rechtsordnung, untersteht, bliebe noch zu entscheiden, ob die Vereinbarung zwischen dem Senat von Berlin und der Regierung der DDR eine völkerrechtliche, eine „innerdeutsche" („interzonale") oder eine besatzungsrechtliche Vereinbarung ist.

Dazu erweist sich ein Rückblick auf die Entstehung der Besuchsregelung als hilfreich: Nachdem am 3. September 1971 das Viermächte-Abkommen unterzeichnet worden war, das in seinem Teil II C sowie in der Anlage III, Ziffer 2 Bestimmungen über Besuche von West-Berlinern in Gebieten, die an die Westsektoren grenzen, sowie diejenigen Gebiete der Deutschen Demokratischen Republik, die nicht an diese Sektoren grenzen, enthält, wurden zwischen den „zuständigen deutschen Behörden" die konkreten Regelungen vereinbart. Auf westlicher Seite sah das so aus, daß die Alliierte Kommandantur am 3. September 1971 ein Schreiben an den Regierenden Bürgermeister richtete (BKC/L [71] 1); darin wurde der Senat von Berlin unter Bezugnahme auf Teil II C und Anlage III Abs. 5 des Abkommens „aufgefordert und ermächtigt", entsprechende Verhandlungen über die in den Absätzen 1, 2 und 3 der Anlage III bezeichneten Gegenstände zu führen.

Probleme der Besuchsregelung

Daraufhin fanden Verhandlungen mit der DDR statt, die zur Paraphierung entsprechender Vereinbarungen durch den Chef der Senatskanzlei Ulrich Müller und DDR-Staatssekretär Kohrt am 11. Dezember 1971 führten. Am 14. Dezember 1971 teilte der Regierende Bürgermeister Klaus Schütz der Alliierten Kommandantur die Paraphierung mit und übermittelte den Text der paraphierten Vereinbarungen.

Am 16. Dezember 1971 antwortete die Alliierte Kommandantur, daß sie mit Befriedigung von den Vereinbarungen Kenntnis nehme. Sie ermächtigte den Senat von Berlin, die Vereinbarungen zu unterzeichnen und den Briefwechsel bezüglich der Übergangsstellen durchzuführen (alle Schreiben sind abgedruckt in der Dokumentation „Die Berlin-Regelung", hrsg. vom Presse- und Informationsamt der Bundesregierung).

Die Abhängigkeit der Besuchsvereinbarung vom Viermächte-Abkommen wird weiter dadurch deutlich, daß die Vertragsparteien in dem Viermächte-Schlußprotokoll, das die vier Außenminister am 3. Juni 1972 in Berlin unterzeichneten und mit dem das Viermächte-Abkommen in Kraft setzten, auf die innerdeutschen Vereinbarungen verweisen. Die Vertragsparteien gehen davon aus, daß diese Vereinbarungen mit dem Viermächte-Abkommen in Kraft treten und in Kraft bleiben. Andererseits nimmt die Besuchsregelung (wie auch das Transitabkommen und die Vereinbarung über den Gebietsaustausch) auf das Viermächte-Abkommen Bezug. In allen innerdeutschen Vereinbarungen ist bestimmt, daß sie mit dem Viermächte-Abkommen in Kraft treten und mit ihm zusammen in Kraft bleiben.

Welche Schlußfolgerungen ergeben sich aus dieser Abhängigkeit für die Rechtsnatur der Besuchsvereinbarung? *Schiedermair* (Der völkerrechtliche Status Berlins nach dem Viermächte-Abkommen vom 3. September 1971, Berlin, Heidelberg, New York 1975, S. 185 f.) bezeichnet im Anschluß an *Ress* die innerdeutschen Berlinvereinbarungen als Ausführungs- oder Ergänzungsabkommen zum Viermächte-Abkommen. Richtigerweise verweist *Schiedermair* darauf, daß die innerdeutschen Vereinbarungen kein rechtliches Eigenleben führen, sondern in ihrer Geltung vom Viermächte-Abkommen abhängig sind. Bedeutet dies, daß die innerdeutschen Vereinbarungen auch denselben Rechtscharakter wie das Viermächte-Abkommen haben? Das Viermächte-Abkommen ist ein völkerrechtlicher Vertrag zwischen vier souveränen Staaten. Sind deshalb die Ergänzungsabkommen auch völkerrechtliche

Peter Schiwy

Verträge? Als Alternative böte sich nur an, daß es sich um Verträge einer besonderen „innerdeutschen" oder „zwischendeutschen" Rechtsordnung oder um besatzungsrechtliche Verträge handelt.

Der Frage der Rechtsnatur ist *Knörr* (Die Kompetenz von Berlin [West] zum Abschluß völkerrechtlicher Verträge, Diss. München 1975) näher nachgegangen, der insbesondere untersucht, ob es sich um („verdeckte") „besatzungsrechtliche" Verträge handelt. Diese Möglichkeit lehnt *Knörr* im Ergebnis allerdings ab. Weder sei den deutschen Behörden eine bindende Weisung, die sie von der Beachtung übergeordneten deutschen Rechts entbunden hätte, erteilt worden, da die deutschen Organe noch Verhandlungsspielräume hatten. Noch bestehe die Möglichkeit einer „Besatzungsauftragsverwaltung", die *Knörr* im Ergebnis ablehnt. Ohne diese Untersuchung im einzelnen nachzuvollziehen, fragt sich, ob es sich überhaupt um besatzungsrechtliche Verträge handeln kann. Das Besatzungsrecht beschreibt die Beziehungen der Besatzungsmächte zu den deutschen Organen, nicht aber die Beziehungen der vier Besatzungsmächte untereinander. Diese Beziehungen der Besatzungsmächte untereinander sind vielmehr durch das Völkerrecht geregelt, wie etwa durch das Viermächte-Abkommen, oder aber durch andere völkerrechtliche Vereinbarungen. Selbst wenn es richtig wäre, daß hier eine Art „Besatzungsauftragsverwaltung" vorgelegen hätte, würde dies lediglich etwas für das Verhältnis der jeweiligen deutschen Organe zur jeweiligen Besatzungsmacht aussagen, nicht aber für das Verhältnis der jeweiligen deutschen Organe zueinander. Als besatzungsrechtliche Verträge lassen sich die innerdeutschen Verträge deshalb nicht qualifizieren.

Gegen die Einordnung in eine innerdeutsche Rechtsordnung spricht einmal, daß eine solche Rechtsordnung nicht nachweisbar ist. So hat auch das Bundesverfassungsgericht im Grundvertrags-Urteil (BVerfGE 36,1) den Grundvertrag, obwohl dieser nach seinem Inhalt inter-se Beziehungen regele, als völkerrechtlichen Vertrag angesehen und ausgeführt: „Inter-se Beziehungen in einem völkerrechtlichen Vertrag zu regeln, kann vor allem dann nötig sein, wenn eine staatsrechtliche Ordnung, wie hier wegen der Desorganisation des Gesamtstaates, fehlt." Entscheidend tritt zur Einordnung in eine bestimmte Rechtsordnung der Wille der Vertragsparteien hinzu. Stellt man aber auf den Willen ab, so ist jedenfalls nach dem Willen der DDR auch die Besuchsvereinbarung ein völkerrechtlicher Vertrag. Dementsprechend wurde

Probleme der Besuchsregelung

die Vereinbarung auch im Teil II des Gesetzblattes der DDR veröffentlicht, der zur Veröffentlichung der völkerrechtlichen Verträge der DDR bestimmt ist (GBl. 1972 II, S. 357). Ein entsprechender Wille seitens des Senats von Berlin ist nicht nachzuweisen und nicht zu unterstellen. So wurde auch die Vereinbarung nicht in einem Gesetzblatt veröffentlicht, das völkerrechtliche Verträge Berlins veröffentlicht. Ein solches Publikationsorgan existiert auch nicht. Auf der anderen Seite wurde die Vereinbarung aber auch nicht im Gesetz- und Verordnungsblatt für Berlin, wo bspw. Staatsverträge Berlins mit den anderen Bundesländern veröffentlicht werden, publiziert. Daß die Besuchsvereinbarung nach Völkerrecht zu beurteilen ist, kann im übrigen überhaupt nicht als anstößig empfunden werden. Selbst wenn es sich um eine spezifisch innerdeutsche Rechtsordnung handelte, wären die Beziehungen mangels entsprechender Rechtssätze vom Völkerrecht geregelt (vgl. schon die Entscheidungen des Staatsgerichtshof f. d. Deutsche Reich, RGZ 116, Anh. S. 18; 121, Anh. S. 1 und 122, Anh. S. 1). Auch das Bundesverfassungsgericht erklärte die Regeln des Völkerrechts für maßgebend, falls für die Beziehungen zwischen den Gliedstaaten eines Bundesstaates Regelungen in der Bundesverfassung fehlen (BVerfGE 36, 1 [24]). Wenn sogar schon im Bundesstaate Verträge zwischen den Staaten den Regeln des Völkerrechts unterliegen, dann doch erst recht die Beziehungen zwischen den beiden Staaten in Deutschland, die nicht einem Bundesstaat angehören.

Als Ergebnis läßt sich jedenfalls festhalten, daß sich die Vereinbarung über den Besucherverkehr nach den entsprechenden völkerrechtlichen Regeln beurteilt (so im Ergebnis auch *Knörr*). Dies scheint auch der Standpunkt des Senats zu sein, der in einer Dokumentation zur Anordnung der Regierung der DDR über die Durchführung eines verbindlichen Mindestumtausches von Zahlungsmitteln vom 5. November 1973 (hrsg. vom Presse- und Informationsamt des Landes Berlin im Januar 1974) die Zulässigkeit dieser Maßnahmen an Regeln des Völkerrechts mißt (zur Frage der Erhöhung des Zwangsumtausches unten noch näher.).

Noch näher einzugehen ist in diesem Zusammenhang auf die Frage der Abhängigkeit der Besuchsregelung (und der anderen innerdeutschen Ergänzungsvereinbarungen) vom Viermächte-Abkommen. Wie erwähnt, bestimmen sowohl das Viermächte-Schlußprotokoll wie auch die innerdeutschen Vereinbarungen, daß diese zusammen mit dem

Peter Schiwy

Viermächte-Abkommen in Kraft treten und in Kraft bleiben. Dies würde bedeuten, daß die Besuchs-Regelung, wenn das Viermächte-Abkommen selbst von den vier Signataren einvernehmlich beendet oder suspendiert wird oder auch wegen Vertragsbruchs oder Wegfalls der Geschäftsgrundlage einseitig beendet oder suspendiert wird, ebenfalls hinfällig wird. Dies ist, da die Besuchs-Regelung selbst ihren Bestand an die Geltung des Viermächte-Abkommens knüpft, eindeutig (vgl. dazu auch *Schiedermair,* Der völkerrechtliche Status ..., S. 186 f.). Wären die jeweiligen deutschen Vertragsparteien aber auch gehindert, diese Vereinbarungen dann (ohne einen entsprechenden Auftrag der Besatzungsmächte) inhaltsgleich wieder in Kraft zu setzen? *Schiedermair* (aaO, S. 186 f.) schließt dies mit der Begründung aus, daß die den zuständigen deutschen Behörden zum Abschluß der Berlin-Vereinbarungen erteilte besatzungsrechtliche Ermächtigung, ohne die die deutschen Behörden rechtlich wirksam keine Vereinbarungen eingehen könnten, mit dem Außerkrafttreten des Vier-Mächte-Abkommens entfallen würde. Auch wenn die Bundesrepublik und die DDR an den Vereinbarungen festhalten wollten, würden die innerdeutschen Vereinbarungen unwirksam.

Eine Ausnahme davon läßt *Schiedermair* allerdings beim Gebietsaustausch zu (aaO, S. 124). Die Rechtswirksamkeit des vollzogenen Gebietsaustausches bleibe unabhängig von der Fortgeltung des Abkommens und der Vereinbarungen bestehen (– allerdings hänge die Regelung des Gebietsaustausches vom Fortbestand des Viermächte-Status ab).

III.

Die Büros für Besuchs- und Reiseangelegenheiten

Die Eigentümlichkeit der Vereinbarung über den Reise- und Besucherverkehr, die – auch wenn sie nach den Regeln des Völkerrechts zu beurteilen ist – doch nicht zu völkerrechtlichen Beziehungen zwischen der DDR und den Westsektoren von Berlin geführt hat, wird auch an den Büros für Besuchs- und Reiseangelegenheiten deutlich, die zur Durchführung der Vereinbarung in den Westsektoren eingerichtet wurden. Die Tätigkeit dieser fünf Büros ist im einzelnen nicht in der Vereinbarung selbst, sondern in einem Protokollvermerk geregelt; die Vereinbarung erwähnt die Büros lediglich in Art. 5 (2). Die Antragstel-

Probleme der Besuchsregelung

lung für Einreisen in die DDR ist möglich, a) indem sich die einladenden Personen oder Stellen an die Behörden in der DDR wenden, b) durch Vermittlung des Deutschen Reisebüros und des Reisebüros der DDR und c) eben bei den Büros für Besuchs- und Reiseangelegenheiten. Diese letzte Möglichkeit wird vermutlich am häufigsten in Anspruch genommen; allerdings ist sie nur für Tagesbesuche möglich. In diesen Büros sind jeweils sechs Angestellte der DDR tätig. Diese sind befugt, Anträge auszugeben, Besuchern Auskünfte über den Besuchs- und Reiseverkehr zu erteilen, Anträge entgegenzunehmen und sie mit den Angaben im Personalausweis des Antragstellers zu vergleichen, Berechtigungsscheine auszustellen, zu siegeln und zu unterschreiben und diese und andere Einreiseformulare auszuhändigen. Das Hausrecht in diesen Büros wird allerdings von den dazu vom Senat von Berlin bestimmten Senatsbediensteten ausgeübt.

Die Büros für Besuchs- und Reiseangelegenheiten könnte man insoweit als Konsulate oder Quasi-Konsulate bezeichnen, als dort einzelne für den Reiseverkehr erforderliche hoheitliche Tätigkeiten von DDR-Angehörigen vorgenommen werden (Siegeln und Ausstellen von Berechtigungsscheinen, auch Beratung etc.). Nach dem (westdeutschen) Wörterbuch des Völkerrechts von *Strupp/Schlochauer* (Bearbeiter: *R. Freudenberg* s. u. Konsularrecht) sind Konsuln „... vom Entsendestaat bestellte und im Empfangsstaat zugelassene Organe des Entsendestaates zur Ausübung einzelner obrigkeitlicher Befugnisse ... (zu den Aufgaben der Konsuln gehört die Vertretung des Entsendestaates) gegenüber allen Einwohnern des Empfangsstaates (etwa durch Erteilung von Einreisevisen) ..." In ähnlichem Sinne übrigens auch das Wörterbuch der Außenpolitik und des Völkerrechts aus dem Staatsverlag der DDR (Berlin 1980 s. u. Konsul). Danach besteht zwischen den Büros für Besuchs- und Reiseangelegenheiten und Konsulaten zumindest eine gewisse Ähnlichkeit. Andererseits werden in den Büros für Bundes- und Reiseangelegenheiten keine Visa erteilt (nur Berechtigungsscheine ausgestellt). Auch betreuen diese Büros keine DDR-Bürger, die sich in den Westsektoren aufhalten (klassische Konsularaufgabe ist die Betreuung von Angehörigen des Entsendestaates), dürfen insbesondere keine Reisepässe ausstellen. Auch sonst vertreten die Büros nicht die Interessen von DDR-Bürgern gegenüber dem Senat von Berlin. Der Senat übt in den Büros das Hausrecht aus. Schließlich genießen die in den Büros tätigen DDR-Bediensteten auch keine Vorrechte und Befreiungen. Da sie keine

Peter Schiwy

Konsulate sind, ist das Wiener Abkommen über konsularische Beziehungen nicht auf sie anwendtbar. Der Protokollvermerk über die Tätigkeit der Büros für Bundes- und Reiseangelegenheiten enthält in Punkt 10 zwar die Verpflichtung des Senats – die Sicherung des Transportes der Angestellten der Deutschen Demokratischen Republik und deren Unterlagen zu gewährleisten (eine Beschlagnahme der Unterlagen wäre danach wohl nicht möglich), aber keine weiteren Privilegien. Demnach könnten die DDR-Angestellten hier wohl ohne weiteres zivil- aber auch strafrechtlich belangt werden, etwa bei einem Verkehrsunfall.

Dies spricht gegen die Annahme einer konsularischen oder quasikonsularischen Tätigkeit (so auch *Zivier,* Der Rechtsstatus des Landes Berlin, 3. Aufl. Berlin 1977, S. 263).

IV.
Die Erhöhung der Mindestumtauschsätze

Zum zentralen Problem der Besuchsregelung ist im letzten Jahr die von der DDR am 13. Oktober 1980 verfügte Erhöhung der Mindestumtauschpflicht geworden. Bereits am 5. November 1973 hatte die DDR die Mindestumtauschpflicht für „Personen mit ständigem Wohnsitz in nichtsozialistischen Staaten und in Westberlin" auf 20 Mark (vorher 10 Mark) für einen Tag bei Besuchen in der DDR, und auf 10 Mark (vorher 5 Mark) bei Besuchen der sogenannten „Hauptstadt" der DDR angehoben (s. AO vom 5. Nov. 1973, GBl. DDR I, S. 517). Es gelang dann durch Bemühungen von westlicher Seite nach einem Jahr diese Sätze auf 13 bzw. 6,50 Mark zu ermäßigen (s. AO vom 5. November 1974, GBl. DDR I, S. 497 und AO Nr. 2 vom 10. Dezember 1974, GBl. DDR I, S. 565). Mit der Anordnung vom 9. Oktober 1980 (in Kraft getreten am 13. Oktober 1980) (GBl. DDR I, S. 291) erhöhte die DDR den Zwangsumtausch dann auf 25 Mark für Besuche in der DDR wie auch in Ostberlin. Auch waren Personen im Rentenalter, die einen Mindestumtausch zuvor nicht durchführen mußten, nicht mehr von der Regelung ausgenommen. In der Folge gingen die Besucherzahlen stark zurück (s. dazu oben S. 165).

Die Rücknahme dieser Erhöhung und Ausweitung der Mindestumtauschpflicht hat der Regierende Bürgermeister von Weizsäcker in seiner Rede am 13. August 1981 gefordert. Er führte aus: „(Diese Maßnahme) verletzt ... die Geschäftsgrundlage der mit der DDR am 20.

Probleme der Besuchsregelung

Dezember 1971 geschlossenen Vereinbarung über den Reise- und Besuchsverkehr. Die Mindestumtauschregelung der DDR widerspricht dem erklärten Ziel des Viermächte-Abkommens, den Reise- und Besuchsverkehr zu erleichtern und zu verbessern. Wie kein anderes Ereignis während der letzten 20 Jahre hat sie in Berlin die Entspannung in Frage gestellt."

Und bereits am 12. Februar 1981 erklärte der damalige Regierende Bürgermeister Vogel in seiner Regierungserklärung vor dem Abgeordnetenhaus: „Die Erhöhung und die Ausweitung des Mindestumtausches berührt die Grundlagen der Vereinbarungen über den Reise- und Besuchsverkehr..."

Der Senat hatte bereits zu der im November 1973 erfolgten Erhöhung der Mindestumtauschsätze eine Dokumentation erstellt. Die darin aufgestellte These, diese Erhöhung verletze die Vereinbarung, wird im wesentlichen damit begründet, daß die DDR im Dezember 1971 beim Vertragsschluß eine Erklärung abgegeben habe, wonach pro Tag bei Besuchen in der DDR ein Betrag von 10 Mark, bei einem Aufenthalt bis zu zwei Tagen 5 Mark bzw. 10 Mark umzutauschen seien. In der Tat sind diese Erklärungen in Ziffer 11 und 13 der „Erklärung der Regierung der Deutschen Demokratischen Republik zur Durchführung des Reise- und Besucherverkehrs von Personen mit ständigem Wohnsitz in Berlin (West)" erhalten.

Diese Erklärung übergab der Verhandlungsleiter der DDR *nach* der Unterzeichnung der Vereinbarung am 20. Dezember 1971 (s. Dok. S. 4).

Dennoch ist es kaum zweifelhaft, daß diese Erklärung Bestandteil der Vereinbarung geworden ist. Dagegen spricht allerdings zunächst einmal, daß die Übergabe *nach* der Unterzeichnung der Vereinbarung erfolgte, aber auch die Tatsache, daß diese Punkte *nicht* in der Vereinbarung oder einem gemeinsamen Protokollvermerk, sondern in einer „Erklärung" der einen (bzw. anderen) Seite enthalten sind. Schließlich ist die Erklärung auch nicht zusammen mit den anderen Dokumenten veröffentlicht worden: Weder im Gesetzblatt der DDR, noch in der im Westen veröffentlichten Dokumentation „Die Berlin-Regelung" (hrsg. vom Presse- und Informationsamt der Bundesregierung).

In der Tat ist diese Auffassung auch vom Senat niemals so deutlich vertreten worden; vielmehr hieß es stets, die Geschäftsgrundlage der Übereinkunft sei durch das Verhalten der DDR verletzt bzw. berührt.

Peter Schiwy

Es konnte aber durchaus fraglich sein, ob die damals bestehende Lage hinsichtlich der Höhe der Umtauschsätze tatsächlich Geschäftsgrundlage geworden ist oder nicht vielmehr nur eine (rechtlich nicht bindende) Absprache zwischen den Vertragsparteien oder gar nur eine Information einer Vertragspartei über bestimmte Regelungen ihres eigenen Rechts. Die These, die in der Erklärung enthaltenen Punkte zum Mindestumtausch seien Geschäftsgrundlage geworden, wird in der Dokumentation wesentlich damit begründet, dieser Punkt habe während der Verhandlungen eine wesentliche Rolle gespielt. Dagegen spricht aber, daß dieser Punkt, wenn er doch so wesentlich war, in der Vereinbarung *nicht* geregelt wurde und die Erklärung erst nach Vertragsunterzeichnung übermittelt wurde. Selbst wenn man aber der „Erklärung" der DDR zumindest in diesem Punkt wohl nicht in anderen) auch eine solche Bedeutung beimißt, daß man sie als Geschäftsgrundlage ansieht, ist damit nicht viel gewonnen. Nach den einschlägigen völkerrechtlichen Regeln (und Völkerrecht war ja auf die Besuchsregelung anzuwenden, wovon auch der Senat in der erwähnten Dokumentation ausgeht) ist eine weitere Voraussetzung, daß durch die Veränderungen der grundlegenden Umstände das Ausmaß der noch zu erfüllenden Vertragspflichten grundsätzlich gewandelt wird (so Art. 62 der Wiener Konvention über das Recht der Verträge). Dies kann man hier nicht sagen, denn die Verpflichtungen der westlichen Seite werden durch die Erhöhung nicht berührt; aufgrund der Besuchs-Regelungen bestehen – sieht man einmal von der Einrichtung und Unterhaltung der Besucherbüros ab – ohnehin keine Verpflichtungen.

Zum anderen führt auch die in Art. 62 der Wiener Vertragsrechtskonvention vorgesehene Rechtsfolge bei grundlegender Veränderung der Umstände nicht zu einer in diesem Fall erwünschten Regelung. Der benachteiligte Partner hätte nämlich das Recht, den Vertrag zu beenden oder zu suspendieren. Der Senat könnte nach Völkerrecht auf eine möglicherweise völkerrechtswidrige Erhöhung der Mindestumtauschsätze mit einer Beendigung oder Suspendierung der gesamten Besuchsregelung reagieren.

Zu untersuchen wäre schließlich noch, ob nicht die DDR mit der Erhöhung gegen ihre Pflicht verstoßen hat, die Vereinbarung nach Treu und Glauben zu erfüllen. *Schiedermair* hat dies für das Verhältnis Bundesrepublik – DDR näher untersucht. Im spezifischen Fall der Besuchsregelung sprechen erheblich Argumente dafür. Die Erhöhung

Probleme der Besuchsregelung

der Umtauschsätze hat – wie die oben aufgeführten Zahlen beweisen – die Besuchsmöglichkeiten faktisch erschwert. Durch Einführung bzw. Erhöhung der von den Begünstigten der Vereinbarung zu erbringenden finanziellen Vorleistungen ist eine nachteilige Veränderung des Besuchsverkehrs eingetreten. Damit hat aber die DDR der ihr aus dem Vertrag obliegenden Pflicht zuwider gehandelt, indem sie den Verkehr praktisch erschwerte. Ihre Anordnung über die Erhöhung des Mindestumtauschs vom 9. Oktober 1980 und die seitdem von ihr praktizierte Übung verstößt folglich gegen Treu und Glauben der Vereinbarung über den Besuchsverkehr.

I. Gesamtberliner Probleme der S-Bahn

Professor Dr. Wolfgang S e i f f e r t
Universität Kiel

Es hat natürlich seinen guten Grund, wenn ich das Thema nicht einfach so exakt benenne, daß es von vornherein klar wird, worum es dem Wesen der Sache nach eigentlich geht, nämlich um die *„Rechtsprobleme, die mit der eventuellen Übernahme der S-Bahn in den Berliner Westsektoren in die Regie des Berliner Senats"* verknüpft sind. Denn wollte man hier einfach „in medias res" gehen, so würde man sehenden Auges in einen Strudel von Gefahren, nicht nur, aber vor allem, auf rechtlichem Gebiet geraten, in dem man leicht untergehen, aus dem man aber nur schwer wieder herauskommen würde.

Die Sache beginnt bereits damit, daß die Berliner S-Bahn, die einst für jeden Berliner ein Symbol, gewissermaßen ein „konstitutiver Bestandteil" seiner Stadt war, heute zwar immer noch im Ostsektor trotz auch dort längst nicht ausreichenden Investitionen das wichtigste öffentliche Verkehrsmittel ist, in den Westsektoren aber nur noch einen verrotteten Torso darstellt, auf dem nur noch wenige, meist veraltete Züge mit ebenso wenig Fahrgästen auf veralteten Gleisen auf wenigen Strecken ihren Fahrtzielen entgegenklappern.

Nichtsdestoweniger wird das S-Bahn-Netz in ganz Berlin auch heute noch als *einheitliches Berliner Verkehrsunternehmen* betrieben, das *einer* einheitlichen Direktion, nämlich der Reichsbahndirektion Berlin untersteht, unbeschadet der Tatsache, daß diese ihren Sitz aus dem amerikanischen Sektor der Stadt in den Ostsektor verlegt hat und in Westberlin nur eine Art „Anlaufstelle" dieser Reichsbahndirektion existiert. Hierbei handelt es sich nicht etwa um das Tätigwerden eines staatlichen Verkehrsunternehmens der DDR, sondern um die Deutsche Reichsbahn als „Verkehrsanstalt des Reiches" (§ 3 RBahnG), die auf diesem „besonderen Gebiet" des Deutschen Reiches 1945 eine sachlich und örtlich beschränkte Reichsverwaltung wieder aufnahm und für deren Tätigkeit auch nach der Neuordnung dieser Rechtsmaterie in der Bundesrepublik Deutschland und in der DDR das Reichseisenbahnrecht fortgilt.

Wolfgang Seiffert

Hieran konnte die gesetzliche Neuregelung der Verkehrsverwaltung in der DDR rechtlich überhaupt nichts, faktisch nur im Ostsektor der Stadt etwas ändern, weil der Betrieb der Deutschen Reichsbahn in Groß-Berlin im Auftrag der vier Alliierten durchgeführt wird, also eine konkrete Erscheinungsform des Viermächtestatus der Stadt ist. Alle gegenteiligen Behauptungen und Regelungen der DDR, so etwa im Statut der „Deutschen Reichsbahn der DDR" oder im Statut des Verkehrsministeriums der DDR gehen an dieser Rechtslage nicht nur vorbei, sondern verstoßen auch gegen die von der DDR im Art. 6 Abs. 1 des Grundlagenvertrages übernommene Verpflichtung, ihre Hoheitsgewalt auf ihr Staatsgebiet zu beschränken. Die entsprechenden Regelungen der DDR über die Verkehrsverwaltung sind im übrigen in den Westsektoren der Stadt schon deswegen nie wirksam geworden, weil die westlichen Alliierten hier stets die entsprechend der Rechtslage des besonderen Gebietes Groß-Berlin erforderlichen Anordnungen und Maßnahmen getroffen haben, um diese Rechtslage auch in der Praxis durchzusetzen und die Reichsbahndirektion Berlin hat diesen Weisungen in den Westsektoren auch stets Folge geleistet. Insofern gehören diese zu den „Rechten und Verantwortlichkeiten der Vier Mächte und (den) entsprechenden diesbezüglichen vierseitigen Vereinbarungen, Beschlüsse(n) und Praktiken", die, wie die Regierung der DDR in einem Schreiben vom 21. 12. 1972 unter Bezugnahme auf Artikel 9 des Grundlagenvertrages versicherte, durch diesen Vertrag nicht berührt werden. *Damit hat auch die DDR anerkannt, daß die Rechtslage der Deutschen Reichsbahn in Groß-Berlin seit 1945 unverändert geblieben ist;* wenn sie dies auch für den Ostteil der Stadt bestreiten wird. In diesem Zusammenhang ist es nicht uninteressant, daran zu erinnern, daß die westlichen Alliierten mit der Übereinkunft, die Durchführung des Eisenbahnbetriebes der sowjetischen Besatzungsmacht in Groß-Berlin zu überlassen, nicht etwa ihre Hoheitsrechte oder die Eigentumsrechte an die sowjetische Besatzungsmacht abgetreten und sich auch nicht ihrer Kontrollbefugnisse entäußert haben. Die SMAD = Sowjetische Militäradministration in Deutschland wurde hier vielmehr im Auftrag der Vier Mächte tätig[1]. Von einer unmittelbaren Kontrolle des Eisen-

---

1 Vgl. auch Johannes Posth,
Rechtliche Grundlagen der Deutschen Reichsbahn in West-Berlin, Göttingen 1973, S. 16/45–54

Probleme der S-Bahn

bahnverkehrs in Groß-Berlin durch Vertreter *aller vier* Mächte wurde lediglich aus praktischen Gründen abgesehen[2]. Die Deutsche Reichsbahn als Subauftragnehmer der UdSSR aber kann natürlich in keiner Weise weitergehende Rechte haben, als sie die SMAD jemals hatte.

Der Präsident der Reichsbahndirektion Berlin wird daher auch heute noch im Auftrag der vier Alliierten für und im Namen des handlungsunfähigen Reichsverkehrsministers tätig; Rechtsgrundlage für die Tätigkeit der Deutschen Reichsbahn sind auch weiterhin die alliierten Übereinkünfte über das Eisenbahnwesen, das Reichsbahngesetz von 1939 und die Eisenbahn-Verkehrsordnung von 1938. Die Deutsche Reichsbahn haftet schließlich nach den Vorschriften der Eisenbahn-Verkehrs-Ordnung, des Haftpflichtgesetzes, des HGB und des BGB. Dabei ist zu beachten, daß die vier Alliierten das Recht haben, die Eisenbahngesetzgebungskompetenz selbst wahrzunehmen und die Alliierte Kommandatura davon mehrmals Gebrauch gemacht hat.

Diese für Berlin als Ganzes fortgeltende Rechtsgrundlage gilt es, bei allen zu treffenden Maßnahmen und evtl. kommenden Verhandlungen schon deshalb im Auge zu haben, damit bei den jetzt oft zu hörenden „Praktischen Regelungen mit der Reichsbahn unter Wahrung des Rechtsstatus" nicht übersehen wird, worin dieser Rechtsstatus konkret bezüglich der Reichsbahn besteht, ohne Illusionen darüber nachzujagen, diesen Rechtsstatus auch im Ostteil der Stadt durchsetzen zu können.

Komplikationen entstehen aber nicht nur aus den komplizierten Rechtsverhältnissen, die hier nur skizziert wurden und die eine zusammenfassende Darlegung letztmalig – soweit ich sehe – in der 1973 am Göttinger Institut für Völkerrecht verteidigten Dissertationen von Johannes Post „Rechtliche Grundlagen der Deutschen Reichsbahn in West-Berlin" gefunden haben, auf die ich mich auch im folgenden teilweise stütze.

Problematisch, deshalb aber für die Position des Berliner Senats keineswegs nur nachteilig, ist auch der Umstand, daß nach insoweit übereinstimmender Auffassung westlicher wie östlicher Experten der Transitverkehr mit der Eisenbahn, der Güterverkehr auf der Schiene und der Betrieb der S-Bahn *technisch* gesehen weitgehend eine Einheit

---

2 ebenda, S. 54

Wolfgang Seiffert

bilden. Wenn der Berliner Senat nun den Betrieb u. U. in eigene Regie nehmen will, bedeutet dies einerseits eine gewisse Verselbständigung der S-Bahn, was *juristisch* in gewissen Grenzen möglich erscheint, aber natürlich nur funktionieren kann, wenn diese *technische* Einheit nicht zerstört wird. Dies kann u. U. Zugeständnisse an die Reichsbahn erfordern bzw. notwendig einschließen, daß bestimmte Leistungen von der Deutschen Reichsbahn für die S-Bahn (Gemeinsame Benutzung des Bahngeländes, bestimmter Stellwerke etc.) weiterhin erbracht werden. Es liegt ferner im westlichen Interesse, daß die Überschüsse der Reichsbahn aus dem Güterbetrieb, möglicherweise auch aus dem Personenverkehr, bei den finanziellen Aufwendungen für die Eingliederung der heruntergewirtschafteten S-Bahn in den Westberliner Verkehrsverbund berücksichtigt werden. Auf gar keinen Fall aber darf darüber ein Zweifel bestehen, daß auch bei einer Übernahme der *S-Bahn* in Regie des Senats, die Betriebspflicht der Reichsbahn im Eisenbahn-Güter- und -Personenverkehr entsprechend den Übereinkünften der Alliierten unverändert fortbesteht. Ebenso müßte es wohl als eine unbedingte Voraussetzung einer solchen Übernahme des S-Bahnbetriebes in Regie des Senats angesehen werden, daß dieser S-Bahn-Verkehr auf allen Strecken betrieben werden kann, die etwa 1975 in den Westsektoren Berlins bzw. auf dem Gebiet in Betrieb waren, das zwar zum Ostsektor gehört, aber – ohne den Ostsektor direkt aufzusuchen – von Berlin-West erreicht bzw. durchfahren werden konnte.

Spätestens hier taucht die Überlegung auf, daß die DDR als solche für solche „Erlaubnisse" und Leistungen finanzielle Gegenleistungen verlangen wird, da es sich insoweit zweifellos um Territorium handelt, das zum Ostteil der Stadt gehört. Dieser auch noch bei anderen Einzelproblemen zu erörternde Aspekt wirft im Zusammenhang mit dem ungeheuren materiellen und finanziellen Aufwand für die Renovation der S-Bahn die Frage auf, ob die Übernahme der S-Bahn in West-Berliner Regie überhaupt eine politisch und ökonomisch vertretbare Position ist. Die Deutsche Reichsbahn ist ja zur Abgabe der S-Bahn in West-Berlin gerade deswegen bereit, weil es sich um ein Zuschußobjekt handelt, das jährlich zwischen 100 und 140 Millionen DM kosten soll. Über 10, 15 Jahre hinweg, wurde eine Übernahme der S-Bahn in Berlin (West) aus vielen Gründen abgelehnt. Experten beziffern die Renovierungskosten auf zwei Milliarden DM. Auch nach Einbringung in den Verkehrsverbund Berlin-(West) wird das Nahverkehrsunternehmen ein subventio-

Probleme der S-Bahn

niertes Unternehmen bleiben. Die S-Bahn ist für die Belange des Nahverkehrs in West-Berlin überhaupt nur bedingt brauchbar, weil sie ursprünglich als Massenverkehrsmittel zur Erschließung einer gesamten Region konzipiert war[3], die allein im offiziellen Stadtgebiet Groß-Berlin ein Territorium von 883 qkm mit einer Bevölkerung von etwa 4 Millionen umfaßte. Es wundert daher nicht, wenn auch heute noch von manchen die Variante erwogen wird, bis zur Wiedervereinigung der Stadt die S-Bahn in West-Berlin überhaupt stillzulegen[4]. Andererseits werden die Baukosten für 1 km U-Bahn-Strecke mit 80–100 Mill. DM angegeben, die Kosten für die Instandsetzung der S-Bahn-Linie für 1 km nur mit 6–8 Mill. DM[5]. Es mögen also durchaus auch finanzielle Gesichtspunkte für ein gemeinsames S-U-Bahn- und Bus-Verkehrsnetz in West-Berlin sprechen. Auf jeden Fall ist die Situation aber wohl so, daß man der Deutschen Reichsbahn nur empfehlen kann, wenn sie die jetzigen Belastungen durch den Betrieb der S-Bahn in West-Berlin loswerden will, diese Chance nicht durch illusionäre finanzielle Forderungen für bestimmte Leistungen, die sie vielleicht auch künftig erbringen muß oder durch für den Westen unannehmbare Rechtspositionen zu verspielen.

Allerdings sollte man auch nicht übersehen, daß auch die Westalliierten und der Senat von Berlin den Rechtsstatus bezüglich der Deutschen Reichsbahn nicht immer gewahrt bzw. Verstöße geduldet haben. Man kann z. B. fragen, ob eine so lange Hinnahme der mangelhaften Erfüllung der Betriebspflicht der Reichsbahn mit diesem Status vereinbar ist. Auch hat der Senat es hingenommen, daß auf in West-Berlin von der Deutschen Reichsbahn mit natürlichen und juristischen Personen, die ihren Sitz in Berlin haben, abgeschlossene Beförderungsverträge und auf Arbeitsverträge mit Personen mit Wohnsitz in West-Berlin das Recht der DDR angewandt und Streitigkeiten hieraus von DDR-Gerichten entschieden werden, obwohl dies nach den o. g. geltenden Rechtsgrundlagen unzulässig ist und selbst die Vorschriften des IPR-

---

3   Vgl. auch DIW-Wochenbericht 5/81:
    Hat die S-Bahn eine Beförderungsaufgabe in Berlin (West)?
4   Ebenda
5   Ebenda

Wolfgang Seiffert

Rechts der DDR z. B. auf das Recht am Sitz des Beförderers (§ 12 RAG) bzw. am Wohnsitz des Beschäftigten (§ 27 Abs. 2 RAG) verweist[6]. Auf der gleichen Ebene liegt die Verpflichtung des Senats, das in der Berliner Verfassung vorgesehene Koalitionsrecht einschließlich des Streikrechts sowie das Mitbestimmungsrecht der Arbeiter und Angestellten (Artikel 17 und 18 der Berliner Verfassung) auch im Bereich der Deutschen Reichsbahn zu gewährleisten, jedenfalls zumindest da und soweit wie die politischen Machtverhältnisse in West-Berlin dies erlauben. Wenn es möglich war, die Befugnisse der Bahnpolizei in den Westsektoren wirksam zu regeln, warum sollte es dann nicht möglich sein, die Grundrechte der Berliner zu gewährleisten? (Es hat mich übrigens schon immer irritiert, daß z. B. die West-Berliner Presse sich über die Dumpingpreise osteuropäischer Fluggesellschaften empört, aber offenbar niemand sieht, daß auch der Verkauf von Flugtickets dieser Gesellschaften durch West-Berliner-Reisebüros der in Berlin geltenden Rechtsordnung unterliegt.)

Im übrigen muß natürlich eingeräumt werden, daß die Rechtslage in Berlin – nicht nur in bezug auf die Deutsche Reichsbahn – kompliziert ist, viele Dinge nicht oder nicht eindeutig oder durch Gewohnheiten geregelt sind, und es wohl nur noch wenig Personen gibt, die alle Details der in 35 Jahren, vor allem aber *vor* 35 Jahren entstandenen Rechtslage noch kennen. Fast fühlt man sich an die Komplikationen der schleswig-holsteinischen Frage erinnert, von denen Otto von Bismarck berichtete:

„Der schleswig-holsteinische Handel war so entwickelt, daß Lord Palmerston scherzweise äußerte, nur drei Menschen hätten ihn verstanden: der erste derselben sei Prinz Albert gewesen, der sei tot; der zweite, ein dänischer Staatsmann, der sei verrückt geworden, der dritte sei er, Palmerston und der habe es vergessen" (Der Kanzler – Otto von Bismarck in seinen Briefen, Reden und Erinnerungen, München 1915, S. 167).

---

[6] Es handelt sich hier nicht darum, daß diese natürlichen oder juristischen Personen von ihrem Recht Gebrauch machten, das auf solche Verträge anzuwendende Recht zu wählen, sondern darum, daß diese Freiheit der Rechtswahl insbesondere wegen der Monopolstellung der Reichsbahn nicht gewährleistet war und nicht gewährleistet ist.

Probleme der S-Bahn

Daß dieser Scherz auch heute in bezug auf die S-Bahn in Berlin auch noch seine aktuelle Parallele hat, mag folgendes Beispiel zeigen. Ende 1975 (oder Anfang 1976) reiste die im Saarland wohnende Schwester des DDR-Staatsvorsitzenden Honecker zu Besuch ihres Bruders mit der Eisenbahn und nahm zuvor einen kurzen Aufenthalt in West-Berlin. Dabei und bei ihrer Weiterreise nach dem Ostteil der Stadt fiel ihr auf, daß in einigen West-Berliner-Bahnhöfen die dort eingerichteten Kioske und Geschäfte und auch einige Bahnhöfe einen weitaus besseren Eindruck machten, als der Bahnhof Friedrichstraße. Sie war dabei in Unkenntnis, daß diese West-Berliner Bahnhöfe mit Mitteln des Senats renoviert und die Geschäfte z. T. auf dem von West-Berlin verwalteten Vorratsvermögen errichtet waren. Jedenfalls fragte sie ihren Bruder, warum man die Devisen-Einnahmen aus dem S-Bahn-Betrieb in West-Berlin nicht auch zur Renovierung des Bahnhofes Friedrichstraße verwende. Dem leuchtete dies ein und er forderte vom Verkehrsministerium der DDR eine entsprechende Stellungnahme, da auch Honecker bis zu diesem Zeitpunkt (also ca. 5 Jahre nachdem er Ulbricht im Amte gefolgt war) noch immer der irrigen Auffassung war, der S-Bahn-Betrieb in West-Berlin sei eine Devisenquelle. Erst bei dieser Gelegenheit erfuhr er von der „Subventionssituation" und ist seitdem ein Vertreter des Standpunktes, diese S-Bahn an den Senat los zu werden.

Wenden wir uns aber einer der Kernfragen zu, die bei einer evtl. Übernahme der S-Bahn in West-Berlin in die Regie des Senats die entscheidende Rolle spielen dürfte.

II. Die Betriebspflicht der Deutschen Reichsbahn

Hier haben wir es nun m. E. zunächst mit einer scheinbar terminologischen Frage zu tun, die aber durchaus handfeste juristische Konsequenzen hat.

In der Öffentlichkeit, in den Medien und auch in der Fachliteratur wird in der Regel davon gesprochen, die *„Betriebsrechte"* der S-Bahn lägen bei der Deutschen Reichsbahn. Diese Terminologie entstand offenbar aus der Absicht, die Behauptung der Deutschen Reichsbahn abzuwehren, das Reichsbahnvermögen in Berlin, insbesondere in den Westsektoren der Stadt, sei in das Eigentum der Deutschen Reichsbahn übergegangen. Dieser These wurde die Formel entgegengestellt, die

Wolfgang Seiffert

Deutsche Reichsbahn habe nur die „Betriebsrechte". Doch diese Formel kann u. U. den Deutsche Reichsbahn-Standpunkt der Deutschen Reichsbahn eher bestärken als abwehren. „Rechte" sind immer ein verselbständigtes immaterielles Gut (man denke nur an Patentrechte o. ä.) insoweit ein spezifisches Eigentumsrecht oder aber verselbständigte, aus dem Eigentumsrecht abgeleitete Rechte: Verfügungsrechte, Besitzrechte, Nutzungsrechte. Hat die Deutsche Reichsbahn aber Betriebsrechte übertragen bekommen, so wären dies u. U. Nutzungsrechte und die Sowjetunion bzw. die Deutsche Reichsbahn hätte, soweit diese nicht eingeschränkt sind, sehr weitgehende Möglichkeiten, mit diesen Nutzungsrechten zu machen, was sie für richtig hält. Sie könnte sie verkaufen, also auf andere übertragen, verpachten etc. und das alles nicht unbedingt an den Senat von Berlin. Nun haben die vier Alliierten aber nicht vereinbart, die Nutzungsrechte an die Sowjetunion zu übertragen, sondern sie sind übereingekommen, daß die Betriebspflicht von der Sowjetunion wahrgenommen wird, nicht weniger und nicht mehr. Natürlich schließt das logischerweise das Recht ein, die S-Bahn zu betreiben. Aber das ist hier Ausfluß der übertragenen Betriebspflicht und nicht die eigentumsrechtliche Übertragung eines selbständige Betriebs- oder Nutzungsechts, das dann ja die anderen drei Alliierten nicht mehr hätten.

Diese *Betriebspflicht* der Deutschen Reichsbahn folgt aus den Übereinkünften der vier Alliierten, die sich auf die Aufrechterhaltung des Eisenbahnverkehrs und die Durchführung des Eisenbahnbetriebes durch die sowjetische Besatzungsmacht beziehen und den entsprechenden Anweisungen der SMAD an die deutschen Behörden im Sowjetsektor bzw. den entsprechenden bilateralen Vereinbarungen zwischen der Sowjetunion und der DDR. Sie umfaßt die Gewährleistung sowohl des alliierten als auch des zivilen deutschen Eisenbahnverkehrs von und nach Berlin und des S-Bahnverkehrs innerhalb Berlins und besteht gegenüber dem Träger der Eisenbahnhoheit, dem Deutschen Reich, dessen entsprechende Funktionen wegen der Handlungsunfähigkeit desselben in diesem besonderen Gebiet von den hier die oberste Gewalt ausübenden Alliierten wahrgenommen werden und ist ihrem konkreten Inhalt nach von § 3 Abs. 3 des Reichsbahngesetzes bestimmt.

Wegen der monopolartigen Stellung obliegt der Deutschen Reichsbahn wie allgemein den Eisenbahnunternehmen sowohl nach deutschem als auch nach internationalem Recht (CIM/CIV) grundsätzlich eine *Beför-*

Probleme der S-Bahn

derungspflicht; sie können den Abschluß entsprechender Beförderungsverträge nur verweigern, wenn es sich um ausdrücklich von der Beförderung ausgeschlossene Personen bzw. Güter handelt.

Nun ist ebenso offensichtlich, daß die Deutsche Reichsbahn diese ihre Betriebs- und Beförderungspflicht erfüllt, soweit es sich um den Personen- und Güterverkehr von und nach Berlin handelt, wie es allgemeinkundig ist, daß sie diese Pflicht seit Jahren verletzt, soweit es um den S-Bahnverkehr innerhalb Berlins geht. Seit dem 13. 8. 1961 ist der S-Bahnverkehr zwischen den Westsektoren und dem Ostsektor der Stadt mit geringen Ausnahmen unterbrochen. Der S-Bahnverkehr von den Westsektoren nach den zur DDR gehörenden, an die Westsektoren angrenzenden Gebieten (Beispiel: Potsdam) wird nicht mehr betrieben. In West-Berlin ist der S-Bahn-Betrieb eingestellt worden und wird heute nur noch auf zwei Strecken mit großen Zeitabständen wahrgenommen. Der Nachtverkehr wurde fast ganz eingestellt, 38 Bahnhöfe geschlossen. Seit Jahrzehnten hat die Reichsbahn in den Westsektoren nur noch die allernotwendigste Erhaltungsinvestition vorgenommen. Längst ist es fraglich geworden, ob das erforderliche Maß an Sicherheit im breiten Sinne des Wortes auf dem Bahngelände noch gegeben ist. Bahngelände, Geleise, Wagenpark, Bahnhöfe sind in einem derart heruntergekommenen Zustand, daß die Benutzung der wenigen noch betriebenen Strecken der Berliner Bevölkerung kaum zuzumuten ist. Schon haben sich Bürgerinitiativen gebildet, die vom Innensenator verlangen, die stillgelegten Bahnhöfe unter „Objektschutz" zu stellen und verstärkt in den Streifendienst der West-Berliner-Polizei einzubeziehen. Die enge technische Verbindung zwischen S-Bahn und Eisenbahnfernverkehr bringt es mit sich, daß die totale Vernachlässigung der Betriebspflicht bei der S-Bahn sich auch nachteilig auf den Eisenbahnverkehr auswirkt.

Angesichts dieser schon katastrophalen Lage liegt es auf der Hand, nach den Rechtsfolgen der fast vollständigen Unterlassung der Betriebspflicht der Deutschen Reichsbahn bei der S-Bahn zu fragen.

Reichsbahngesetz und Eisenbahnverkehrsordnung haben einen solchen Fall nicht vorgesehen, weil der Gesetzgeber ganz offensichtlich davon ausgegangen ist, daß die Wahrnehmung der Betriebspflicht durch eine „Verkehrsanstalt des Reiches" eben vom Reich selbst genauso selbstverständlich gewährleistet wird, wie aus dem gleichen Grunde für die Inbetriebnahme der Reichsbahn auch keine Genehmigungspflicht

Wolfgang Seiffert

erforderlich war. Anders bei gewerblich betriebenen Unternehmen, z. B. einer Straßenbahn oder eines Luftfahrtunternehmens, bei denen das Personenbeförderungsgesetz bzw. das Luftverkehrsgesetz (z. B. in der Bundesrepublik Deutschland) den Betrieb von der Erteilung einer staatlichen Genehmigung abhängig machen, die dann, wenn diese Verkehrsunternehmen die öffentliche Sicherheit und Ordnung gefährden, zu versagen bzw. wenn sie ihre Betriebspflicht verletzen, wieder zu entziehen ist.

Da das Deutsche Reich nicht handlungsfähig ist und die Alliierten in dem besonderen Gebiet Berlin die obserste Gewalt ausüben, liegt es nahe, daß diese bzw. in ihrem Auftrag die UdSSR die Deutsche Reichsbahn zur Wahrnehmung ihrer Betriebs- und Beförderungspflicht anhält. Wir können hier nur annehmen, daß dies entweder über längere Zeit hinweg nicht geschehen oder ohne Erfolg geblieben ist. Denn die unmittelbar die Betriebspflicht ausübende Deutsche Reichsbahn hat diese nicht nur verletzt, sondern auch eindeutig zu erkennen gegeben, daß sie diese nicht mehr ausüben will.

In diesem Zusammenhang ein Wort zur Bewertung der „Mitteilung" der Deutschen Reichsbahn vom 26. 3. 1976. Sie lautet: „Wie die Reichsbahndirektion Berlin mitteilt, hat sich die Rentabilität der S-Bahn in Westberlin im Jahre 1975 weiter verschlechtert. Aus der Gegenüberstellung von Einnahmen und Ausgaben ergibt sich ein Jahresverlust von etwa 100 Millionen Mark. Wie aus unterrichteten Kreisen verlautet, besteht seitens der Deutschen Reichsbahn die Absicht, die S-Bahn in Westberlin an den Westberliner Senat zu verpachten"[7].

Dies ist die Ankündigung, daß die Deutsche Reichsbahn ihre Betriebspflicht wegen der mangelnden Rentabilität der S-Bahn insoweit nicht mehr ausüben will.

Es wäre falsch, hier ein automatisches Erlöschen der „Betriebsrechte" oder einen automatischen Rückfall der Betriebspflicht (an wen?) anzunehmen. Denn einmal handelt es sich nicht um verselbständigte „Betriebsrechte", die man einfach zurückgeben oder verpachten kann, sondern um eine von der zuständigen obersten Gewalt auferlegte

---

[7] in: „Neues Deutschland" vom 26. 3. 1976, S. 2

Probleme der S-Bahn

Betriebspflicht. Zum anderen ist diese Absichtserklärung an den falschen Adressaten gerichtet; sie kann nur als Mitteilung an die Alliierten verstanden werden, diese Betriebspflicht wegen Unwirtschaftlichkeit nicht mehr erfüllen zu können. Es ist Sache der Alliierten, die Entscheidungen zu treffen, die sie für erforderlich halten. Hierfür bieten sich folgende Varianten an:

1. Variante

Die vier Alliierten vereinbaren, die Deutsche Reichsbahn von ihrer Betriebspflicht bezüglich der S-Bahn in den Westsektoren zu entbinden. Natürlich ist es nicht sicher, daß die 4. Macht, d. h. die UdSSR, hierzu bereit ist. Sie könnte der Ansicht sein, sie habe diese Funktionen längst der DDR übertragen. Diese kann jedoch für die Westsektoren nicht an Stelle der UdSSR den 3 Mächten gegenübertreten. Stimmt die UdSSR jedoch der Entbindung der Deutschen Reichsbahn von der Betriebspflicht zu, so ist die Übertragung derselben für die Westsektoren an einen neuen Auftragnehmer in den Westsektoren die alleinige Angelegenheit der 3 Westmächte.

2. Variante

Die Alliierte Kommandantura stellt fest, daß die Betriebspflicht bezüglich der S-Bahn in den Westsektoren nicht mehr oder nicht mehr in dem erforderlichen Umfange erfüllt wird und eine Mitteilung der Deutschen Reichsbahn darüber vorliegt, diese auch künftig nicht mehr ausüben zu wollen und deshalb den Senat von Berlin (oder die BVB) mit der Betriebspflicht betraut.

Der denkbare Einwand der Sowjetunion, dies sei eine „einseitige Veränderung der Lage in dem betreffenden Gebiet" käme schon deshalb nicht zum Zuge, weil die Betriebspflicht erst nach Inkrafttreten des Vier-Mächte-Abkommens vom 3.9.1971 verletzt wurde, danach allmählich der S-Bahnbetrieb immer weiter eingeschränkt wurde und nun fast stilliegt und somit eine einseitige Veränderung der Lage eben gerade im Verantwortungsbereich der UdSSR vorliegt. Die Maßnahmen der 3 Mächte wären hierauf die adäquate Reaktion und eben darauf gerichtet, die bei Abschluß des Vier-Mächte-Abkommens am 3.9.1971 bestehende Lage materiell wiederherzustellen, was wegen des Verhaltens der Deutschen Reichsbahn nur durch eine Veränderung des Trägers der Betriebspflicht möglich ist.

Wolfgang Seiffert

Eine Variante könnte u. U. auch darin bestehen, daß die 3 Mächte ein gentlemen's agreement mit der Sowjetunion treffen, daß diese gegen eine Übertragung der Betriebspflicht für die S-Bahn in den Westsektoren auf den Senat keine Einwände erheben würde.

Aus Gründen der Zweckmäßigkeit sollen die Vor- und Nachteile dieser Varianten hier nicht im Einzelnen erörtert werden.

Nach der von mir vertretenen Konzeption bedarf es jedenfalls zur Übernahme der S-Bahn in die Regie des Berliner Senats wohl einer Entscheidung der Alliierten (4 oder 3), die die Deutsche Reichsbahn von der Betriebspflicht hinsichtlich der S-Bahn in den Westsektoren entbindet und der Entscheidung der Drei Mächte, daß eben diese so gekennzeichnete Betriebspflicht auf den Senat übertragen wird. Aber es bedarf darüber keiner Verhandlungen und Vereinbarungen zwischen Senat und Deutscher Reichsbahn, die hier auch keine Kompetenzen haben.

Eine andere Frage ist es, daß auch dann, wenn es diese alliierten Entscheidungen gibt, dennoch Verhandlungen und Vereinbarungen zwischen den deutschen Behörden notwendig, zumindest zweckmäßig werden. (Die Alliierten können im übrigen auch entscheiden, daß *erst* diese deutsch-deutschen Verhandlungen geführt werden und können ihre Entscheidungen vom Ergebnis dieser Verhandlungen abhängig machen.)

Die Gründe für solche Verhandlungen und Vereinbarungen sind leicht aufgezählt, z. T. habe ich sie schon genannt.

Es sind dies:

– die technische und teilweise auch organisatorische Einheit von S-Bahn und Eisenbahnverkehr,
– die Notwendigkeit, für den S-Bahnbetrieb Territorium des Ostsektors und Leistungen der Deutschen Reichsbahn in Anspruch zu nehmen.

Es handelt sich also um Fragen der Rechtssicherheit und der Praktikabilität, jedoch nicht um Fragen der Übertragung der Betriebspflicht, schon gar nicht der „Pachtung" von Betriebsrechten.

Die teure Sache der S-Bahn könnte – so meine ich – auf diese Weise „nicht sehr, aber doch" etwas billiger werden.

Vierte Arbeitssitzung:

Bewährung des Abkommens

Leitung: Professor Dr. *Eckart Klein*
Rechtswissenschaftliche Fakultät
der Universität Mainz

Referate: 1. Dr. *Ernst Renatus Zivier*
Anwendung und Beachtung des Berlin-Abkommens aus östlicher und westlicher Sicht

2. Professor Dr. *Jens Hacker*
Die außenpolitische Resonanz des
Berlin-Abkommens

3. Professor Dr. *Gottfried Zieger*
Die Perspektiven des Berlin-Abkommens

Anwendung und Beachtung des Berlin-Abkommens aus östlicher und westlicher Sicht

RegDir. Dr. Ernst Renatus Zivier, Berlin

1.1. Die Erfüllung des Vier-Mächte-Abkommens und der innerdeutschen Ausführungsvereinbarungen ist zugleich Rechtsanwendung und Politik. Die Berlin-Regelung muß rechtlich und politisch im Gesamtzusammenhang der deutschen Ostpolitik gesehen werden, die ihrerseits nur im Rahmen eines globalen Entspannungsprozesses möglich war[1]. Das gilt sowohl für das Zustandekommen als auch für die laufende Anwendung der Verträge.

Was das Zustandekommen der Verträge betrifft, so ist der Zusammenhang zwischen der Berlin-Regelung und dem Moskauer Vertrag deutlich zum Ausdruck gebracht worden, vor allem dadurch, daß die Berlin-Regelung durch Unterzeichnung des Vier-Mächte-Schlußprotokolls genau zu dem Zeitpunkt inkraftgesetzt wurde, zu dem in Bonn die Ratifikationsurkunden des Moskauer Vertrages ausgetauscht wurden. In dem sog. Bahr-Papier, das einen Zusammenhang zwischen dem Moskauer Vertrag, dem Grundlagenvertrag mit der DDR und den deutsch-polnischen und deutsch-tschechoslowakischen Verträgen herstellt, ist die Berlin-Regelung dagegen nicht erwähnt[2]. Ich werde auf diesen Punkt später zurückkommen.

Nur durch das politische Junktim zwischen dem Vier-Mächte-Abkommen und den deutschen Ostverträgen war es möglich, daß die Berlin-Regelung so günstig sein konnte, wie es – vor allem bei richtiger Auslegung der Vertragstexte – tatsächlich der Fall ist. Dies wird, vor allem in politischen Äußerungen der östlichen Vertragspartner, oft aber auch in der westlichen Presse, absichtlich oder fahrlässig übersehen; man geht stillschweigend davon aus, daß den zum Teil recht günstigen Transit- und Besuchsregelungen gleichwertige Leistungen der westlicher Vertragspartner im Vier-Mächte-Abkommen selbst gegenüberstehen müßten.

---

1 Vgl. das Grundvertragsurteil des Bundesverfassungsgerichts BVerfG 36,1; Seite 20.
2 Vgl. Ziffer 5 des sog. Bahr-Papiers, Bulletin der Bundesregierung Nr. 132 vom 29. Oktober 1969, Seite 1122.

Ernst Renatus Zivier

Wenn ein Politiker der Bundesrepublik eine feste Haltung zu den grundsätzlichen Statusfragen einnimmt oder wenn man als Jurist von den Politikern eine solche Haltung fordert, so kann dies den Eindruck erwecken, als ob man die günstigen Regelungen im praktischen Bereich gern entgegennimmt, sich bei den eigenen Gegenleistungen aber kleinlich auf den Wortlaut der Verträge beschränkt. Dies ist natürlich nicht nur juristisch, sondern auch politisch falsch. Die wichtigsten Gegenleistungen für die Vorteile des Berlin-Abkommens hat die Bundesrepublik im Moskauer Vertrag und später auch im Grundvertrag mit der DDR sowie in dem deutsch-polnischen Vertrag erbracht.[2a] Es ist übrigens eine interessante Frage, ob auch die Ratifikation des Atom-Sperrvertrages durch die Bundesrepublik in dieses politische Junktim gehört[3].

Gerade weil die Berlin-Regelung in vielen Punkten so günstig ist, ist es verständlich, wenn Politiker auf der westlichen Seite ihre im großen und ganzen reibungslose Durchführung um keinen Preis gefährden wollen. Dies führt allerdings zu Problemen, wenn es um die Durchsetzung grundsätzlicher Rechtspositionen geht. Auch auf diesen Punkt werde ich noch einmal zurückkommen.

1.2 Während der politische Zusammenhang der verschiedenen Ostverträge auf der Hand liegt, ist die Frage nach einem möglichen rechtlichen Zusammenhang weit schwieriger zu beantworten. Soweit es um den Moskauer Vertrag, den Grundvertrag mit der DDR sowie die Verträge mit Polen und der Tschechoslowakei geht, wird vor allem auf Nr. 5 des sog. Bahr-Papiers verwiesen[4]. Hiernach sollen die dort aufgezählten Verträge – zu denen die Berlin-Regelung wie gesagt nicht gehört – ein einheitliches Ganzes bilden. Mit der rechtlichen Bedeutung dieses Dokuments hat sich vor allem *Ress* in seiner Monographie über die Rechtslage Deutschlands nach dem Grundlagenvertrag befaßt. Er kommt zu dem Ergebnis, daß es sich hier um eine politische Absichtser-

---

2a Zu den möglichen Formen vertragsexterner Gegenseitigkeit vergl. *Simma*, Das Reziprozitätsprinzip im Zustandekommen völkerrechtlicher Verträge, Berlin 1972, S. 223 ff.
3 Der Vertrag über die Nicht-Verbreitung von Kernwaffen wurde für die Bundesrepublik am 1. Juli 1968 unterzeichnet; die Verabschiedung des Zustimmungsgesetzes und Ratifikation erfolgte aber erst nach Inkrafttreten der Ost-Verträge im Jahre 1974 (Zustimmungsgesetz vom 4. Juni 1974 BGBl. II Seite 785).

Anwendung des Abkommens

klärung ohne rechtliche Verbindlichkeit handelt[5]. Unter diesen Umständen kann man es fast begrüßen, daß die Berlin-Regelung im Bahr-Papier nicht erwähnt ist. In einer früheren, gemeinsam mit *Doehring* veröffentlichten Arbeit über staats- und völkerrechtliche Aspekte der Berlin-Regelung hat *Ress* auf verschiedene Punkte hingewiesen, die dafür sprechen, daß auch zwischen dem Moskauer Vertrag und der Berlin-Regelung mindestens ein politisches Junktin beabsichtigt war. Er weist in diesem Zusammehang auf einen Kabinettbeschluß vom 23. Juli 1970 hin, den der damalige Außenminister *Scheel* nach seinen Angaben in der Rede zu den Ratifikationsgesetzen vor dem Deutschen Bundestag dem sowjetischen Außenminister *Gromyko* wörtlich vorgelesen hat. Es heißt dort – ich beziehe mich hier auf ein Zitat von *Ress*[6]:

> Die Bundesregierung ist der Auffassung, daß Fortschritte in der europäischen Entspannung untrennbar verbunden sind und mit Fortschritten in Richtung auf eine befriedigende Regelung der Lage in und um Berlin. Ein Gewaltverzichtsvertrag wird daher erst dann inkraft gesetzt werden können, wenn entsprechende Vereinbarungen vorliegen.

Ferner weist *Ress* auf eine Äußerung des damaligen Bundeskanzlers *Brandt* hin sowie auf die Präambel einer Verordnung der DDR vom 23. Februar 1972 (GBl. II Seite 125), in der es heißt:

> ... als Geste des guten Willens zeitweilig jene Regelung über den Reise- und Besuchsverkehr inkraftzusetzen, die nach der Ratifizierung der Verträge zwischen der UdSSR und der BRD vom 12. August 1970 und zwischen der Volksrepublik Polen und der BRD vom 7. Dezember 1970, nach Inkraftsetzung des vierseitigen Abkommens über West-Berlin, des Abkommens zwischen der Regierung der Deutschen Demokratischen Republik und der Bundesrepublik Deutschland über den Transit-Verkehr ... sowie der Vereinbarung zwischen der Regierung der Deutschen Demokratischen Republik und dem Senat über Erleichterungen und Verbesserungen des Reise- und Besuchsverkehrs wirksam werden.

Dazu kommt natürlich noch das bereits erwähnte Verfahren, durch das die Berlin-Regelung und der Moskauer Vertrag gleichzeitig inkraft gesetzt wurden.

---

4 Vgl. Fußnote 2.
5 *Ress,* Die Rechtslage Deutschlands nach dem Grundvertrag, Springer-Verlag, Berlin – Heidelberg – New York, Seite 14 ff., insbesondere 25 f.
6 *Doehring-Ress:* Staats- und völkerrechtliche Aspekte der Berlin-Regelung, Athenäum-Verlag, Frankfurt am Main, 1972, Seite 35 f.

Ernst Renatus Zivier

Ress stellt nun die Frage, ob man aufgrund der zitierten Erklärungen annehmen kann, daß die betreffenden Vertragswerke zueinander im Verhältnis der Geschäftsgrundlage stehen, so daß bei Fortfall oder bei dem Bruch eines Vertrages die anderen Verträge gekündigt oder geändert werden dürfen. Nach seiner Auffassung bestehen hiergegen schwerwiegende Bedenken, vor allem deshalb, weil weder die drei Westmächte noch die Volksrepublik Polen ihr Einverständnis zu dem zwischen der UdSSR und der Bundesrepublik Deutschland hergestellten Junktim erklärt haben[7].

Meines Erachtens sollte man sich, wenn es um die Frage der Geschäftsgrundlage geht, allerdings nicht zu sehr an die Dokumente und Erklärungen fixieren, die die beteiligten Mächte bei Vertragsschluß abgeben. Die Rechtsfigur der Geschäftsgrundlage – oder der veränderten Umstände, wie es in der angelsächsischen Literatur und in der Wiener Vertragsrechtskonvention heißt – beruht ja gerade auf der Erkenntnis, daß die sinnvolle Erfüllung eines Vertrages von Umständen abhängen kann, die die Parteien nicht erwähnt haben, weil sie sie als selbstverständlich voraussetzen.

Notwendig ist vor allem, daß es sich um Umstände handelt, die bei Inkrafttreten eines Vertrages bestehen und deren späterer Fortfall die Vertragserfüllung für eine oder mehrere Parteien unzumutbar macht. Ob die Annahme, daß bestimmte Umstände nach Vertragsschluß eintreten würden, zur Geschäftsgrundlage gehören kann, ist mindestens zweifelhaft. Nach Art. 62 der Wiener Vertragsrechtskonvention – die allerdings auf die Ostverträge nicht unmittelbar anwendbar ist – kommt nur eine Änderung der Umstände in Betracht, die bei Vertragsschluß existierten[8].

Unter diesem Gesichtspunkt gewinnt das Verfahren, durch das die Berlin-Regelung und der Moskauer Vertrag gleichzeitig inkraftgesetzt wurden, eine zusätzliche Bedeutung. Wenn die Verträge zu verschiedenen Zeitpunkten inkraftgetreten wären, so hätte nur der jeweils frühere Vertrag Geschäftsgrundlage für den späteren Vertrag sein können, nicht

---

7 *Ress* wie Fußnote 5.
8 Andere Ansicht, allerdings *Ress* wie Fußnote 5, Seite 21, der unter Kritik am Wortlaut der Wiener Vertragsrechtskonvention annimmt, daß ein Fortfall der Geschäftsgrundlage auch vorliegen kann, wenn ein zukünftiges Ereignis, dessen Eintritt die Parteien bei Vertragsschluß als selbstverständlich vorausgesetzt haben, ausbleibt.

Anwendung des Abkommens

aber umgekehrt. Die zeitliche Abstimmung war notwendig, damit beide Verträge im Verhältnis zueinander Geschäftsgrundlage sein können.

Für die anderen Ostverträge bedeutet dies, daß die Berlin-Regelung zwar Geschäftsgrundlage für den Grundvertrag mit der DDR (und möglicherweise auf für den Warschauer Vertrag) sein kann, aber nicht umgekehrt. Diese Feststellung ist zwar verblüffend, scheint sich aber zwingend aus dem Vorhergesagtem zu ergeben. Ob eine Verletzung des Vier-Mächte-Abkommens durch die UdSSR als Fortfall der Geschäftsgrundlage gegenüber Polen oder der Tschechoslowakei geltend gemacht werden könnte, braucht hier nicht entschieden zu werden.[9]

Ein wechselseitiges rechtliches Junktim zwischen der Berlin-Regelung und den Ostverträgen, das unabhängig von dem Zeitpunkt der Vertragsschlüsse geltend gemacht werden könnte, bestünde daher nur, wenn es die Vertragsparteien durch entsprechende Willenserklärungen hergestellt hätten. Dies hat mit dem Rechtsinstitut der Geschäftsgrundlage nichts zu tun; man müßte in den betreffenden Erklärungen vielmehr selbständige Vereinbarungen sehen, durch die die Parteien die Geltung und Erfüllung der verschiedenen Ostverträge von einander abhängig machen wollten. Das Bahr-Papier enthält keinen Hinweis auf die Berlin-Regelung und muß daher im Zusammenhang mit dem Viermächte-Abkommen schon aus diesem Grunde außer Betracht bleiben. Im übrigen hat Ress überzeugend nachgewiesen, daß dieses Dokument ebenso wie die anderen Äußerungen der Partnerstaaten, die auf ein Junktim hindeuten könnten, nur als politische Absichtserklärungen und nicht als rechtsverbindliche Vereinbarungen anzusehen sind.

1.3. Diese rechtlichen Erwägungen sind allerdings politisch nur von begrenztem Interesse, weil nämlich die Leistungen, die die Bundesrepublik im Rahmen der Ostverträge erbracht hat, ihrer Natur nach weitgehend unwiderruflich sind. Man denke nur an die weltweite Anerkennung der DDR nach Abschluß des Grundvertrages und an den Beitritt der beiden deutschen Staaten zu den Vereinten Nationen. Dagegen handelt es sich bei der Berlin-Regelung, gerade soweit sie Pflichten

---

9 Grundsätzlich muß man davon ausgehen, daß die Erfüllung (vertraglicher oder anderer) Rechtspflichten durch Drittstaaten zur Geschäftsgrundlage eines Vertrages gehören kann. Dies gilt insbesondere, wenn zu diesen Drittstaaten und einer Vertragspartei so enge politische Beziehungen bestehen, wie es zwischen der Sowjetunion und den Ostblockstaaten der Fall ist.

Ernst Renatus Zivier

für die DDR und die Sowjetunion begründet, um ein Dauerschuldverhältnis. Die Leistungen, zu denen die östlichen Vertragspartner verpflichtet sind, können jederzeit verweigert werden, wobei es politisch nebensächlich ist, ob dies im Wege eines eindeutigen Vertragsbruches oder mit mehr oder weniger vorgeschobenen rechtlichen Begründungen geschieht. Auf diese Ungleichheit der ausgetauschten Leistungen haben nicht nur die Skeptiker vor Abschluß der Ostverträge hingewiesen, auch den Anhängern der Ostpolitik ist dies von Anfang an bewußt gewesen. Die Ostpolitik ist nicht damit gerechtfertigt worden, daß man eine Gleichartigkeit der ungleichen Leistungen konstruierte; entscheidend war vielmehr der Gedanke, daß man in der Entspannung einen dynamischen Prozeß sah, der fortschreiten würde, wenn man ihn erst einmal eingeleitet hatte, oder der sich mindestens nicht mehr rückgängig machen ließ.

Diese Hoffnung hat sich bisher im wesentlichen erfüllt, trotz einiger Rückschläge, die es vor allem in der jüngsten Zeit in der allgemeinen Entspannungspolitik und bei der Erfüllung der Berlin-Abkommen gegeben hat. Andererseits ist nicht zu übersehen, daß die Bundesrepublik mit dem Abschluß der Ostverträge in einen selbstgeschaffenen Sachzwang geraten ist, denn nur wenn der Prozeß der Entspannung fortgesetzt oder wenigstens aufrechterhalten wird, kann die Ostpolitik ihren Zweck erfüllen. Hieraus erklärt sich die unterschiedliche Einstellung der Politiker und der Juristen, vor allem, wenn es um grundsätzliche Rechtsfragen geht. Es handelt sich nicht nur darum, daß die Politiker Schwierigkeiten bei der Durchführung des Transit-Abkommens oder des Besuchs-Abkommens befürchten, wenn sie etwa in der Frage der Bundespräsenz nicht genügend auf den Standpunkt der Gegenseite eingehen, sie befürchten vielmehr, daß der Enstpannungsprozeß insgesamt gefährdet werden könnte, wenn man in den grundsätzlichen Rechtsfragen eine unnachgiebige Haltung einnimmt. Die Formulierung, daß die Bundesrepublik außenpolitisch aus einer einseitigen in eine doppelte Abhängigkeit geraten sei, geht allerdings viel zu weit. Die Interessenlage der Bundesrepublik gleicht eher der eines Geschäftsmannes, der in ein Kooperationsprojekt soviel investiert hat, daß er sich ohne Schaden nicht mehr daraus zurückziehen kann. Es ist verständlich, wenn er es vermeiden will, durch eine unnachgiebige Haltung in Rechtsfragen seine Kooperationspartner zu verärgern oder in Schwierigkeiten zu bringen.

Anwendung des Abkommens

Wenn hier die juristische und die politische Denkweise gegenübergestellt wird, sind allerdings zwei Einschränkungen geboten. Zunächst versteht es sich von selbst, daß es nicht unbedingt auf den Studiengang ankommt; ein Jurist, der Politiker wird, paßt sich oft schnell der politischen Denkweise an (aber auch die umgekehrte Entwicklung kommt vor). Wichtiger ist, daß die juristische und die politische Betrachtungsweise – zum Glück – nur selten in Reinkultur auftreten. Auch der Jurist, vor allem wenn er sich mit Verfassungsrecht und Völkerrecht befaßt, weiß, daß er nicht in einem politisch luftleeren Raum argumentiert. Was die politische Diskussion betrifft, so besteht gerade in der Bundesrepublik eine gewisse Neigung, Rechtsfragen als lästigen Formelkram anzusehen; sobald ein Politiker eine verantwortliche Stellung erreicht hat, wird er aber oft – gerade von der DDR und der Sowjetunion – eines besseren belehrt.

Der Notwendigkeit, die eigenen Rechtspositionen zu wahren, steht allerdings der Wunsch gegenüber, die politischen Beziehungen mit den östlichen Vertragspartnern nicht durch juristische Streitigkeiten zu belasten. Die Gefahr, die sich daraus ergibt, besteht nicht so sehr darin, daß eigene Rechtspositionen leichtfertig aufgegeben werden – ich möchte betonen, daß dies bisher nicht geschehen ist. Zu bemängeln ist eher, die Neigung rechtliche und politische Erwägungen ungenügend voneinander zu trennen. Das Resultat besteht dann in Formulierungen, die irgendwo im Grenzbereich zwischen Völkerrecht, Politik und Poesie zu schweben scheinen: Etwa, daß wir unsere Rechtsposition nicht „überziehen" dürften (als ob es sich um ein Bankkonto handelt) oder daß man die Berlin-Regelung „nicht auf ihre Tragfähigkeit austesten" dürfe (als ob sie ein Gebäude wäre). Auch die sog. *Brandt/Brechnjew*-Formel, daß das Vier-Mächte-Abkommen „strikt eingehalten und voll angewendet" werden muß, gehört in diesen Bereich. Man kann zwar ahnen, was politisch damit gemeint ist, rechtlich ist die Aussage, daß ein Vertrag angewandt und eingehalten werden muß, aber redundant.

Man kann von den politischen Organen natürlich nicht verlangen, daß sie ständig an der Grenze des rechtlich zulässigen manövrieren. Es wäre aber zu wünschen, daß die rechtlichen und politischen Gesichtspunkte vor allem in der Öffentlichkeit klarer voneinander getrennt würden. Man sollte mit anderen Worten die eigene Rechtsposition eindeutig wahren und bei geeignetem Anlaß immer wieder zu erkennen geben, daß man sie nur aus politischen Gründen nicht immer voll ausschöpft.

Ernst Renatus Zivier

1.4. Nach dieser Kritik an den Politikern muß man natürlich selbstkritisch prüfen, ob man nicht als Jurist einer Art Berufsblindheit verfallen ist und ob man nicht der eigenen Sache sogar einen schlechten Dienst erweist, wenn man eine feste Haltung in Grundsatz-Fragen oder wenigstens eine klare Unterscheidung der rechtlichen und politischen Argumente fordert. Es gibt aber eine ganze Reihe von rechtlichen und auch politischen Gründen, die für diese Forderung sprechen.

Unter den rechtlichen Gesichtspunkten ist natürlich in erster Linie hervorzuheben, daß die Praxis, die die Parteien nach Vertragsschluß bei der Anwendung eines Vertrages befolgen, zu den privilegierten Auslegungsmitteln gehört. Wenn die Bundesrepublik oder die Westmächte eine bestimmte restriktive Praxis der Gegenseite – z. B. im Rahmen der Besuchsregelung – widerspruchslos hinnehmen oder wenn man im Verhältnis Bund/Berlin aus Furcht vor Konflikten von der Entwicklungsklausel für längere Zeit praktisch keinen Gebrauch macht, so kann man später nur noch unter Schwierigkeiten geltend machen, daß diese Praxis den Verträgen, jedenfalls bei richtiger Auslegung, gar nicht entspricht. Ein ausdrücklicher Vorbehalt der eigenen Rechtsposition ist daher gerade auch in den Fällen, in denen man aus politischen Gründen nachgibt, durchaus angebracht. Dies entspricht auch dem Verhalten der Gegenseite.

Ein weiterer rechtlicher Gesichtspunkt besteht darin, daß die Sowjetunion und die DDR die angeblichen Rechtsverstöße der westlichen Vertragspartner nicht nur von Fall zu Fall rügen, sondern sie bei passenden Gelegenheiten (z. B. in Reden von Politikern oder in Presseveröffentlichungen) mit drohendem Unterton zu „Sündenregistern" zusammenfassen. Falls es jemals zu ernsthaften Auseinandersetzungen über die Anwendung der Berlin-Verträge kommen sollte, wäre es auf jeden Fall nützlich, wenn man nicht nur beweisen kann, daß das eigene Verhalten mit den Vertragsbestimmungen vereinbar ist, sondern auch ein eigenes Sündenregister vorlegen kann, um der Gegenseite wenigstens hilfsweise den Einwand „tu quoque" entgegenzuhalten. Dies ist aber nicht möglich, wenn man es versäumt hat, vertragswidrige Handlungen der Gegenseite rechtzeitig zu beanstanden.

Abgesehen von diesen überwiegend rechtlichen Gesichtspunkten muß man sich aber vor allem vor der politischen Gefahr hüten, daß sich die öffentliche Meinung der Bundesrepublik in vielen Fragen den Rechts-

Anwendung des Abkommens

standpunkt der Gegenseite stillschweigend zu eigen macht, wenn man den eigenen Standpunkt nicht mit genügender Klarheit vertritt. Auf die Gefahr hin, der Beckmesserei bezichtigt zu werden, muß ich in diesem Zusammenhang darauf hinweisen, daß sich die unglückliche Formulierung von der „Bundesrepublik und Westberlin" in der westdeutschen Presse weitgehend durchgesetzt hat. Auf weitere Beispiele aus dem Bereich der Massenmedien, die auf eine mangelnde Kenntnis der rechtlichen Zusammenhänge schließen lasen, will ich hier verzichten. Ich muß aber noch einmal auf die besonders unerfreuliche Art hinweisen, in der ein prominenter Politiker der Bundesrepublik die Behauptung, daß wir bei der Anwendng der Berlin-Verträge unsere Rechtsposition „überzogen hätten", ausgerechnet auf einer Reise in die Sowjetunion vorbrachte.

2.1. a) Nach diesen allgemeinen Betrachtungen kann ich jetzt – ohne Anspruch auf Vollständigkeit – auf eine Reihe von Konflikten eingehen, die sich bei der Anwendung des Vier-Mächte-Abkommens und der innerdeutschen Ausführungsvereinbarungen ergeben haben. Es läßt sich dabei nicht vermeiden, daß ich mich zu einem großen Teil mit Fragen beschäftige, zu denen ich mich bereits an anderer Stelle geäußert habe. Dies hat vielleicht auch einen Vorteil; ich kann mich hier auf die politisch relevanten Fragen konzentrieren und meine Thesen mit etwas größerem Nachdruck vertreten.

b) Den Aufbau der Berlin-Regelung kann ich als bekannt voraussetzen, er ist hier nur insoweit interessant als es um das Verhältnis des Vier-Mächte-Abkommens mit den innerdeutschen Verträgen geht. Vertragspartner des Vier-Mächte-Abkommens sind nur die Hauptsiegermächte des Zweiten Weltkrieges, nicht aber die beiden deutschen Staaten oder das Land Berlin. Andererseits sind die innerdeutschen Ausführungsvereinbarungen durch das Vier-Mächte-Schlußprotokoll in die besatzungsrechtliche Garantie des Vier-Mächte-Abkommens einbezogen. Das Vier-Mächte-Abkommen ist kein Vertrag zugunsten Dritter; es ist aber auf der Grundlage der fortbestehenden Vier-Mächte-Rechte beschlossen worden und für die deutschen Staaten verbindlich[10]. Konkret bedeutet dies, daß die Bundesrepublik gegenüber der DDR Rechte, beispielsweise aus dem Transit-Abkommen, herleiten kann, nicht aber

---

10 Vgl. *Zivier,* Der Rechtsstatus des Landes Berlin, Seite 181, 184, 4. Auflage, Berlin 1977.

aus den entsprechenden Bestimmungen des Vier-Mächte-Abkommens unmittelbar; andererseits ist eine Verletzung des Vier-Mächte-Abkommens durch einen der deutschen Staaten als objektive Rechtsverletzung anzusehen und kann als solche gerügt werden. Die DDR hat sich ihn ihren Stellungnahmen zur Bundespräsenz in Berlin wiederholt auf das Vier-Mächte-Abkommen berufen; die Bundesrepublik hat in diesen Fällen mit Recht darauf hingewiesen, daß die DDR kein Vertragspartner des Vier-Mächte-Abkommens ist. Dies bedeutet aber nicht, daß die Bundesrepublik eine Verletzung des Vier-Mächte-Abkommens durch die DDR schweigend zu Kenntnis nehmen müßte.

2.2. a) Grundsätzliche Meinungsverschiedenheiten zwischen den Vertragspartnern bestehen bekanntlich darüber, was unter dem „betreffenden Gebiet" in der Präambel und im I. Teil des Abkommens zu verstehen ist. Die Wortwahl und der Aufbau des Abkommens sprechen dafür, daß nur der II. Teil des Abkommens in seiner Bedeutung auf die Berliner West-Sektoren beschränkt ist. Demnach müßte unter dem „betreffenden Gebiet" ein anderes Gebiet zu verstehen sein. Die Argumente hierfür sind bekannt und brauchen nicht wiederholt zu werden.[11]

Fraglich ist nur, ob man aus der bewußt unklaren Wortwahl in Verbindung mit dem Vorbehalt der unterschiedlichen Rechtsauffassungen (Präambel und I.4) schließen kann, daß ein zwischen den Parteien vereinbarer Dissens über diese Frage besteht. Wäre dies der Fall, so stünden sich die Rechtsauffassungen der Parteien gleichwertig gegenüber; die Tatsache, daß Wortlaut und Systematik für die westliche Rechtsposition sprechen, könnte dann praktisch nicht mehr geltend gemacht werden.

Ein vereinbarer Dissens liegt meines Erachtens aber nur vor, wenn in dem Vertragstext selbst oder in den Begleitdokumenten festgelegt ist, daß die Parteien über einen bestimmten Punkt keine Einigkeit erzielt haben. So ist es etwa im Grundvertrag durch den Vorbehalt zur nationalen Frage geschehen.

Nur unter dieser Voraussetzung gehört die Nicht-Einigung zum Vertragsinhalt. Jede Partei kann ihren Rechtsstandpunkt festhalten; sie kann der Gegenseite aber auch kein vertragswidriges Verhalten vorwer-

---

11 Vgl. hierzu auch den Beitrag von *Mampel* zu diesem Symposium; überarbeitete Fassung in ROW 1981, Seite 225.

Anwendung des Abkommens

fen, wenn diese auf ihrem Standpunkt besteht. Kompromißformeln kommen dagegen in der zwischenstaatlichen Vertragspraxis viel häufiger vor. Sie beruhen ebenfalls auf der Annahme, daß die unterschiedlichen Rechtsauffassungen der Parteien zu bestimmten Detailfragen der Vertragserfüllung nicht im Wege stehen werden. Der Dissens wird aber nicht in den Vertragsinhalt aufgenommen, sondern durch die Kompromißformel verhüllt oder „ausgeklammert". Kommt es bei der Erfüllung des Vertrages wider Erwarten auf die streitige Frage an, so kann jede Partei – genauso wie bei einem Auslegungsstreit, der erst nach Vertragsabschluß entstanden ist – auf die üblichen Interpretationsregeln zurückgreifen, um ihren Rechtsstandpunkt zu begründen.

b) Geht man davon aus, daß das „betreffende Gebiet" auch den Berliner Ost-Sektor umfaßt, so könnte die DDR dadurch gegen das Vier-Mächte-Abkommen verstoßen haben, daß sie die wenigen Besonderheiten beseitigt hat, durch die bei Inkrafttreten der Berlin-Regelung die Sonderstellung des Ost-Sektors gegenüber der DDR noch zum Ausdruck kam. Es handelt sich vor allem um die Einstellung des Gesetz- und Verordnungsblattes für Groß-Berlin, die unmittelbare Wahl der auf den Berliner Ost-Sektor entfallenden Volkskammer-Abgeordneten und die Einführung des Visum-Zwanges für Ausländer, die in den Berliner Ost-Sektor einreisen.

In diesen Maßnahmen könnte ein Verstoß gegen den allgemeinen Status-Quo-Vorbehalt des Abkommens zu sehen sein, insbesondere also gegen die Bestimmung in I.4, daß die Lage, die sich in dem Gebiet entwickelt hat und wie sie in diesem Abkommen sowie in den anderen in diesem Abkommen genannten Vereinbarungen definiert ist, nicht einseitig verändert wird. Diese Bestimmung, die ich hier kurz als Status-Quo-Vorbehalt bezeichnen möchte, bedarf allerdings ebenfalls der Interpretation. Eine Änderung der bestehenden Lage dürfte von dieser Bestimmung nur dann erfaßt werden, wenn sie die Interessensphäre der jeweils anderen Vertragspartner berührt. Kein Verstoß gegen den Status-Quo-Vorbehalt kann beispielsweise in der Bildung eines neuen Ostberliner Bezirks (Marzahn) gesehen werden[12], obgleich diese Maß-

---

12 *Mampel*, a.a.O. (230), begründet dies damit, daß Angelegenheiten, die nicht zentrale, sondern ausschließlich sektorale Belange betreffen, schon in der Nachkriegszeit bis zu einem gewissen Grade der Normensetzungs- und Durchsetzungskompetenz der jeweiligen Sektoren-Kommandanten überlassen wurden.

nahme die Berliner Verfassungsrechtler in eine peinliche Lage bringt – nach Artikel 4 Abs. 2 der Verfassung von Berlin ist Berlin in zwanzig und nicht in einundzwanzig Bezirke eingeteilt. Eindeutig von dem Status-Quo-Vorbehalt erfaßt werden die besatzungsrechtlichen Befugnisse, die den Westmächten im Ost-Sektor zustehen; diese sind jedoch bisher nicht angetastet worden. Was das Verhältnis des Ost-Sektors zur DDR betrifft, so zeigt vor allem das Verhalten der DDR selbst, daß es sich hier um einen Bereich handelt, der die fortbestehenden Rechte der vier Mächte berührt und daher auch vom Vier-Mächte-Abkommen erfaßt wird. Anders ist es nämlich nicht zu erklären, daß man einen Sonder-Status des Berliner Ost-Sektors wenigstens andeutungsweise überhaupt noch respektierte. Sicher wäre Ost-Berlin schon lange vor Abschluß des Vier-Mächte-Abkommens vollständig in die DDR integriert worden, wenn eine solche Maßnahme nicht die Befugnisse und Interessen der vier Siegermächte berührt hätte[13].

Demnach ist die Einstellung des Verordnungsblattes für Groß-Berlin im September 1976 als Verstoß gegen das Vier-Mächte-Abkommen zu bewerten; das gleiche gilt für die Änderung des Wahlgesetzes im Juni 1976 und die darauf beruhende unmittelbare Wahl der auf Ost-Berlin entfallenden Volkskammer-Abgeordneten bei den Wahlen am 14. Juni 1981[14].

Weitere einseitige Änderungen, die gegen das Vier-Mächte-Abkommen verstoßen, betreffen das Grenzregime des Ost-Sektors. Hierzu gehört die Erhöhung des Mindestumtausch-Satzes, auf die später näher eingegangen wird, sowie die Einführung des Visum-Zwanges für Ausländer und Staatenlose, die in den Berliner Ost-Sektor einreisen. Dieser Perso-

---

13 Aus dem Wortlaut und dem Aufbau des Vertragswerkes selbst lassen sich insoweit keine eindeutigen Schlüsse ziehen. Das Verhältnis der West-Sektoren zur Bundesrepublik ist durch das Vier-Mächte-Abkommen und seinen Begleitdokumenten eingehend geregelt. Man kann daraus folgern, daß auch das Verhältnis des Ost-Sektors zur DDR nach I 4 des Vier-Mächte-Abkommens nicht einseitig verändert werden darf, aber auch die umgekehrte Schlußfolgerung (argumentum e contrario) wäre denkbar. Entscheidend ist, daß dieses Verhältnis wegen seiner politischen Bedeutung die Rechte und Verantwortlichkeiten der restlichen Vertragspartner berührt und vor allem das Verhalten der DDR selbst vor und nach Inkrafttreten der Berlin-Regelung.
14 Vgl. *Mampel* a.a.O., Seite 228 f.
 Mampel sieht auch in der Aufhebung der Kontroll-Posten an der Grenzlinie zwischen dem Berliner Ost-Sektor und der DDR eine einseitige Änderung des Status Quo.

Anwendung des Abkommens

nenkreis hatte bis dahin nach Einreise in den Ost-Sektor eine Bescheinigung erhalten, die zu einem Aufenthalt von 24 Stunden berechtigte. Nach der jetzt geltenden Regelung wird gegen Gebühr ein Visum erteilt, das mit Ende des Ausstellungstages seine Gültigkeit verliert[15].

2.3. a) Gegen den allgemeinen Status-Quo-Vorbehalt des Vier-Mächte-Abkommens hat es in jüngster Zeit einen flagranten Verstoß auf der östlichen Seite gegeben, der unter diesem Gesichtspunkt bisher kaum gewürdigt worden ist. Es handelt sich um die Einstellung verschiedener Stadt-Bahn-Linien in den West-Sektoren durch die Reichsbahn-Direktion der DDR und die drastische Verringerung des Verkehrs auf den Linien, die noch betrieben werden. Auf westlicher Seite hat man geltend gemacht, daß das Betriebsrecht, das der Reichbahn der DDR an dem in den Westsektoren gelegenen Betriebsvermögen zusteht auch mit einer Betriebspflicht verbunden ist. Man hat aber meines Wissens bisher nicht darauf hingewiesen, daß durch das Verhalten der DDR-Behörden die bestehende Lage in dem betreffenden Gebiet einseitig verändert wird. Dabei handelt es sich hier um eine Maßnahme, die eindeutig die Interessen der westlichen Vertragspartner berührt und die sich auf die Westsektoren auswirkt, also auf das Territorium, das nach übereinstimmender Auffassung aller Parteien zu dem „betreffenden Gebiet" gehört.

b) Die Sowjetunion und die DDR haben sich auf den allgemeinen Status-Quo-Vorbehalt nur selten berufen. Dies ist verständlich, weil die Fragen, die ihre Interessen berühren – insbesondere also das Verhältnis Berlins zur Bundesrepublik und die außenpolitische Vertretung Berlins – durch Spezialvorschriften im II. Teil des Vier-Mächte-Abkommens geregelt sind. Als die europäischen Gemeinschaften ihr Zentrum für Berufsbildung in Berlin errichteten, hat die Sowjetunion in einer vergleichsweise milde gehaltenen Protesterklärung u. a. de Standpunkt vertreten, daß die Einrichtung einer internationalen Organisation in den Westsektoren als einseitige Änderung der bestehenden Lage anzusehen sei[16].

2.4. a) Was das (innenpolitische) Verhältnis Berlins zur Bundesrepublik betrifft, so kann der Streit über die Übersetzung und Auslegung der

---

15 Vgl. *Mampel* a.a.O., Seite 230.
16 Vgl. FAZ vom 28. Januar 1975, abgedruckt in Materialien zur Situtation Berlins nach dem Vier-Mächte-Abkommen, herausgegeben vom Kuratorium Unteilbares Deutschland, 5. Folge, Seite 30.

betreffenden Vertragsvorschriften als bekannt vorausgesetzt werden. Ich möchte in diesem Rahmen nur wiederholen, daß die entscheidenden Termini in II B des Vier-Mächte-Abkommens nicht der „konstitutive Teil" oder die „Bindungen" oder „Verbindungen" sind, sondern die Worte, die der deutschen Übersetzung mit „weiterhin" und „wie bisher" wiedergegeben werden. Die Bindungen dürfen also, soweit sich aus dem Abkommen selbst und den Begleitdokumenten nichts anderes ergibt, in dem Umfang und auf der Ebene aufrechterhalten werden, in dem sie bei Abschluß des Vertrages bestanden. Diesem statischen Grundsatz steht als dynamisches Element die Entwicklungsklausel gegenüber. Ihre Auslegung kann im Einzelfall problematisch sein, jedoch spricht weder die Wortwahl noch der Zusammehang des Vertragswerks dagegen, daß auf der Ebene, auf der schon bisher Bundesinstitutionen in Berlin bestanden, auch neue Einrichtungen geschaffen werden dürfen[17].

Im übrigen enthält II B des Abkommens ein verbales Zugeständnis an den Rechtsstandpunkt der Sowjetunion und der DDR aber keine Sonderungsgarantie, in dem Sinne, daß die Berliner Westsektoren in jeder Hinsicht anders behandelt werden müßten, als die anderen in Art. 23 Grundgesetz genannten Länder.

Die Sowjetunion und die DDR versuchen demgegenüber, den Nebensatz, nach dem die Westsektoren wie bisher kein Bestandteil (konstitutiver Teil) der Bundesrepublik Deutschland sind und auch weiterhin nicht von ihr regiert werden, zur „Kernbestimmung" oder zum „Rückgrat" des gesamten Vertragswerks hochzustilisieren. Sie zitieren den Vertragstext dabei in einer Weise, die man, um höflich zu sein, als stark verkürzt bezeichnen kann. Sie versuchen überdies, aus II B des Abkommens eine Reihe von konkreten Forderungen (bis zum Abbau der Bundespräsenz) herzuleiten, die sie in den Vertragsverhandlungen nicht durchsetzen konnten[18].

b) Es ist hier nicht möglich, auf alle diese Forderungen, die z. T. in offiziellen Protesten z. T. in Meinungsäußerungen sowjetischer und ostdeutscher Politiker oder auch nur in Presseveröffentlichungen erhoben

---

17 *Zivier* a.a.O., Seite 211 ff., insbesondere 216, 218.
18 Vgl. *Wettig,* Das Vier-Mächte-Abkommen in der Bewährungsprobe, Berlin 1981, Seite 183 ff.; *ders.:* Die praktische Anwendung des Berlin-Abkommens durch UdSSR und DDR (1972–1976) – Berichte des Bundesinstituts für ostwissenschaftliche und internationale Studien, Nr. 31, 1976.

Anwendung des Abkommens

werden, im einzelnen einzugehen. Dokumentationen und Darstellungen hierzu sind u. a. vom Berlin-Arbeitskreis des Kuratorium Unteilbares Deutschland und von *Wettig* veröffentlicht worden. Die Proteste richten sich u. a. dagegen, daß Bundesminister, ausländische Politiker bei Besuchen in die Berliner Westsektoren begleiten, daß der Berliner Regierende Bürgermeister zum Vorsitzenden des Bundesrates gewählt wird, daß Berlin die Geschäftsführung in Konferenzen der Länderminister übernimmt, daß Bundestags- und Bundesratsausschüsse in Berlin tagen usw. Nicht immer ist klar zu erkennen, ob man hierin nur eine politisch unerwünschte Handlung oder einen Rechtsverstoß sieht. Während man bei der Errichtung des Umweltbundesamtes in Berlin immerhin noch die Frage stellen kann, ob die Entwicklungsklausel auch die Errichtung neuer Bundesoberbehörden in Berlin umfaßt – meiner Ansicht nach ist dies allerdings eindeutig zu bejahen – liegt in den meisten anderen Fällen auf der Hand, daß die beanstandeten Handlungen mit dem Vier-Mächte-Abkommen vereinbar sind. Offensichtlich baut die Gegenseite hier nicht so sehr auf die Stärke ihrer rechtlichen Argumente als auf die Hoffnung, daß sie ihren Standpunkt schließlich mit politischen Mitteln durchsetzen kann.

2.5. a) Die Bestimmungen des Vier-Mächte-Abkommens, die die außenpolitische Interessenvertretung der Berliner Westsektoren betreffen (II D i. V. m. Anl. IV), gehören rechtlich zu den schwierigsten Teilen des Vertragswerkes. Ich darf hier meine Auffassung wiederholen, daß das Vier-Mächte-Abkommen insoweit nur eine unvollständige Regelung enthält[19]. Ausgeschlossen ist eine Interessenvertretung durch die Bundesrepublik wenn Fragen der Sicherheit und des Status berührt werden. Soweit dies nicht der Fall ist, hat sich die Sowjetunion damit einverstanden erklärt, daß die Berliner Westsektoren in vier Bereichen in die außenpolitischen Beziehungen der Bundesrepublik einbezogen werden, nämlich – verkürzt ausgedrückt – bei der konsularischen Betreuung, beim Abschluß völkerrechtlicher Verträge, in internationalen Organisationen und beim internatinalen Austausch gem. d) der Anl. IV. Es verbleibt demnach ein Bereich der internationalen Beziehungen, in dem eine Vertretung der Berliner Interessen durch die Bundesrepublik nach dem Vier-Mächte-Abkommen weder ausdrücklich zugelassen noch ausdrücklich verboten ist. Zu betonen ist auf jeden Fall, daß der

---

19 *Zivier* a.a.O., Seite 226, Fußnote 5.

Bundesrepublik die Befugnis zu dieser Interessenvertretung nicht etwa durch das Vier-Mächte-Abkommen, sondern schon viel früher durch die Westmächte übertragen worden ist.

b) Die Interpretation der Begriffe „Sicherheit" und „Status" spielt bei der Argumentation der Gegenseite vor allem dann eine Rolle, wenn es um die Interessenvertretung der Westsektoren gegenüber internationalen Organisationen und dritten Staaten oder um den Beitritt zu multilateralen Verträgen geht. Die Sowjetunion vertritt den Standpunkt, daß alle internationalen Aktivitäten, die im weitesten Sinne mit der Friedenssicherung zu tun haben, unter den Sicherheits-Vorbehalt fallen; außerdem versucht sie durchzusetzen, daß Berlin nur dann in außenpolitische Verträge der Bundesrepublik einbezogen wird, wenn der betreffende Vertrag für die Berliner Westsektoren auch eine praktische Bedeutung hat[20].

Bei Vertragsverhandlungen der Bundesrepublik mit der Sowjetunion und der DDR selbst spielen die Begriffe Sicherheit und Status nur eine vergleichsweise untergeordnete Rolle. Dies liegt daran, daß die rechtliche Position der Bundesrepublik bei der Interessenvertretung die Westsektoren theoretisch stark, praktisch aber nicht leicht durchzusetzen ist.

Die Formulierung, nach der die Sowjetunion damit einverstanden ist, daß die Bundesrepublik die Interessen der Westsektoren unter bestimmten Voraussetzungen vertritt, gibt der Bundesrepublik natürlich weder eine rechtliche noch eine tatsächliche Handhabe, durch die sie die Sowjetunion oder einen anderen Ostblockstaat dazu zwingen könnte, mit ihr beispielsweise einen Vertrag unter Einbeziehung Berlins zu schließen. Andererseits müssen die Vertragspartner auf der östlichen Seite zur Kenntnis nehmen, daß die Bundesrepublik durch ihr eigenes Verfassungsrecht, insbesondere durch die Rechtsprechung des Bundesverfassungsgerichts, gezwungen ist, überall, wo eine Einbeziehung Berlins in ihre außenpolitischen Verträge und sonstigen Beziehungen möglich ist, auf einer solchen Einbeziehung auch zu bestehen.

Die einzelnen Konflikte, die sich hieraus ergeben haben, sind ebenfalls in den bereits erwähnten Dokumentationen und Darstellungen geschildert worden. Bei genügendem Interesse auf beiden Seiten hat man in

---

20 *Wettig:* Die praktische Anwendung des Berlin-Abkommens durch UdSSR und DDR ..., Seite 193 ff., insbesondere 194.

Anwendung des Abkommens

diesem Bereich häufig Lösungen gefunden, die für alle Beteiligten akzeptabel waren. Ein Beispiel hierfür ist die sog. Frank-Falin-Formel. Bei der Einbeziehung Berlins in Verträge zwischen der Bundesrepublik und der Sowjetunion oder anderen Ostblockstaaten wird regelmäßig festgestellt, daß dies „in Übereinstimmung" mit dem Vier-Mächte-Abkommen geschieht. Auch bei dieser Formulierung handelt es sich um einen Formel-Kompromiß. Er trägt dem sowjetischen Standpunkt Rechnung, ohne daß man daraus die Schlußfolgerung ziehen könnte, die Befugnis zur Interessenvertretung Berlins sei der Bundesrepublik erst durch das Vier-Mächte-Abkommen übertragen worden[21].

c) Die bereits zitierte Formulierung, nach der die Sowjetunion keine Einwände dagegen hat, daß die Bundesrepublik die Interessen der Westsektoren unter bestimmten Voraussetzungen vertritt, bietet nur eine schwache Handhabe, soweit es um die Beziehungen zwischen der Bundesrepublik und der Sowjetunion selbst geht. Es muß aber als Verstoß gegen die Bestimmungen des Vier-Mächte-Abkommens gewertet werden, wenn die Sowjetunion auf dritte Staaten (oder auf internationale Organisationen) einwirkt, mit dem Ziel, eine zulässige Vertretung der Berliner Interessen durch die Bundesrepublik zu beeinträchtigen oder zu verhindern. Insoweit dürfte allerdings die Beweisführung nicht immer leicht sein.

d) Die schwersten Konflikte im außenpolitischen Bereich haben sich im Zusammenhang mit den Europäischen Gemeinschaften ergeben. Dabei ist die Rechtslage gerade insoweit relativ einfach. Die Europäischen Gemeinschaften werden in dem Vier-Mächte-Abkommen mit keinem Wort erwähnt. Sie sind dem Bereich der Außenpolitik [II d) i. V. m. Anl. IV des Abkommens] zuzurechnen. *Zieger* hat nachgewiesen, daß die Westsektoren bei Abschluß des Vier-Mächte-Abkommens voll in die EG-Mitgliedschaft der Bundesrepublik einbezogen waren[22].

---

21 *Wettig,* Das Vier-Mächte-Abkommen in der Bewährungsprobe (vgl. Fn. 18), Seite 193.
Sieht die Frank-Falin-Formel als Verschlechterung an, weil eine Befugnis zur Interessenvertretung der Berliner Westsektoren der Bundesrepublik erst durch das Vier-Mächte-Abkommen übertragen wurde.
22 *Zieger,* Die Rechtsstellung in den Europäischen Gemeinschaften, Festschrift für Menzel, Berlin 1975, Seite 581.

Ernst Renatus Zivier

Änderungen, die die innere Organisation der EG selbst betreffen – insbesondere die Bildung und die Kompetenzabgrenzung der EG-Organe – berühren die Interessen der Sowjetunion oder der DDR nicht.

Unter diesen Umständen wäre es rechtlich meines Erachtens zulässig gewesen, wenn Berlin voll in die unmittelbare Wahl der Abgeordneten zum Europäischen Parlament einbezogen worden wäre. Bekanntlich hat man sich dazu nicht entschlossen, sondern – aus politischer Rücksicht – die zwei auf Berlin entfallenen Abgeordneten der Bundesrepublik in Analogie zu dem Berliner Bundestagsabgeordneten vom Berliner Abgeordnetenhaus wählen lassen. Gerade diese Zurückhaltung ist von der Gegenseite nicht honoriert worden. Hinsichtlich der Proteste und Gegenäußerungen kann auf die bereits vorliegenden Veröffentlichungen verwiesen werden.

Rechtliche Probleme bei der Einbeziehung Berlins in die EG-Mitgliedschaft der Bundesrepublik könnten sich erst in Zukunft ergeben, wenn die Kompetenz der EG-Organe weit über ihren bisherigen Zuständigkeitsbereich hinaus ausgedehnt würde. In diesem Fall wäre zu prüfen, ob durch eine Einbeziehung Berlins in die neuen Zuständigkeiten der EG-Organe der Status der Stadt verändert wird. Eine Zuständigkeit der EG im Bereich der (militärischen) Sicherheit könnte nicht auf Berlin erstreckt werden.

2.6. a) Der Transitverkehr wird mit Recht oft als Beispiel dafür angeführt, daß sich die praktischen Regelungen der Berlin-Verträge im großen und ganzen bewährt haben. Ein gewisser Unsicherheitsfaktor ist in Artikel 9 Abs. 4 des Transitabkommens begründet, wonach Durchsuchungen, Zurückweisungen und Festnahmen nur in Betracht kommen, wenn hinreichende Verdachtsgründe für einen beabsichtigten oder begangenen Mißbrauch der Transitwege bestehen. Der Begriff des Mißbrauchs ist in Artikel 16 Abs. 2 zwar eindeutig definiert, dagegen gewährt der Terminus „hinreichende Verdachtsgründe" einen gewissen Beurteilungsspielraum. Obgleich sich die Zahl der Verdachtskontrollen zeitweilig – vor allem in den Jahren 1977/78 – erheblich erhöhte, kann man bis jetzt nicht feststellen, daß die Sicherheitsorgane der DDR von der genannten Bestimmung einen exzessiven Gebrauch gemacht hätten. Allerdings besteht in diesem Bereich eine gewisse Dunkelziffer, weil nicht jede Kontrolle von dem Betroffenen gemeldet wird; außerdem werden über die Fälle, die in der innerdeutschen Transitkommission

Anwendung des Abkommens

behandelt werden, keine Einzelheiten veröffentlicht. Unter diesem Vorbehalt kann man feststellen, daß der Transitverkehr im wesentlichen gemäß den Vertragsbestimmungen verläuft.

Trotzdem haben sich auch in diesem Bereich Konflikte ergeben, die ihre Ursache zum Teil in den entgegengesetzten grundsätzlichen Rechtsauffassungen der beteiligten Mächte haben.

Die DDR hat vor und nach Inkrafttreten der Berlin-Regelung stets mit besonderem Nachdruck betont, daß ihr die Souveränität auf ihrem gesamten Territorium, also auch auf den Zufahrtswegen, zusteht. Mit diesem Argument lassen sich selbstverständlich keine Maßnahmen rechtfertigen, die gegen die Bestimmungen des Vier-Mächte-Abkommens oder der Transit-Vereinbarungen verstoßen. Spätestens seit dem Abschluß des Grundvertrages, dem Beitritt der beiden deutschen Staaten zu den Vereinten Nationen und der Anerkennung der DDR praktisch durch alle westlichen Staaten wird die Souveränität der DDR auf ihrem Territorium grundsätzlich nicht mehr bezweifelt. Was die Transitwege betrifft, so unterliegt diese Souveränität allerdings einer Reihe von rechtlichen Beschränkungen. Dazu gehört in erster Linie das quasi dingliche Servitut, das den Westmächten unmittelbar aufgrund ihrer besatzungsrechtlichen Position zusteht und dessen Bestand von dem Vier-Mächte-Abkommen und den innerdeutschen Vereinbarungen nicht abhängt. Die zweite Gruppe der rechtlichen Beschränkungen bilden die Transitbestimmungen des Vier-Mächte-Abkommens, die im Verhältnis zwischen den vier Hauptsiegermächten nur vertraglichen Charakter haben, die aber für die deutschen Staaten aufgrund der fortbestehenden besatzungsrechtlichen Befugnisse in Kraft gesetzt worden sind. Durch die Transitvereinbarung selbst sind schließlich vertragliche Verpflichtungen zwischen der DDR und der Bundesrepublik begründet worden, die aber außerdem durch das Schlußprotokoll in die besatzungsrechtliche Garantie des Vier-Mächte-Abkommens einbezogen worden sind. Es bedarf keiner näheren Begründung, daß die Berufung eines Staates auf die Souveränität nicht geeignet ist, ihn von der Erfüllung seiner Rechtspflichten zu entbinden, gleichgültig, ob diese nun auf einem quasi dinglichen Servitut oder auf einem zwischenstaatlichen Vertrag beruhen.

b) Zu einem ernsthaften Konflikt bei der Durchführung der Transitbestimmungen kam es im Juli 1974, als die DDR-Behörden den Transit von Personen und Gütern für das in Berlin errichtete Umweltbundesamt zu unterbinden versuchten[23]. Die Rechtswidrigkeit dieser Maßnahme ergibt sich nach unserer Auffassung schon daraus, daß die Errichtung dieser Bundesbehörde in Berlin von der Entwicklungsklausel in II B des Vier-Mächte-Abkommens gedeckt wurde und daher nicht als Vertragsverletzung der westlichen Seiten angesehen werden konnte. Unabhängig davon bedürfte es einer näheren Prüfung, ob im Verhältnis der deutschen Staaten untereinander ein angeblicher Verstoß gegen das Vier-Mächte-Abkommen überhaupt geeignet ist, eine Suspendierung der innerdeutschen Vereinbarungen zu rechtfertigen.

c) Weitere Störungen bei der Durchführung des Transitabkommens ergaben sich mehrfach – vor allem in den Jahren 1976 und 1978 –, als Angehörige der Jungen Union, die in den Berliner Westsektoren Veranstaltungen zum 17. Juni oder 13. August durchführen wollten, der Transit verweigert wurde. Dies wurde von den ostdeutschen Behörden wenigstens nachträglich damit begründet, daß man propagandistische Aktivitäten auf den Transitstrecken innerhalb der DDR befürchtete. Für diese Annahme dürften allerdings keine hinreichenden objektiven Verdachtsgründe vorgelegen haben; im übrigen deuten sowjetische Äußerungen darauf hin, daß sich die Maßnahmen tatsächlich gegen die als „provokatorisch" empfundenen Veranstaltungen der Berliner Westsektoren richteten. In derartigen Fällen besteht die Gefahr, daß man eine Erklärung der Gegenseite, die sich zur Not noch mit den Bestimmungen des Transitabkommens vereinbaren läßt, auf westlicher Seite akzeptiert, weil man die Konfrontation vermeiden will, die mit einer eindeutigen Vertragsverletzung verbunden wäre.

d) Das Problem der Fluchthilfe hat bisher zwar zu heftigen rechtlichen Kontroversen zwischen den Vertragsparteien, aber kaum zu konkreten Konflikten geführt. Ich darf mich daher auf eine kurze Bemerkung zur Rechtslage beschränken. Nach Artikel 17 des Transitabkommens ist die Regierung der Bundesrepublik verpflichtet, im Rahmen ihrer Möglichkeiten die erforderlichen Vorkehrungen zu treffen, damit ein Mißbrauch der Transitwege im Sinne des Artikel 16 verhindert wird. Insbesondere müssen die zuständigen Behörden der Bundesrepublik, wenn sie von einem beabsichtigten Mißbrauch Kenntnis erhalten, im Rahmen der

---

23 Zu dem Konflikt vgl. *Wettig:* Die praktische Anwendung ..., Seite 160 ff.–198 ff.

Anwendung des Abkommens

allgemein üblichen Vorschriften der Bundesrepublik bezüglich der öffentlichen Ordnung geeignete Maßnahmen zur Verhinderung des Mißbrauchs treffen.

Die Pflicht für die Behörden der Bundesrepublik wird also nicht nur durch ihre faktischen, sondern auch durch ihre rechtlichen Möglichkeiten begrenzt. Dabei ist insbesondere zu berücksichtigen, daß alle Rechtsvorschriften der Bundesrepublik verfassungskonform, d. h. auch in Übereinstimmung mit Artikel 11 Grundgesetz auszulegen sind, der nicht nur die Freizügigkeit im Bundesgebiet, sondern auch freien Zugang in das Bundesgebiet gewährleistet[24]. Allerdings verlangt der Grundsatz von Treu und Glauben, daß die Behörden der Bundesrepublik im Rahmen ihrer rechtlichen Möglichkeiten tatsächlich angemessene Aktivitäten entfalten, um einen Mißbrauch der Transitwege zu verhindern. Die Verweisung auf das Recht der Bundesrepublik, die das Transitabkommen insoweit enthält, stellt keinen Freibrief dar. Daß die Bestimmungen der Transit-Vereinbarung die Fluchthilfe nur insoweit betreffen, als sie auf den Transitwegen stattfindet, versteht sich von selbst.

e) Daß das Transitabkommen auch unabhängig von den hier geschilderten größeren Konflikten nicht frei von Problemen ist, zeigt, die Verhaftung des Transitreisenden Günther Jablonski am 12. Dezember 1978. Jablonski war im Jahre 1961 von der Nationalen Volksarmee in die Bundesrepublik desertiert und hatte einen Kameraden, der ihn daran hindern wollte, getötet. Er war in der Bundesrepublik zu einer Jugendstrafe verurteilt worden, die er zu zwei Dritteln verbüßt hatte[25].

Nach dem Wortlaut des Abkommens (Artikel 16) kommen Maßnahmen der DDR – und insbesondere die Verhaftung als schwerste Maßnahme – gegen Transitreisende nur in Betracht, wenn Mißbrauchshandlungen bei der gegenwärtigen oder einer früheren Benutzung der Transitwege begangen wurden oder wenn sich der Täter als Anstifter oder Gehilfe an einer Tat beteiligt hat, die auf den Transitwegen begangen wurde. Bereits in der vom Presse- und Informationsamt der Bundesrepublik herausgegebenen Dokumentation zum Vier-Mächte-Abkommen wurde allerdings darauf hingewiesen, daß Personen, die in der

---

24 BVerfGE 2, Seite 266.
25 Vgl. *Wettig,* Das Vier-Mächte-Abkommen in der Bewährungsprobe, Seite 158.

Ernst Renatus Zivier

DDR Straftaten gegen das Leben, vorsätzliche Straftaten gegen die körperliche Unversehrtheit des Menschen oder schwere Straftaten gegen Eigentum und Vermögen begangen haben, von der Benutzung der Transitwege zurückgewiesen werden können. Diese Formulierung, die vermutlich auf einer nicht protokollierten mündlichen Mitteilung der DDR-Delegation beruhte, deutete allerdings nicht auf die Möglichkeit einer Verhaftung hin.

2.7. a) Die Reise- und Besuchsvereinbarungen hat für die Bevölkerung Berlins und der DDR fraglos große Erleichterungen gebracht. Aber auch wenn man von dem großen Konflikt absieht, der sich aus der Erhöhung der Mindestumtauschsätze ergeben hat, muß man darauf hinweisen, daß die im großen und ganzen reibungslose Erfüllung der Verträge nicht über eine Anzahl von empfindlichen Störungen hinwegtäuschen darf.

Das Abkommen sieht vor, daß Personen mit ständigem Wohnsitz in den Westsektoren die Möglichkeit zur Einreise in die DDR gemäß den Vertragsbestimmungen erhalten. Das Wort „Personen" kann bei vernünftiger Auslegung nicht so verstanden werden, als ob irgendwelche in den Westsektoren ansässige Personen nach Wahl der DDR-Behörden diese Möglichkeit erhalten sollen, vielmehr muß dieses Recht allen in den Westsektoren wohnhaften Inländern und Ausländern zustehen, soweit sie nicht durch den Vertragstext selbst oder durch die im Zusammenhang mit dem Vertragsschluß abgegebenen Dokumente und Erklärungen von einem Besuch der DDR ausgeschlossen sind. Aus der protokollierten mündlichen Erklärung, die Staatssekretär *Kohrt* bei der Unterzeichnung des Abkommens abgegeben hat, ergibt sich, daß Personen, die gegen die Strafgesetze der DDR verstoßen haben, von einer Einreise ausgeschlossen sind; dies gilt insbesondere auch für Flüchtlinge, die die DDR nach dem 13. August 1961 unter Verstoß gegen die dortigen Gesetze verlassen haben. Dagegen enthalten weder das Abkommen noch die Begleitdokumente einen Anhaltspunkt dafür, daß andere Personen mit Wohnung in West-Berlin von der Besuchsmöglichkeit ausgeschlossen werden können.

In der Praxis hat die DDR allerdings zunehmend das Recht für sich beansprucht, auch andere Personen von der Besuchsregelung auszuschließen, insbesondere solche, die die DDR legal verlassen haben und die Ausreise ihrer Familienangehörigen im Wege der Familienzusam-

Anwendung des Abkommens

menführung betreiben. In diesem Zusammenhang wird gelegentlich vorgebracht, daß es sich hierbei um eine souveräne Entscheidung der DDR handele und daß die Besuchsregelung eine von der DDR freiwillig gewährte Zusage sei, die der anderen Seite grundsätzlich keinen einklagbaren Rechtsanspruch verschaffe[26].

Dieses Argument ist rechtlich selbstverständlich nicht haltbar. Der einzige Unterschied zwischen der Transit-Regelung und dem Besuchs-Abkommen besteht darin, daß hier keine durch Besatzungsrecht begründeten quasi-dinglichen Servituten auf dem Territorium der DDR bestehen, sondern lediglich die durch das Vier-Mächte-Abkommen und die innerdeutsche Vereinbarung begründeten vertraglichen und besatzungsrechtlich garantierten Rechtsansprüche. Daß die Vereinbarung über den Besuchsverkehr Vertragscharakter hat, ergibt sich aus ihrem Wortlaut und daraus, daß sie durch das Vier-Mächte-Schlußprotokoll in das gesamte Vertragswerk der Berlin-Regelung einbezogen worden ist. Die Tatsache, daß das Land Berlin durch diese Vereinbarung – wenn man sie isoliert betrachtet – im wesentlichen nur begünstigt wird und keine „Gegenleistung" erbringt[27], kann kein Anlaß sein, an dem Vertragscharakter der Vereinbarung zu zweifeln. Erstens werden auf westlicher Seite Gegenleistungen erbracht, die sich größtenteils aus den anderen Teilen der Berlin-Regelung ergeben, und zweitens sind im zwischenstaatlichen Verkehr „ungleiche Verträge" durchaus zulässig und rechtlich wirksam.

b) Die Frage der Mindestumtauschsätze ist in der Besuchsvereinbarung selbst nicht geregelt. Bei Unterzeichnung des Vertrages hat die Regie-

---

26 *Wettig,* Die praktische Anwendung ..., Seite 158.
Bericht des Berliner Senats über Durchführung des Vier-Mächte-Abkommens und der ergänzenden Vereinbarung zwischen dem 1. Juni 1979 und dem 31. Mai 1980. Drucksache des Abgeordnetenhauses von Berlin VIII/467, Seite 7. Der Vertreter der DDR pflegt nach diesem Bericht nur die pauschale Erklärung abzugeben, daß die Einreisebeschränkungen gerechtfertigt seien, ohne den Grund hierfür im einzelnen anzugeben.

27 Allerdings übernimmt das Land Berlin im Rahmen des Besuchsabkommens auch eine Reihe von Verpflichtungen, vor allem bei der Errichtung der Büros für Besuchs- und Reiseangelegenheiten. Ob die Errichtung solcher Büros, die bei den früheren Passierscheinvereinbarungen für die DDR von entscheidender Bedeutung war, zum Zeitpunkt der Berlin-Regelung noch als echte Gegenleistung angesehen werden konnte, ist aber zweifelhaft. Vergl. im übrigen auch Fn. 2a.

Ernst Renatus Zivier

rung der DDR dem Senat eine Erklärung über die Höhe der Mindestumtauschsätze übermittelt, die interessanterweise in den westlichen Dokumentationen, die unmittelbar nach Abschluß der Vereinbarung veröffentlicht wurden, nicht enthalten ist. Die Mindestumtauschsätze, die vom Finanzministerium der DDR festgesetzt werden, betreffen nicht nur die Reisenden aus den Berliner Westsektoren, sondern alle Reisenden aus „nichtsozialistischen" Staaten.

Die Erklärungen, die auf westlicher Seite nach der drastischen Erhöhung der Umtauschsätze im Jahre 1973 und jetzt wieder im Jahre 1980 abgegeben wurden, lassen eine gewisse Unsicherheit erkennen, ob in dieser einseitigen Maßnahme der DDR eine Vertragsverletzung zu sehen ist. Es ist zumeist die Rede davon, daß die DDR durch die Erhöhung der Mindestumtauschsätze die Geschäftsgrundlage der Besuchsregelung verletzt habe. Dieses Argument hilft jedoch, selbst wenn es zutreffen sollte, nicht weiter. Ein Fortfall der Geschäftsgrundlage könnte den geschädigten Vertragspartner, in diesem Fall also das Land Berlin, berechtigen, die Vertragserfüllung zu suspendieren oder vom Vertrag zurückzutreten. Dies würde jedoch bedeuten, daß die Besuchsregelung vorübergehend oder endgültig ganz entfiele und der Geschädigte damit noch schwerer geschädigt wäre als vorher.

Der Begriff der Geschäftsgrundlage kann daher – wie ich bereits an anderer Stelle festgestellt habe[28] – sinnvoll nur verwendet werden, wenn man ihn nicht auf die Besuchsregelung, sondern auf das Vier-Mächte-Abkommen bezieht. Die Unterzeichnung des Vier-Mächte-Schlußprotokolls hing u. a. davon ab, daß die innerdeutschen Ausführungsvereinbarungen mit einem Inhalt zustande gekommen waren, den die Westmächte als zufriedenstellend ansehen konnten. Maßgeblich für ihre Entscheidung waren dabei nicht nur die reinen Vertragstexte, sondern die gesamten Umstände, unter denen die innerdeutschen Vereinbarungen zu erfüllen waren. Hierzu gehörten u. a. auch die Bestimmungen über die Mindestumtauschsätze.

Außerdem kann man in der einseitigen Erhöhung der Mindestumtauschsätze auch einen Verstoß gegen die Bestimmung in II C des Vier-Mächte-Abkommens sehen, wonach Personen mit ständigem Wohnsitz in den Westsektoren unter Bedingungen einreisen können, die

---

28 Zivier a.a.O., Seite 258 ff.

Anwendung des Abkommens

denen vergleichbar sind, die für andere in diese Gebiete einreisenden Personen gelten. Meines Erachtens kann man hierunter nur die Bedingungen verstehen, unter die Personen aus anderen Ländern bei Abschluß des Vier-Mächte-Abkommens in den Ostsektor einreisen konnten. Es ist nicht anzunehmen, daß die Westmächte einer Regelung zustimmen wollten, die es der DDR ermögliche, die Einreise von Westberlinern beliebig zu erschweren, wenn sie nur gleichzeitig die Einreisebedingungen für andere Personengruppen im gleichen Maße erschwerte.

Die außenpolitische Resonanz des Berlin-Abkommens

Professor Dr. Jens H a c k e r
Universität Regensburg

I. Vorbemerkung

Der Abschluß des Vier-Mächte-Abkommens über Berlin vom 3. September 1971 fand im Ausland eine starke Resonanz. Das war insofern verständlich, als das Abkommen der vier ehemaligen Siegermächte über Berlin die – wie die „Neue Zürcher Zeitung" in ihrem Kommentar vom 5. September 1981 meinte – „wohl konkreteste und wirksamste Frucht der Entspannungspolitik aus den siebziger Jahren" sei: „Durch diesen Vertrag ist der internationale Krisenherd Berlin, an dem sich in den fünfziger und sechziger Jahren immer wieder explosive Konfrontationen zwischen West und Ost entzündet hatten, zwar nicht für immer beseitigt, aber spür- und meßbar entschärft worden." Die zehnjährige Anwendung des zusammen mit dem deutsch-sowjetischen Vertrag und deutsch-polnischen Vertrag am 3. Juni 1972 in Kraft getretenen Berlin-Abkommens hat diese Prognose bestätigt.

Das Thema gebietet, im folgenden nicht nur geographische, sondern auch sachliche Schwerpunkte zu setzen; dabei werden auch die von anderen Referenten behandelten Fragestellungen berücksichtigt. Zunächst wird versucht, das Berlin-Abkommen in der wissenschaftlichen Literatur des Auslands zu analysieren. Daran schließt sich eine Untersuchung über den Stellenwert an, den das Berlin-Abkommen in der internationalen Politik einnimmt. Weitere Erörterungen sind der außenpolitischen Vertretung Berlins (West) durch den Bund und den Berlin-Klauseln in bilateralen Verträgen der DDR gewidmet[1].

---

[1] Die völlig unqualifizierte Kritik, aus der ein hoher Grad politischer Naivität spricht, die Theodor Schweisfurth in seinem Tagungsbericht „Berlin quo vaditur? Zehn Jahre Viermächteabkommen über Berlin" in: Deutschland-Archiv 1981, S. 1304–1309 (1306f.) an meinem Referat geübt hat, hat mich nicht dazu bewegen können, die Grundstruktur meiner Darlegungen zu verändern. Der Referent meint nicht nur, sich an das ihm gestellte Thema gehalten zu haben; darüber hinaus ist er nach wie vor der Ansicht, den Inhalt seiner Ausführungen auch mit den anderen Vorträgen anläßlich dieses Symposiums abgestimmt zu haben.

Jens Hacker

II. Das Abkommen in der wissenschaftlichen Literatur des Auslands

Die Prüfung der Frage, welche Resonanz das Berlin-Abkommen in der wissenschaftlichen Literatur außerhalb der beiden Staaten in Deutschland gefunden hat, führt zu aufschlußreichen Ergebnissen. Bemerkenswert ist zunächst, wie sehr Politik und Wissenschaft der DDR es dem „großen Bruder" in Moskau überlassen haben, das Vier-Mächte-Abkommen vom 3. September 1971 authentisch zu interpretieren. Auf westlicher Seite – das umfangreiche, in der Bundesrepublik Deutschland erschienene Schrifttum bleibt hier außer acht – haben sich vor allem amerikanische Autoren mit dem Berlin-Abkommen befaßt.

1. Stellungnahmen aus kommunistischen Ländern

Überblickt man das wissenschaftliche Schrifttum der kommunistischen Länder zum Berlin-Abkommen, dann kann es nicht überraschen, daß, wenn man die Quantität zum Maßstab nimmt, die Sowjetunion einsam an der Spitze liegt. Geht man hingegen von qualitativen Kriterien aus, dann sind polnische Studien wesentlich höher zu bewerten. Analysen der anderen zum Warschauer Pakt gehörenden Staaten bewegen sich zumeist auf der von Moskau vorgezeichneten und von Ost-Berlin unterstützten Linie. Buntscheckiger erscheint das Bild dann, wenn man die wenigen in Jugoslawien und der Volksrepublik China zur Berlin-Problematik verfaßten Beiträge heranzieht.

Zumindest zwei sowjetische Autoren scheinen 1970 nicht damit gerechnet zu haben, daß es den Botschaftern der drei Westmächte und der UdSSR gelingen wird, die Berlin-Verhandlungen im Sommer 1971 erfolgreich zum Abschluß zu bringen. Und beide müssen über das Ergebnis dieser Verhandlungen sehr enttäuscht gewesen sein: Juri Rževskij und V. N. Vysockij. Rževskij verfaßte 1970 eine Broschüre unter dem Titel „Westberlin – ein politisches Gebilde sui generis", die in Fortsetzung – mit Ausnahme des Schlusses – in der von der sowjetischen Botschaft in der Bundesrepublik Deutschland herausgegebenen Zeitschrift „Sowjetunion heute" im Februar/März 1971 nachgedruckt worden ist[2]. Vysockijs fast 500 Seiten starkes Werk, das in seinem Vorwort als „fundamentale, allseitige, wissenschaftliche Ausarbeitung", als

---

[2] Vgl. die Ausgaben vom 16. Februar, 1. und 16. März 1971.

Außenpolitische Resonanz

„erste marxistische Monographie" der „West-Berlin-Frage" vorgestellt wurde, erschien kurze Zeit vor der Unterzeichnung des Berlin-Abkommens vom 3. September 1971. Wäre es nach dem Willen der beiden Autoren gegangen, dann hätte der sowjetische Botschafter in Ost-Berlin, Pjotr Abrassimov, das Abkommen über Berlin keinesfalls in der Form aushandeln und abschließen dürfen, wie es am 3. September 1971 geschehen ist[3].

Unerwartete Entwicklungen im kommunistischen Machtbereich haben der westlichen Kommunismus-Forschung, speziell der Sowjetologie schon oft einen Streich gespielt. Es ist gut zu wissen, daß auch kommunistische Autoren vor Irrtümern nicht gefeit sind, wenn Politik und Diplomatie ihres Landes aus Gründen der außenpolitischen Opportunität andere als die „wissenschaftlich" vorgezeichneten Wege beschreiten müssen. Während Rževskij erst 1978 noch einmal als Mitverfasser einer Berlin-Studie hervorgetreten ist[4], wußte sich Vysockij auf die neue Situation nach dem 3. September 1971 schnell einzustellen. Nachdem er als Dr. V. N. Boldyrev 1973 eine Broschüre unter dem Titel „Westberlin und die europäische Sicherheit"[5] publiziert hatte, erschien 1974 in Moskau eine gekürzte deutschsprachige Fassung seiner 1971 verfaßten Monographie „Westberlin und sein Platz im System der gegenwärtigen internationalen Beziehungen", in der er auch das Vier-Mächte-Abkommen über Berlin behandelt hat. Zuvor hatte er bereits unter dem Titel „Das Vierseitige Abkommen über Westberlin – ein Schritt zu Frieden, Sicherheit und Zusammenarbeit in Europa" das Berlin-Abkommen in der Ost-Berliner „Deutschen Außenpolitik"[6] interpretiert.

V. N. Vysockij, der lange Zeit als Berlin-Experte an der sowjetischen Botschaft in Ost-Berlin gewirkt hat, hat nicht nur unter dem Namen V.

---

[3] Vgl. dazu D. Baumeister: Sowjetische Asymmetrie des Berlin-Status. Bemerkungen zu Juri Rschewski: Der völkerrechtliche Status Westberlins, in: Recht und Politik 1971, H. 2, S. 49–54; Th. Schweisfurth: Kritische Anmerkungen zur „ersten marxistischen Monographie der West-Berlin-Frage", in: Recht und Politik, ebenda, H. 4, S. 149–156.
[4] Vgl. den Nachweis bei G. Wettig: Das Vier-Mächte-Abkommen in der Bewährungsprobe. Berlin im Spannungsfeld von Ost und West. Berlin 1981, S. 266, Anm. 20.
[5] Berlin (Ost).
[6] 1972, S. 872–899.

N. Boldyrev, sondern auch als V. N. Beleckij Berlin-Fragen kommentiert. In seiner umfangreichen Monographie „Die Politik der Sowjetunion in den deutschen Angelegenheiten in der Nachkriegszeit – 1945–1976" hat V. N. Beleckij immerhin darauf hingewiesen, daß die Bundesregierung die Ratifizierung des Moskauer Vertrags vom 12. August 1970 von einer „befriedigenden" Regelung der Berlin-Frage abhängig gemacht hatte; auch erwähnte er das andere Junktim, das die Tagung des Ministerrats der NATO im Dezember 1970 zwischen der Regelung der Berlin-Frage und der Einberufung der Konferenz über Sicherheit und Zusammenarbeit in Europa (KSZE) hergestellt hatte[7]. Allerdings war Beleckij nicht bereit, das Berlin-Abkommen sachgerecht zu deuten, da er auch nach dem 3. September 1971 an seiner falschen These festhielt, daß „vom staatsrechtlichen Standpunkt...Westberlin ein spezifischer staatspolitischer Organismus, ein Sondergebilde, das zu keinem Staat gehört", sei[8].

Einen guten Einblick in die Berlin-Positionen der UdSSR lieferte die 1977 von den Ministerien für Auswärtige Angelegenheiten der DDR und der UdSSR herausgegebene Dokumentation „Das Vierseitige Abkommen über Westberlin und seine Realisierung – 1971–1977"[9]. Der chronologisch angelegte und Anfang Juni 1977 abgeschlossene Band enthält 228 Dokumente und einen Anhang mit weiteren 9 Dokumenten. Hinzu kommen die nicht numerierten 29 Anlagen, in denen westliche Berlin-Dokumente – vor allem Noten der drei Westmächte – wiedergegeben werden. Der Abdruck dieser westlichen Dokumente war insoweit notwendig, als nur so die östlichen Repliken verständlich sind. Bedauerlicherweise hat man sich jedoch hier sehr strenger Auswahl-Prinzipien bedient. Wenn in Noten auf in der Dokumentation nicht wiedergegebene Schriftstücke der drei Westmächte verwiesen wird, hat dies das Redaktions-Kollegium wenigstens notiert.

Da dem Leser in der UdSSR und der DDR von offizieller Seite die offiziellen westlichen Berlin-Stellungnahmen zumeist völlig vorenthal-

---

[7] Berlin (Ost) 1977, S. 348 f. Vgl. zum wissenschaftlichen Werdegang V. N. Beleckijs G. Wettig, a.a.O. (Anm. 4), S. 257, Anm. 36.
[8] V. N. Boldyrew, a.a.O., (Anm. 5), S. 39, Anm. 23. Vgl. dazu auch die Rezension von V. A. Pjaten der Broschüre Boldyrews, in: Deutsche Außenpolitik 1974, H. 1, S. 189–192.
[9] Moskau und Berlin (Ost).

ten oder nur wesentlich verkürzt offeriert werden, hat diese Dokumentation wenigstens den Vorteil, daß sie über einige Grundpositionen der Westmächte in der Berlin-Frage Auskunft gibt. Sie verdeutlicht eindringlich die langfristig angelegten Ziele und Absichten der Moskauer und Ost-Berliner Berlin-Politik. Noch nie zuvor haben die UdSSR und die DDR so unverhohlen und massiv den Versuch gemacht, die DDR zum fünften Signatarstaat und gleichberechtigten Interpreten des Vier-Mächte-Abkommens über Berlin hochzustilisieren. Zum anderen wird deutlich, daß die Sowjetunion und die DDR auf lange Sicht entgegen allen wohlmeinenden westlichen Interpretationen das Ziel verfolgen, aus Berlin (West) eine „selbständige" oder „besondere politische Einheit" zu machen[10].

Als der wichtigste östliche Interpret des Vier-Mächte-Abkommens über Berlin hat sich der sowjetische Botschafter und Berlin-Unterhändler Abrassimov erwiesen. Abrassimov hat nicht nur in Aufsätzen und Interviews, sondern auch in seiner 1980 in Moskau erschienenen Studie „Westberlin – gestern und heute"[11] die sowjetischen Positionen umrissen. Wer erwartet hatte, Abrassimov hätte in der schmalen Broschüre eine fundierte und sowohl juristisch als auch politisch abgesicherte Interpretation geliefert, sah sich bitter enttäuscht. So bestreitet er apodiktisch jede Beziehung zwischen der Bundesrepublik Deutschland zur Frage des „Status von Westberlin". Als „Hauptfrage der Westberlin-Regelung" hebt Abrassimov hervor, West-Berlin sei ein „besonderes Gebilde inmitten der DDR", das „nicht zu irgendeinem Staat gehört, d. h., daß es auch kein Land, kein Teil der BRD ist und nicht von ihr regiert werden darf"[12].

Noch einmal sei betont, daß sich die DDR weitgehend darauf beschränkt hat, die authentische Interpretation des Vier-Mächte-Abkommens über Berlin sowjetischen Autoren zu überlassen. Zu den wenigen Ausnahmen gehören die beiden Aufsätze von Herbert Kröger,

---

[10] Vgl. dazu J. Hacker: Berlin als ständiger Streitpunkt – Über die Interpretation von Dokumenten, in: Die politische Meinung 1978, H. 179, S. 5–14. Vgl. aus der Sicht der DDR die Besprechung von J. Hellmann in: Deutsche Außenpolitik 1978, H. 2, S. 31–36.
[11] P. A. Abrassimow: Westberlin gestern und heute. Berlin (Ost) 1981.
[12] Vgl. die Besprechung von K. Fehlberg, in: Deutsche Außenpolitik 1981, H. 9, S. 138–142.

Jens Hacker

die er 1977 unter den Titeln „Strikte Einhaltung des Westberlin-Abkommens – ein Gebot der Vernunft und des Rechts"[13] und „Fünf Jahre Vierseitiges Abkommen über Westberlin"[14] verfaßt hat. Erwähnt seien schließlich die Besprechung Jochen Hellmanns der gemeinsamen Berlin-Dokumentation der Ministerien für Auswärtige Angelegenheiten der DDR und der UdSSR aus dem Jahre 1977[15] und der redaktionelle Aufsatz unter dem Titel „10 Jahre Vierseitiges Abkommen über Westberlin", den die „Deutsche Außenpolitik" anläßlich der zehnjährigen Wiederkehr der Unterzeichnung des Berlin-Abkommens veröffentlicht hat[16]. Bis heute sah sich die DDR nicht in der Lage, eine eigene Monographie zur Berlin-Frage seit dem 3. September 1971 zu verfassen. Auch die zehnjährige Wiederkehr des Abschlusses des Vertrages über die Grundlagen der Beziehungen zwischen der Bundesrepublik Deutschland und der DDR am 21. Dezember 1972 war für Ost-Berlin kein Grund, das deutsch-deutsche Verhältnis momographisch darzustellen. Die knapp gefaßten Stichwörter über den Grundlagenvertrag und das Vier-Mächte-Abkommen über Berlin in dem 1980 in Ost-Berlin erschienenen „Wörterbuch der Außenpolitik und des Völkerrechts" vermögen diese Lücken in der DDR-Literatur nicht zu schließen.

Überschaut man das in den Staaten des Warschauer Pakts verfaßte Berlin-Schrifttum, dann scheinen nur einige in Polen veröffentlichte Beiträge aus dem Rahmen zu fallen. Das gilt besonders für Adam D. Rotfelds umfangreiche Analyse „Legal Foundations of the West Berlin Status", die 1974 in dem vom Institut für Rechtswissenschaften der Polnischen Akademie der Wissenschaften herausgegebenen „Polish Yearbook of International Law"[17] veröffentlicht worden ist. Rotfeld hebt hervor, daß sich nach westlicher Ansicht das Vier-Mächte-Abkommen auf ganz Berlin erstreckt; dabei beruft er sich auf die im Westen oft zitierte, im Osten jedoch nie herangezogene Rede, die der damalige amerikanische Botschafter und Berlin-Unterhändler, Kenneth Rush, am 22. September 1971 vor der Industrie- und Handelskammer in

---

[13] In: Deutsche Außenpolitik 1977, H. 12, S. 57–65.
[14] In: Internationale Politik (Belgrad), H. 658 vom 5. September 1977.
[15] In: Deutsche Außenpolitik 1978, H. 2, S. 31–36.
[16] In: Deutsche Außenpolitik 1981, H. 9, S. 5–11.
[17] Jg. VI/1974, S. 97–143.

Berlin gehalten hat[18]. Darin hatte er unmißverständlich betont, daß sich die Allgemeinen Bestimmungen des Vier-Mächte-Abkommens auf ganz Berlin beziehen. Auch scheut sich Rotfeld nicht, die herkömmliche Formel „Vier-Mächte-Rechte und -Verantwortlichkeiten" zu benutzen, obwohl der englische Text des Berlin-Abkommens von den „vierseitigen Rechten und Verantwortlichkeiten" spricht. Nicht zur Freude der DDR hält sich Rotfeld auch insofern an den englischen Text des Berlin-Abkommens, als er das darin benutzte Wort „ties" gebraucht, das nur mit „Bindungen" übersetzt werden kann. Entgegen der Argumentation der UdSSR und der DDR geht er vom Text des Berlin-Abkommens auch insoweit aus, als er zunächst den Satz zitiert, „daß die Bindungen zwischen den Westsektoren Berlins und der Bundesrepublik Deutschland aufrechterhalten und entwickelt werden". Erst dann folgt die immer in Stellungnahmen der UdSSR und DDR als „Kernbestimmung" apostrophierte Feststellung, wobei die Regierungen der drei Westmächte berücksichtigen, daß diese Sektoren „continue not to be a constituent part of the Federal Republic of Germany and not to be governed by it".

Doch nicht genug damit: Rotfeld zitiert auch die Klarstellungen und Interpretationen, die die drei westlichen Botschafter dem sowjetischen Botschafter in einer Note mitgeteilt haben, deren Empfang in einer sowjetischen Antwortnote mit dem Hinweis bestätigt wurde, daß der sowjetische Botschafter „von der Mitteilung der drei Botschafter Kenntnis" nehme[19]. Politik und Wissenschaft der DDR haben – soweit ersichtlich – es bis heute abgelehnt, das westliche Interpretationsschreiben den DDR-Bürgern zur Kenntnis zu bringen. Zutreffend weist Rotfeld auch darauf hin, daß der Satz des Vier-Mächte-Abkommens, der lautet, „der Bundespräsident, die Bundesregierung, die Bundesversammlung, der Bundesrat und der Bundestag, einschließlich ihrer Ausschüsse und Fraktionen, sowie sonstige staatliche Organe der Bundesrepublik Deutschland werden *in* den Westsektoren Berlins keine Verfassungs- oder Amtsakte vornehmen, die den Bestimmungen von Absatz 1 widersprechen", so auszulegen ist, „daß darunter Akte in Ausübung unmittelbarer Staatsgewalt *über* die Westsektoren Berlins verstanden

---

[18] Text in: Europa-Archiv 1972, S. D 54–58.
[19] Texte in: Das Viermächte-Abkommen über Berlin vom 3. September 1971. Hrsg. vom Presse- und Informationsamt der Bundesregierung. Bonn 1971, S. 30–32.

werden"[20]. Rotfeld hat auch die übrigen Interpretationen der drei westlichen Botschafter vermerkt und ausdrücklich festgestellt, der Interpretationsbrief sei integraler Bestandteil des Berlin-Abkommens vom 3. September 1971.

Als pikant erscheint es, daß sich Rotfeld ausdrücklich gegen den von Eberhard Menzel 1970 unterbreiteten Vorschlag wendet, das Verhältnis Berlins (West) zum Bund mit dem Begriff „Assoziation" – „d. h. West-Berlin als assoziiertes Land der BRD" zu umschreiben[21]. Menzel meinte, dieser Begriff würde sich „für Berlin insbesondere deshalb empfehlen, weil eine solche Assoziierung jedenfalls Klarheit darüber bringt, daß eine Bindung an andere Staaten oder Staatengruppen ausgeschlossen ist". Dazu stellt Rotfeld fest, die Tatsache, daß West-Berlins finanzielle, ökonomische, kulturelle und andere Bindungen mit der Bundesrepublik Deutschland von begrenztem Charakter anerkannt worden seien, könnte kaum im Sinne Menzels interpretiert werden.

Die detaillierte und fundierte Analyse Rotfelds verdient vor allem insofern besonderes Interesse, als sie im Schrifttum der kommunistischen Staaten völlig aus dem Rahmen fällt. Hinzuweisen ist hier auch auf den Beitrag, den Tomislav Mitrović 1977 in der Belgrader Zeitschrift „Internationale Politik" mit dem Titel „Das Berlin-Problem im Lichte des KSZE-Schlußdokuments" publiziert hat. Darin vermerkt er, trotz der Tatsache, daß die Teilung Deutschlands staats- und völkerrechtliche Stabilisierung erlangt habe, seien die gemeinsamen Rechte und Verantwortlichkeiten der Großen Vier auch weiterhin in Kraft geblieben. Mitrović legt großen Wert auf die Feststellung, die Deutschland-Frage verbleibe auch künftig, trotz aller in Deutschland und in Europa eingetretenen Veränderungen, im Zuständigkeitsbereich der vier Großmächte, so daß die Ermächtigungen der letzteren als eines der bedeutsamen Elemente der europäischen Sicherheit fungierten. Schließlich weist er darauf hin, die KSZE-Schlußakte besitze für das Berlin-

---

[20] Hervorhebungen vom Verfasser.
[21] E. Menzel: Die Ostverträge von 1970 und der „Deutschland"-Begriff des Grundgesetzes, in: Die Öffentliche Verwaltung 1972, S. 1–13 (11). Wie gut A. D. Rotfeld über das zur Berlin-Frage in der Bundesrepublik Deutschland erschienene Schrifttum informiert ist, zeigt sich auch daran, daß er in diesem Zusammenhang auf den Beitrag von H. Kloss „West-Berlin als ‚assoziiertes Land'" in: Vereinte Nationen 1972, H. 4, S. 117–120, hingewiesen hat.

Außenpolitische Resonanz

Problem keinerlei unmittelbare Bedeutung und Wirkung: „Unberührt bleiben auch diesmal die Viermächte-Befugnisse in bezug auf Deutschland als Ganzes sowie auf Berlin, so wie sie gegenwärtig ausgeübt werden".[22]

Auch wenn sich die Volksrepublik China häufig zur Problematik der Teilung Deutschlands geäußert hat, scheinen spezifische Analysen der Berlin-Frage mit juristischem Anspruch nicht vorzuliegen. Erwähnt sei hier wenigstens ein Artikel aus der Serie „Weltstädte", der in der Halbmonatsschrift für internationale Politik, Wirtschaft und Kultur „Weltwissen" am 16. August 1980 erschienen ist. Darin wird Ost-Berlin – wenigstens nicht gemäß der DDR-Terminologie „Berlin" – als die „Hauptstadt der DDR" bezeichnet und vermerkt, Berlin sei seit jeher ein Zentrum der Politik, der Kultur und des Handels gewesen, von dem eine sehr starke Anziehungskraft ausgegangen sei: „Schon vor mehr als 100 Jahren ging der junge Marx auf der Suche nach der Wahrheit zum Studium nach Berlin. Unser verehrter und geliebter Ministerpräsident Tschu En-Lai und Tschu Teh hielten vor mehr als 50 Jahren auf der Suche nach dem Marxismus auch in Berlin auf, was bis heute unvergessen ist."

Immerhin wird in dem Beitrag festgestellt, die drei Westmächte seien der Ansicht, daß die vier Besatzungsmächte gegenüber Berlin weiterhin „Rechte", „Verantwortlichkeiten" und „Pflichten" hätten: „Die drei Westmächte erkennen jedoch ihrerseits nicht an, daß West-Berlin rechtlich ein Land der Bundesrepublik Deutschland ist; sie erkennen aber an, daß zwischen West-Berlin und dem Bund ‚besondere Bindungen' bestehen; die Bundesrepublik Deutschland kann West-Berlin nach außen hin vertreten." Der Schluß dieser Analyse hebt nochmals die bekannten Deutschland-Positionen Pekings hervor: „Ebenso wie bei einer Nation ist die langandauernde künstliche Teilung einer Stadt unerträglich. Letztendlich wird aber das deutsche Volk in Einklang mit seinen Bestrebungen über das Schicksal Deutschlands und das Schicksal Berlins selbst bestimmen können."[23]

---

[22] Vgl. „Internationale Politik", Nr. 647 vom 20. März 1977; ders.: Die Berlinklausel und die Deklaration über Sicherheit und Zusammenarbeit in Europa, ebenda, Nr. 625 vom 20. April 1976.

[23] Text in: Weltwissen, H. 16 vom 16. August 1980; aus dem Chinesischen übersetzt von St. Jaschek, Bonn.

Jens Hacker

2. Westliche Stellungnahmen

Auch wenn die Botschafter der an den Berlin-Verhandlungen beteiligten vier Mächte gleichberechtigt agierten, fiel den Repräsentanten der beiden Supermächte eine herausragende Position zu. Daher erscheint es angebracht, auf westlicher Seite zunächst die amerikanische Literatur zum Berlin-Abkommen heranzuziehen. Wichtige Beiträge haben vor allem Dennis L. Bark, Honoré M. Catudal, Martin J. Hillenbrand, Henry Kissinger und der bereits erwähnte frühere amerikanische Botschafter Rush geliefert. Während Bark in seiner 1974 von der Hoover Institution on War, Revolution and Peace der Stanford University herausgegebenen Studie „Agreement on Berlin – A study of the 1970-72 quadripartite negotiations" nach einem knappen Abriß der Nachkriegsgeschichte Berlins den Verlauf der Vier-Mächte-Verhandlungen und das Abkommen über Berlin kurz analysiert hat, konnte Catudal in seiner 1978 in Berlin erschienenen Studie „The Diplomacy of the Quadripartite Agreement on Berlin – A New Era in East-West-Politics" bereits auf einer breiteren Quellengrundlage den Verlauf der Berlin-Verhandlungen schildern. In seinem Vorwort hat sich Botschafter Rush nicht nur auf einige wohlwollende und anerkennende Worte über Catudals Arbeit beschränkt, sondern auch in kurzer Form die westliche Position hinsichtlich zentraler Punkte der Berlin-Abmachungen herausgearbeitet. Rush verschweigt nicht die schwierige Quellenlage, auf der Catudals Untersuchung basiert. So weist er darauf hin, daß Catudal, der keinen Zugang zu den vertraulichen Quellen hatte, die meisten offiziellen Protokolle der Verhandlungen – „vor allem meiner privaten Gespräche mit Botschafter Abrassimov, Falin und anderen sowjetischen Repräsentanten" – verständlicherweise nicht zugänglich waren.

Das Hauptverdienst Catudals liegt darin, daß er die Vier-Mächte-Verhandlungen über Berlin, die am 26. März 1970 aufgenommen worden waren, in den internationalen Rahmen gestellt, die „Akteure" der vier beteiligten Staaten skizziert und die „Entscheidungsprozesse" auf westlicher Seite so detailliert und nuanciert wie möglich dargestellt hat. Er verdeutlicht das starke persönliche Interesse des damaligen Präsident Richard Nixon an den Berlin-Verhandlungen und dessen enge Beziehungen zu Rush, dessen Persönlichkeit ein besonderer Aktivposten auf westlicher Seite bildete und der einen direkten Zugang zu Nixon sowie dessen damaligen Sicherheitsberater Henry Kissinger hatte. Catudal hat klar herausgearbeitet, wie sehr das Schicksal des am 12. August 1970

Außenpolitische Resonanz

geschlossenen Moskauer Vertrags mit dem erfolgreichen Abschluß der Berlin-Verhandlungen verknüpft war, auch wenn dies weder die Bundesregierung noch die Sowjetregierung zunächst zugeben wollten. Die Bundesregierung sprach daher gern vom „Zusammenhang", nicht jedoch vom „Junktim".

Die drei Westmächte mußten daher befürchten, aufgrund dieses „Junktims" mit dem Erfolg oder Mißerfolg der Ostpolitik der SPD/FDP-Bundesregierung belastet zu werden. Um aus diesem Dilemma herauszukommen, schufen sie – wie schon kurz erwähnt – ein weiteres „Junktim": Da sie wußten, wie sehr die sowjetische Führung an der Einberufung einer europäischen Sicherheitskonferenz interessiert war, machten sie das Zustandekommen dieser Konferenz von der Bedingung eines erfolgreichen Abschlusses der Vier-Mächte-Verhandlungen über Berlin abhängig.

Es war geschickt und dürfte im Kreml nicht ohne Wirkung geblieben sein, daß die drei westlichen Alliierten ihr „Junktim" zwischen der Berlin-Frage und der vornehmlich vom sowjetischen Parteichef Leonid Breshnev propagierten Idee einer europäischen Sicherheitskonferenz auf die NATO-Ebene transponierten. So bekräftigte die Ministertagung des Nordatlantik-Rats in Brüssel Anfang Dezember 1970 die Bereitschaft ihrer Regierungen, „sobald die Berlin-Gespräche einen befriedigenden Abschluß gefunden haben und insoweit, als die übrigen laufenden Gespräche einen günstigen Verlauf nehmen, mit allen interessierten Regierungen multilaterale Kontakte aufzunehmen, um zu sondieren, wann es möglich sein würde, eine Konferenz oder eine Reihe von Konferenzen über die Sicherheit und Zusammenarbeit in Europa einzuberufen"[24].

Catudal hat den sich im Januar 1971 abzeichnenden entscheidenden Durchbruch in den bis dahin so schwierigen Berlin-Verhandlungen klar herausgearbeitet. In seinem Bericht zur Lage der Nation hatte Bundeskanzler Brandt am 28. Januar 1971 unmißverständlich klargemacht, daß der Moskauer Vertrag vom 12. August und der Warschauer Vertrag vom 7. Dezember 1970 erst ratifiziert werden könnten, wenn ein „befriedigendes Ergebnis der Viermächteverhandlungen über die Verbesse-

---

[24] Text des Kommuniqués der Ministertagung des Nordatlantikrats in Brüssel am 3. und 4. Dezember 1970 in: Europa-Archiv 1971, S. D 74–79 (76).

rung der Lage in und um Berlin"[25] erreicht sei. Angesichts der Mehrheitsverhältnisse im Bundestag blieb dem damaligen Bundeskanzler gar keine andere Wahl, als dieses „Junktim" so unmißverständlich zu formulieren. Nun mußte die sowjetische Führung endgültig einsehen, daß ohne eine vertragliche Regelung der Berlin-Frage der deutsch-sowjetische Vertrag völkerrechtlich nicht wirksam werden würde.

Die Frage, ob die Bundesregierung bei klaren Mehrheitsverhältnissen im Bundestag diesen, wie sie sagte, „Zusammenhang" hergestellt hätte, braucht hier nicht beantwortet zu werden. So ist es kein Zufall, daß die Vier-Mächte-Verhandlungen im Februar und März 1971 in ihr entscheidendes Stadium traten. Da Dennis Bark und Catudal die Erinnerungen Kissingers nicht mehr berücksichtigen konnten, empfiehlt es sich, sie vornehmlich deshalb heranzuziehen, da der damalige Sicherheitsberater des amerikanischen Präsidenten über die entscheidenden Berlin-Verhandlungen Aussagen macht, die bis dahin in dieser Form nicht bekannt waren. Das betrifft vor allem die Rolle des sowjetischen Botschafters in den USA, Dobrynin, und die Einschaltung des sowjetischen Botschafters in der Bundesrepublik Deutschland, Valentin Falin, der – im Gegensatz zu Abrassimov – eine weniger harte Linie verfolgte. Kissinger, der die westliche Politik der beiden „Junktims" klar herausgearbeitet hat, spricht von den „zwei verschiedenen Kanälen", über die die amerikanische Politik operierte. Damit meinte er seinen Zugang zu Dobrynin und dessen direkten Draht zum sowjetischen Außenminister Gromyko sowie seinen „Sonderkanal" zu Botschafter Rush; den anderen „Kanal" bildete für Kissinger das amerikanische Außenministerium. Das Ergebnis der Vier-Mächte-Vereinbarungen über Berlin vom 3. September 1971 hat Kissinger so gewürdigt:

„Kenneth Rush, dessen Geschick dieser Erfolg zu verdanken war, erlitt als Folge der Überanstrengung einen physischen Kollaps, von dem er sich erst nach Wochen erholte. Wenn es bei den Berlin-Verhandlungen eine Helden gegeben hat, dann ist es Rush gewesen. Er hat unseren Verbündeten die Treue gehalten; er hat die Ungeduld Bahrs gezügelt; er hat mit zwei sowjetischen Botschaftern (in Berlin und in Bonn) mit großem Geschick und absoluter Diskretion Gespräche geführt. Ohne

---

[25] Text des Berichts der Bundesregierung zur Lage der Nation vom 28. Januar 1971 in: Texte zur Deutschlandpolitik, Band 7: 28. Januar 1971–29. Januar 1971. Hrsg. vom Bundesministerium für innerdeutsche Beziehungen. Bonn 1971, S. 5–23 (22 f.)

Außenpolitische Resonanz

ihn hätten unsere Bemühungen niemals diesen Erfolg haben können ... Das Prinzip der Verknüpfung erwies sich als wirksam, auch wenn Theoretiker es ablehnten; wir hatten gleichzeitig über SALT und Berlin verhandelt und im wesentlichen unsere Ziele erreicht. Natürlich waren auch die Sowjets mit Brandts Zugeständnissen zufrieden; nur Amateure glauben, daß es Vereinbarungen gebe, die nur einer Seite etwas nützen."[26]

Die Stärke der Darstellung Catudals liegt in der politischen Analyse der Berlin-Frage bis zum 3. September 1971. Über das Abkommen selbst informiert eine Reihe wesentlich fundierterer Studien, die vor allem die komplizierte rechtliche Problematik im Blickwinkel haben. Das betont auch Martin J. Hillenbrand, der zu dem von ihm 1981 herausgegebenen Sammelband „Die Zukunft Berlins"[27] allein drei Beiträge beigesteuert hat. Er schreibt, daß insgesamt Catudals Darstellung der Verhandlungen, die zum Berlin-Abkommen führten, die beste Publikation zum Thema sei, „jedoch enthält sie so viele verständliche Fehler und Lücken"[28]. Diese Kritik erscheint angesichts des Vorworts von Rush zu der Analyse von Catudal und der Quellenlage etwas überspitzt. In seinem 1978 erschienenen Buch „A Balance Sheet of the Quadripartite Agreement on Berlin – Evaluation and Documentation"[29], das ebenfalls mit einem Vorwort von Botschafter Rush versehen ist, hat Catudal die Anwendung des Berlin-Abkommens bis Anfang 1978 unter Heranziehung zahlreicher Dokumente und die inzwischen aufgetretenen Schwierigkeiten untersucht.

Hillenbrand, der als Berufsdiplomat wichtige Posten in Deutschland und Berlin innehatte und von 1972 bis 1976 Botschafter der Vereinigten Staaten in der Bundesrepublik Deutschland war, hat in dem von ihm herausgegebenen Sammelband Beiträge über „Berlin: Politische Situation, Sicherheit und symbolische Bedeutung", „Zur rechtlichen Lage Berlins" und „Die Zukunft Berlins – Zusammenfassung" verfaßt. In seiner juristischen Analyse beruft er sich auf die Studien „kompetenter

---

[26] H. A. Kissinger: Memoiren – 1968–1973. München 1979, S. 875–885 (885).
[27] Berlin.
[28] Vgl. ebenda, S. 55, Anm. 52.
[29] Berlin.

Gelehrter" – wie Hartmut Schiedermair[30] und Ernst R. Zivier[31]. Die von Hillenbrand herangezogene Monographie von Zivier ist 1980 unter dem Titel „The Legal Status of the Land Berlin – A Survey after the Quadripartite Agreement"[32] auch in englischer Sprache erschienen.

In diesem Zusammenhang sei darauf hingewiesen, daß Anfang 1973 in der führenden amerikanischen Rechtszeitschrift „The American Journal of International Law" eine Rechtsanalyse „Berlin and the Quadripartite Agreement of 1971" publiziert worden ist, die Günther Doeker, Klaus Melsheimer und Dieter Schröder verfaßt haben[33]. Die drei Autoren betonen – ebenso wie Schiedermair und Zivier –, daß die Abmachungen über Berlin den Status Groß-Berlins als einer „special area in Germany in terms of international law" nicht verändert hätten. Der Vollständigkeit halber sei noch darauf aufmerksam gemacht, daß Botschafter Rush unter dem Titel „Berlin: The Four-Power Agreement" eine Analyse des Berlin-Abkommens bereits 1971 geschrieben hat[34].

Auch Hillenbrand, der von Kissingers „Memoiren" keine Notiz genommen hat, meint, der sowjetischen Führung hätte Ende 1970 klar sein sollen, „daß sie die Ratifizierung des Moskauer Abkommens zwischen der Bundesrepublik und der Sowjetunion oder die Erfüllung jener anderen ihr genehmen Aspekte der Ostpolitik, wie z. B. die volle Anerkennung der DDR oder die Teilnahme des Westens an einer europäischen Sicherheitskonferenz, ohne einen zufriedenstellenden Abschluß der Berliner Verhandlungen nicht bekommen würde. Die deutsche Presse war voll von öffentlichen Stellungnahmen hoher Regierungsvertreter, vom Kanzler abwärts, über solch ein Junktim". Auch verweist Hillenbrand auf das bereits erwähnte Kommuniqué der Ministersitzung des Nordatlantischen Rats in Brüssel vom 4. Dezember 1970.

Hillenbrand hat auch zu der wichtigen Frage Position bezogen, ob „alle Teile des etwas merkwürdigen Gesamtpaketes – das Abkommen als solches, die vier Anlagen, die zwei vereinbarten Sitzungsprotokolle, der

---

[30] H. Schiedermair: Der völkerrechtliche Status Berlins nach dem Viermächte-Abkommen vom 3. September 1971. Berlin / Heidelberg / New York 1975.
[31] E. R. Zivier: Der Rechtsstatus des Landes Berlin. Eine Untersuchung nach dem Viermächte-Abkommen vom 3. September 1971. Dritte, erweiterte Auflage. Berlin 1977.
[32] Berlin.
[33] In: Vol. 67, Nr. 1, January 1973, S. 44–62.
[34] In: Department of State, Current Foreign Policy (Washington, D. C.) 1971.

Außenpolitische Resonanz

Brief an den deutschen Kanzler, ein Notenwechsel und das Schlußprotokoll – die gleiche bindende Kraft besitzen. Die Annahme der westlichen Alliierten war und ist, daß sie tatsächlich eine solche Geltung besitzen durch die von den Vier Mächten vereinbarte Einbeziehung in das, was als zusammengesetztes Ganzes verstanden wurde, ohne dessen Einzelteile eine schließliche Übereinstimmung nicht erreicht worden wäre"[35]. Hillenbrand setzt sich hier mit Schiedermairs These auseinander, daß von den vier Anlagen nur die Anlage IV als integrierter Teil des Basisabkommens betrachtet werden könne, „da er allein eine Aktion in sich schließe, die nur von allen vier Signatarmächten unternommen werden könne, und nicht nur eine einseitige Mitteilung der drei Westmächte an die UdSSR oder von der UdSSR an die Westmächte sei"[36]. Hillenbrand folgert weiter:

„Es ist nicht klar, welche praktischen Folgen Schiedermair und die, die seiner Meinung sind, aus der Unterscheidung von ‚konstituierenden Teilen' und ‚begleitenden Urkunden' des Viermächte-Abkommens herleiten. Die besondere Form des Gesamtpaketes wurde durch das sowjetische Insistieren auf der Berücksichtigung der Souveränität der DDR in technischer Hinsicht diktiert, soweit der deutsche Zugang nach und von Berlin betroffen war; es wurde niemals während der Verhandlungen, die zu dem Abkommen führten, behauptet oder unterstellt, daß irgendein Teil des Paketes nicht in gleicher Weise für die, die es unterzeichnet hatten, bindend sei. Alle vier Anlagen sind im Basisabkommen speziell aufgeführt, und das dürfte ein Fall sein, auf den die Formulierung des Artikels 31, Paragraph 2 der Wiener Konvention über das Vertragsrecht anwendbar ist: ‚Der Kontext für die Interpretation eines Vertrages soll zusätzlich zu dem Text seine Präambel und Anhänge einschließen'[37]. Wenn die Sowjets behauptet hätten, daß die Verpflichtungen, die nicht im eigentlichen Text des Hauptabkommens enthalten waren, weniger wichtig seien, hätten sie sich nicht damit zufrieden gegeben, daß die Errichtung eines Generalkonsulates der UdSSR in den Westsektoren

---

[35] M. J. Hillenbrand: Zur rechtlichen Lage Berlins, a.a.O. (Anm. 27), S. 315 f.
[36] M. J. Hillenbrand, ebenda, S. 316 mit Anm. 47, wo er auf H. Schiedermair, a.a.O. (Anm. 30), S. 77 ff. und auch auf E. R. Zivier, a.a.O. (Anm. 31), S. 174 ff. verweist.
[37] Deutscher Text der Wiener Konvention über das Recht der Verträge vom 23. Mai 1969 bei F. Berber in Gemeinschaft mit A. Randelzhofer (Hrsg.): Völkerrechtliche Verträge. 2., neubearbeitete Auflage. München 1979, S. 98–129 (109).

Jens Hacker

Berlins – ein sehr schwerwiegender Punkt für sie in den Verhandlungen! – nur durch ein vereinbartes Zusatzprotokoll abgedeckt wurde."

Hillenbrands Darstellung ist von zentraler Bedeutung: Nach Schiedermairs Auslegung sind die Einzelregelungen der Anlagen I bis III nicht in das Vier-Mächte-Abkommen einbezogen, sondern statt dessen über die Rechtsfigur der Geschäftsgrundlage an das Abkommen gekoppelt. Diese Interpretation führt zu dem Ergebnis, daß bei einem Wegfall der Geschäftsgrundlage der benachteiligte Vertragspartner das Vertragsverhältnis nicht beendigen, sondern statt dessen die eigene Leistung aus dem Abkommen vorübergehend einstellen kann, um auf diese Weise eine den neuen Gegebenheiten angemessene Revision des Abkommens zu erreichen. Es ist gut zu wissen, daß Schiedermairs juristisch zumindest fragwürdige Interpretation weder von einer der am Abschluß des Berlin-Abkommens beteiligten Mächte noch von einem ausgewiesenen westlichen Berlin-Experten – soweit ersichtlich – übernommen worden ist.

Der Vollständigkeit halber sei noch darauf hingewiesen, daß der französische Völkerrechtler Charles Zorgbibe das Berlin-Abkommen in seinem Beitrag „L'Accord Quadripartite Sur Berlin Du 3 Septembre 1971" kommentiert hat[38], während Hanns H. Schumacher, Tel Aviv, das Thema „Die Eingliederung von Berlin (West) in den Hoheitsbereich der Europäischen Gemeinschaft" untersucht hat[39].

III. Das Berlin-Abkommen in der internationalen Politik

Da im Rahmen dieses Symposiums die Problematik der „Anwendung und Beachtung des Berlin-Abkommens aus östlicher und westlicher Sicht" in einem gesonderten Referat behandelt worden ist, sollen hier vor allem zwei Aspekte im Vordergrund stehen: der Stellenwert, den das Vier-Mächte-Abkommen auf den beiden Ebenen der Vereinten Nationen (UNO) und der beiden multilateralen Militärallianzen NATO und Warschauer Pakt einnimmt. Prüft man die Reden, die die Außenminister der beiden Staaten in Deutschland seit deren Aufnahme in die Weltorganisation am 18. September 1973 vor der Generalversammlung gehalten haben, dann stimmten sie wenigstens darin überein, daß sie

---

[38] In: Revue belge de droit international, Vol. VIII/1972, S. 419–430.
[39] In: Europa-Recht 1980, H. 2, S. 183–189.

Außenpolitische Resonanz

jeweils das Berlin-Abkommen in den Zusammenhang der „Entspannung in Europa" gestellt haben. So benutzte Außenminister Genscher mehrfach die Formel, Berlin sei „der Gradmesser der Entspannung in Europa"[40]. In anderen Reden wurde Genscher deutlicher. So meinte er vor der 31. UNO-Generalversammlung am 28. September 1976: „Mitten in Deutschland liegt auch die Stadt, die im Guten und im Schlechten ein Prüfstein der Entspannung war und ist: Berlin. Die Bundesregierung wird nicht nachlassen, die Lebensfähigkeit West-Berlins zu fördern. Für Berlin ist die strikte Einhaltung und volle Anwendung des Vier-Mächte-Abkommens von wesentlicher Bedeutung."[41]

Und vor der 32. Generalversammlung der UNO führte Genscher am 29. September 1977 aus: „Die Entspannung in Europa geht von den bestehenden Realitäten aus. Zu diesen Realitäten gehören die Bindungen West-Berlins zur Bundesrepublik Deutschland. Wir werden alles tun, um die Lebensfähigkeit West-Berlins zu sichern. West-Berlin muß am Prozeß der Entspannung und seinen Fortschritten voll teilhaben. Dafür ist das Vier-Mächte-Abkommen über Berlin von entscheidender Bedeutung. Es muß strikt eingehalten und voll angewendet werden. Berlin ist Symbol und Gradmesser der Bereitschaft zur Entspannung und Zusammenarbeit zwischen Ost und West."[42] Und in seiner Rede auf der 36. Generalversammlung der UNO betonte Genscher am 23. September 1981: „Das Vier-Mächte-Abkommen über Berlin hat zu einer ruhigen Lage in und um Berlin beigetragen. Dies muß auch weiterhin so bleiben. Jede Seite muß sich bewußt sein, daß das Abkommen seine stabilisierende Wirkung für Berlin und seinen günstigen Einfluß auf die Ost-

---

[40] Vgl. beispielsweise Genschers Reden vom 24. September 1975 und 24. September 1980. Texte in: Vereinte Nationen 1975, S. 168 und 1980, S. 175.

[41] Text, ebenda, 1976, S. 130. Die Formel „strikte Einhaltung und volle Anwendung des Abkommens" (vom 3. September 1971) wurde erstmals in der Gemeinsamen Erklärung über den Besuch des Generalsekretärs des Zentralkomitees der KPdSU, Leonid Breshnev, in der Bundesrepublik Deutschland vom 18. bis zum 22. Mai 1973 verwandt. Text der Erklärung in: Europa-Archiv 1973, S. D 334–338 (337). Vgl. dazu mit weiteren Nachweisen J. Hacker: Berlin-Status und Berlin-Wirklichkeit, in: Die politische Meinung 1974, H. 153, S. 63–71.

[42] Text der Rede in: Vereinte Nationen 1977, S. 152. Vgl. auch die Reden Genschers vor der 33. UNO-Generalversammlung vom 26. September 1978 und vor der 34. UNO-Generalversammlung vom 27. September 1979. Texte, ebenda, 1978, S. 163, 1979, S. 214.

Jens Hacker

West-Beziehungen nur entfalten kann, wenn beide Seiten es strikt einhalten und voll anwenden."[43]

Auch wenn – wie bereits festgestellt – die DDR bemüht war und ist, das Vier-Mächte-Abkommen über Berlin unter dem Aspekt der europäischen Sicherheit zu betrachten, ließ es sich ihr Außenminister vor der UNO-Vollversammlung in den vergangenen Jahren nicht nehmen, den Ausführungen der Bundesregierung die eigene Interpretation entgegenzusetzen. So meinte Außenminster Fischer beispielsweise in seiner Rede vom 1. Oktober 1979 vor der UNO: „Zur Sicherheit und Zusammenarbeit in Europa gehört eine stabile, friedliche Lage in und um Westberlin. Gradmesser für den Willen zur Entspannung ist die strikte Respektierung des Status Westberlins, wie er im Vierseitigen Abkommen für alle verbindlich fixiert wurde. Jedwede Absicht, die erreichte Interessenbalance zu verändern oder zu unterlaufen, müßte zu Spannungen führen."[44]

Die jeweils kurzen Passagen über Berlin in den Reden der Außenminister der Bundesrepublik Deutschland und der DDR verdeutlichen, daß weder Bonn noch Ost-Berlin ein Interesse daran haben, die Vereinten Nationen mit der Berlin-Problematik allzusehr zu belasten.

Eine Prüfung der Dokumente der beiden multilateralen Militärallianzen in West und Ost ergibt, daß das Vier-Mächte-Abkommen in den offiziellen NATO-Dokumenten sehr viel häufiger erscheint als in jenen der Warschauer Pakt-Staaten. Während die „Lösung der West-Berlin-Frage" in den Verlautbarungen des Politischen Beratenden Ausschusses, des höchsten politischen Organs der Warschauer Pakt-Organisation, bis Ende 1970 immer wieder angesprochen wurde[45], hat der politische Konsultationsausschuß die Berlin-Frage seit dem 3. September 1971 nur noch in seinen Deklarationen vom 26. Januar 1972 und 26. November 1976 erwähnt. In ihrer Erklärung vom 26. Januar 1972, also vor dem Inkrafttreten des Berlin-Abkommens am 3. Juni 1972, unter-

---

[43] Text in: Bulletin des Presse- und Informationsamtes der Bundesregierung, Nr. 84 vom 26. September 1981, S. 740.
[44] Text in: Neues Deutschland vom 2. Oktober 1979, S. 6.
[45] Vgl. beispielsweise die Erklärung zu Fragen der Festigung und Entwicklung der friedlichen Zusammenarbeit in Europa vom 2. Dezember 1970. Text in: Internationales Recht und Diplomatie, Jg. 1971, S. 269.

strichen die Signatare lediglich die „positive Bedeutung des Vierseitigen Abkommens über Westberlin vom 3. September 1971 ..."[46]

Hingegen verdeutlichte die Bukarester Deklaration vom 26. November 1976 die harten Berlin-Positionen Moskaus und Ost-Berlins, die sich die übrigen Warschauer Pakt-Staaten nunmehr erstmals in einem multilateralen Dokument zu eigen machten. In der Erklärung heißt es:

„Die Teilnehmerstaaten des Warschauer Vertrages sind überzeugt, daß die strikte Einhaltung des vierseitigen Abkommens vom 3. September 1971, der Verzicht auf jegliche Versuche, den besonderen Status Westberlins zu unterlaufen und diese Stadt zu feindlichen Zwecken gegen die DDR und andere sozialistische Länder auszunutzen, unabdingbare Voraussetzung dafür sind, daß Westberlin Schritt für Schritt ein konstruktiver Faktor der europäischen Zusammenarbeit wird und seine Bevölkerung alle Früchte der Entspannung und des friedlichen Lebens genießen kann. In diesem Sinne erklären de Teilnehmerstaaten des Warschauer Vertrages ihre Bereitschaft, zu Westberlin vielfältige Verbindungen zu unterhalten und zu entwickeln."[47]

In den Deklarationen der 16. und 17. Tagung des Politischen Beratenden Ausschusses des Warschauer Pakts in Moskau vom 22./23. November 1978 und in Warschau vom 14./15. Mai 1980 blieb die Berlin-Frage unerwähnt[48].

Dagegen hat sich die Ministertagung des Nordantlantikrats seit dem Abschluß des Vier-Mächte-Abkommens immer wieder zur Entwicklung der Berlin-Frage geäußert. Wichtig war vor allem die Feststellung in dem Kommuniqué über die Ministertagung des Nordatlantikrats vom 11. und 12. Dezember 1975 in Brüssel, in dessen Ziffer 3 es heißt: „KSZE: Sie – die Minister – stellen fest, daß die Konferenzergebnisse für ganz Europa Geltung haben, einschließlich Berlins, nach Maßgabe der Rechte und Verantwortlichkeiten der Vier Mächte ..."[49] In der Folgezeit äußerte sich die Ministertagung des Nordatlantikrats auch häufig dann zur Situation in und um Berlin, wenn die DDR zuvor durch einseitige

---

[46] Text, ebenda, Jg. 1975/76, S. 162.
[47] Text in: Neues Deutschland vom 27./28. November 1976.
[48] Texte der Erklärungen, ebenda, Ausgaben vom 24. November 1978 und 16. Mai 1980.
[49] Text in: Europa-Archiv 1976, S. D 94.

Maßnahmen die positiven Auswirkungen des Berlin-Abkommens beeinträchtigt hatte[50].

Die erstmals in der „Gemeinsamen Erklärung" über den Besuch Breshnevs vom 18. bis zum 22. Mai 1973 in der Bundesrepublik Deutschland verwandte Formel „strikte Einhaltung und volle Anwendung" des Vier-Mächte-Abkommens vom 3. September 1971[51] wurde auch in gemeinsamen Berlin-Erklärungen der vier Staats- und Regierungschefs Frankreichs, der USA, Großbritanniens und der Bundesrepublik Deutschland im Rahmen von Gipfelkonferenzen verwandt[52]. Die Formel von der „strikten Einhaltung und vollen Anwendung" des Berlin-Abkommens wurde auch häufig in den Kommuniqués über die Ministertagungen des Nordantlantikrats gebraucht[53].

Nicht übersehen werden sollte, daß sich die DDR schwer tat, sich konsequent der Formel von der „strikten Einhaltung und vollen Anwendung" des Berlin-Abkommens zu bedienen. In zahlreichen Verlautbarungen – vornehmlich in offiziellen Kommuniqués über Besprechungen mit Staats- und Regierungschefs der Warschauer Pakt-Staaten – bevorzugte die DDR die verkürzte Formel „strikte Einhaltung des Vierseitigen Abkommens über West-Berlin". Dies geschah, obwohl die Brandt-Breshnev-Formel aus dem Jahre 1973 noch 1978 beim Besuch Breshnevs in Bonn nochmals bekräftigt worden war[54].

Während in offiziellen Dokumenten der DDR immer wieder beide Formeln auftauchten, ist festzuhalten, daß es in dem Bericht des Zentralkommitees der SED an den X. Parteitag vom 11. bis zum 16. April

---

[50] Vgl. beispielsweise das Kommuniqué über die Ministertagung des Nordatlantikrats vom 11. und 12. Dezember 1980 in Brüssel. Text in: Bulletin des Presse- und Informationsamtes der Bundesregierung vom 16. Dezember 1980.
[51] Vgl. dazu ausführlicher J. Hacker, a.a.O. (Anm. 41).
[52] Vgl. zum Beispiel die Erklärungen zu Berlin im Rahmen von Gipfelkonferenzen in London vom 8. Mai und in Brüssel vom 8./9. Dezember 1977. Texte in: Bulletin des Presse- und Informationsamtes der Bundesregierung vom 11. Mai 1977 und „Pressemitteilung" des Presse- und Informationsamtes der Bundesregierung vom 12. Dezember 1977.
[53] Vgl. beispielsweise das Kommuniqué über die Tagung in Oslo vom 20. und 21. Mai 1976. Text in: Europa-Archiv 1976, S. D 528 f.
[54] Texte der deutsch-sowjetischen Erklärung über den Besuch Breshnevs in Bonn vom 18.–22. Mai 1973 und der deutsch-sowjetischen Deklaration vom 6. Mai 1978 anläßlich des Besuchs Breshnevs in Bonn in: Europa-Archiv 1973, S. D 337 und 1978, S. D 515.

Außenpolitische Resonanz

1981 heißt, die DDR sei dafür, „daß Berlin (West) ruhig und normal leben kann. Das erfordert die strikte Einhaltung und volle Anwendung des Vierseitigen Abkommens, insbesondere der Kernbestimmung, daß Berlin (West) kein Bestandteil der BRD ist und auch weiterhin nicht von ihr regiert wird."[55]

Es steht außer Zweifel, daß die DDR nach wie vor das Ziel verfolgt, möglichst viele andere Staaten auf ihre gegen Berlin (West) gerichtete Politik zu verpflichten und das Vier-Mächte-Abkommen über Berlin nicht sachgerecht zu interpretieren. Das geht einmal – darauf wird noch zurückzukommen sein – aus den von der DDR seit 1975 mit Staaten des Warschauer Pakts und anderen außereuropäischen Ländern geschlossenen politischen Verträgen und zahlreichen gemeinsamen Kommuniqués über Staatsbesuche hervor. Ebenso wie die UdSSR möchte auch die DDR international die These durchsetzen, das Berlin-Abkommen vom 3. September 1971 beziehe sich nur auf Berlin (West)[56]. Besonders bedenklich ist, daß die UdSSR keine Skrupel hat, sich über die Brandt-Breshnev-Formel aus den Jahren 1973 und 1978 hinwegzusetzen. So heißt es in der Gemeinsamen Mitteilung über den Freundschaftsbesuch des Außenministers der DDR in der UdSSR vom 27. Januar 1981: „Die Seiten unterstrichen erneut, daß es notwendig ist, das Vierseitige Abkommen über Westberlin strikt einzuhalten, das seit fast zehn Jahren ein wesentliches Element für die Stabilität der Lage in Mitteleuropa ist."[57]

Diese Formulierung ist insoweit besonders ärgerlich, als sie in zweifacher Hinsicht von der erstmals 1973 verwandten und 1978 wiederholten Brandt-Breshnev-Formel abweicht. In den deutsch-sowjetischen Deklarationen anläßlich der Besuche Breshnevs in der Bundesrepublik Deutschland ist vom Vier-Mächte-Abkommen vom 3. September 1971 und nicht vom „Abkommen über West-Berlin" die Rede. Zum anderen verwandten – um es noch einmal zu wiederholen – beide Erklärungen die Formel „strikte Einhaltung und volle Anwendung" des Berlin-Abkommens.

[55] Text in: Neues Deutschland vom 12. April 1981 und Deutschland-Archiv 1981, S. 551.
[56] Vgl. die Nachweise im 7. Bericht über Durchführung des Vier-Mächte-Abkommens und der ergänzenden Vereinbarungen zwischen dem 1. Juni 1978 und dem 31. Mai 1979. Abgeordnetenhaus von Berlin. 8. Wahlperiode, Drucksache 8/68 vom 22. Juni 1979.
[57] Text in: Neues Deutschland vom 28. Januar 1981.

IV. Die außenpolitische Vertretung Berlins (West) durch den Bund

Zu den wichtigsten Aspekten der außenpolitischen Resonanz des Vier-Mächte-Abkommens über Berlin gehört die außenpolitische Vertretung Berlins (West) durch den Bund. In den Anlagen IV A und B ist dieser Fragenkomplex klar geregelt, wobei im folgenden nur die beiden Bereiche der Vertretung der Interessen Berlins (West) in internationalen Organisationen und der Einbeziehung Berlins (West) in völkerrechtliche Verträge der Bundesrepublik Deutschland berücksichtigt werden sollen. Anschließend werden die Versuche der DDR erörtert, andere Staaten, soweit wie möglich, auf ihre Berlin-Positionen festzulegen.

1. Die Vertretung der Interessen Berlins (West) in internationalen Organisationen und auf internationalen Konferenzen

In der Anlage IV B hat sich die sowjetische Regierung verpflichtet, unter der Voraussetzung, daß Angelegenheiten der Sicherheit und des Status nicht berührt werden, keine Einwände dagegen zu erheben, daß die Bundesrepublik Deutschland die Interessen der Westsektoren Berlins in internationalen Organisationen und auf internationalen Konferenzen vertritt.

Nach Abschluß des Berlin-Abkommens vom 3. September 1971 war es für die drei Westmächte, die Bundesregierung und den Berliner Senat selbstverständlich, daß Berlin (West) auch in den Vereinigten Nationen durch die Bundesrepublik Deutschland vertreten wird. So lautet Artikel 2 des Entwurfs eines Gesetzes zum Beitritt der Bundesrepublik Deutschland zur Charta der Vereinten Nationen: „Dieses Gesetz gilt auch im Land Berlin, sofern das Land Berlin die Anwendung dieses Gesetzes feststellt, wobei die Rechte und Verantwortlichkeiten der alliierten Behörden, einschließlich derjenigen, die Angelegenheiten der Sicherheit und des Status betreffen, unberührt bleiben." Dieselbe Wendung enthält Artikel 2 des Gesetzes zum Beitritt der Bundesrepublik Deutschland zur Charta der Vereinten Nationen vom 6. Juni 1973[58].

---

[58] Text in: Bundesgesetzblatt 1973 Teil II, Nr. 25 vom 9. Juni 1973, S. 430. Text des Entwurfs eines Gesetzes zum Beitritt der Bundesrepublik Deutschland zur Charta der UNO in: Deutscher Bundestag – 7. Wahlperiode, Drucksache 7/154 vom 7. Februar 1973, S. 4. Vgl. dazu mit weiteren Nachweisen J. Hacker: Die Bindungen Berlins (West) zum Bund als Problem der Ostvertragspolitik der Bundesrepublik Deutschland, in: Osteuropa-Recht 1974. S. 204–234 (227–230).

Außenpolitische Resonanz

Darüber hinaus haben die drei Westmächte großen Wert darauf gelegt, im, Fall der Aufnahme der Bundesrepublik Deutschland und der DDR in die UNO gemeinsam mit der Sowjetunion festzustellen, daß die noch bestehenden Rechte und Verantwortlichkeiten der Vier Mächte für Deutschland als Ganzes und Berlin von diesem Schritt unberührt bleiben. Sie wollten einmal verhindern, daß die UdSSR den Beitritt beider Staaten zur Weltorganisation als ein Mittel zum Abbau der von ihr ohnehin nur noch reduziert anerkannten Vier-Mächte-Verantwortung wertet. Zum anderen kam es ihnen darauf an, der DDR mit der Aufnahme in die UNO keinen Vorwand zu geben, unter Berufung auf die UNO-Charta den Status Berlins neu zu interpretieren. Gemäß Artikel 2 Ziffer 1 der UNO-Charta beruht die Organisation auf dem Grundsatz der souveränen Gleichheit ihrer Mitglieder. Die drei Westmächte wollten von Anfang an verhindern, daß sich die DDR auf die Formel von der „souveränen Gleichheit" beruft und behauptet, die Zugangswege nach Berlin unterlägen ihrer „Souveränität". Es lag auch im Interesse der Bundesrepublik Deutschland, daß die Rechtspositionen der vier Mächte gewahrt bleiben.

Nachdem die Botschafter der vier Mächte noch vor der Paraphierung des Grundvertrages am 23. Oktober 1972 im Gebäude des ehemaligen Alliierten Kontrollrats in Berlin (West) ihren Meinungsaustausch aufgenommen hatten, um eine gemeinsame Erklärung über ihre Rechte und Verantwortlichkeiten zu erarbeiten, veröffentlichten sie am 9. November 1972, einen Tag nach der Paraphierung des Grundvertrags, ihre gemeinsame Erklärung. Zuvor hatten sich die Bundesrepublik Deutschland und die DDR auf einen Briefwechsel zu Artikel 9 des Grundvertrags geeinigt. Gemäß Artikel 9 stimmen beide Staaten darin überein, „daß durch diesen Vertrag die von ihnen früher abgeschlossenen oder sie betreffenden zweiseitigen und mehrseitigen internationalen Verträge und Vereinbarungen nicht berührt werden".

In dem Briefwechsel zu Artikel 9 teilen beide Staaten einander mit, daß das Auswärtige Amt der Bundesrepublik Deutschland den Botschaftern der drei Westmächte und das Ministerium für Auswärtige Angelegenheiten der DDR dem Botschafter der UdSSR Noten übermitteln, in denen jeweils unter Bezugnahme auf Artikel 9 des Grundvertrags festgestellt wird, „daß die Rechte und Verantwortlichkeiten der Vier Mächte und die entsprechenden diesbezüglichen Vereinbarungen, Beschlüsse und Praktiken durch diesen Vertrag nicht berührt werden können".

Jens Hacker

Diese Feststellung entspricht der von den Botschaftern der vier Mächte in Berlin erarbeiteten Erklärung. Darin betonen sie, daß sie die Anträge der Bundesrepublik Deutschland und der DDR auf Mitgliedschaft in den Vereinten Nationen unterstützen werden. Außerdem stellen die vier Mächte „in diesem Zusammenhang fest, daß diese Mitgliedschaft die Rechte und Verantwortlichkeiten der Vier Mächte und die bestehenden diesbezüglichen vierseitigen Regelungen, Beschlüsse und Praktiken in keiner Weise berührt"[59].

Die Erklärung vom 9. November 1972 bedeutet insofern einen Erfolg für die drei Westmächte, als die UdSSR darin die Existenz der Vier-Mächte-Rechte und -Verantwortung anerkennt und sie nicht – wie beim Abschluß des Moskauer Vertrags vom 12. August 1970 – „in Frage stellt". Allerdings beschränkt sich dieses Einlenken der Sowjetunion auf die Mitgliedschaft der Bundesrepublik Deutschland und der DDR in der UNO.

Die drei Westmächte bekräftigten nochmals ihre Auffassung vor der Aufnahme der Bundesrepublik Deutschland in die Vereinten Nationen im April 1973. Am 13. April 1973 richtete die Alliierte Kommandatura Berlin ein Schreiben an den Regierenden Bürgermeister von Berlin, in dem sie sich auf das Schreiben des Senats Nr. 16 vom 2. Februar 1973 bezog, mit dem ihr der Entwurf eines Gesetzes zum Beitritt der Bundesrepublik Deutschland zur Charta der Vereinten Nationen übermittelt worden ist[60]. In einem gesonderten Schreiben an den Generalsekretär der UNO, Kurt Waldheim, vom 13. Juni 1973 stellte die Bundesregierung nochmals fest, daß sie als Mitglied der UNO „die Rechte und Pflichten aus der Charta der Vereinten Nationen auch für Berlin (West) übernimmt und die Interessen von Berlin (West) in den Vereinten Nationen und ihren Unterorganisationen vertreten wird"[61].

Nachdem die DDR ihren Antrag auf Aufnahme in die Weltorganisation UNO-Generalsekretär Waldheim bereits am 12. Juni 1973 übergeben hatte, ließ die Bundesregierung wenige Tage später, am 15. Juni 1973,

---

[59] Text der Erklärung in: Bulletin des Presse- und Informationsamtes der Bundesregierung, Nr. 157 vom 11. November 1972, S. 1884 und in: Frankfurter Allgemeine Zeitung vom 10. November 1972.
[60] Alliierte Kommandatura Berlin. BKC/L (73) 1 vom 13. April 1973.
[61] Text des Schreibens in: Bulletin des Presse- und Informationsamtes der Bundesregierung, Nr. 74 vom 19. Juni 1973, S. 738.

Außenpolitische Resonanz

durch ihren ständigen Beobachter bei der Weltorganisation, Botschafter Walter Gehlhoff, den Aufnahmeantrag der Bundesrepublik Deutschland UNO-Generalsekretär Waldheim überreichen[62]. Angesichts dieser klaren Rechtslage verwunderte es, daß die UdSSR (und die DDR) vor allem bis in die Mitte der siebziger Jahre immer wieder versucht hat, den im Berlin-Abkommen vom 3. September 1971 bestätigten Vier-Mächte-Status für ganz Berlin in Frage zu stellen und diese Position auch in der UNO zur Geltung zu bringen[63].

Wegen der eindeutigen Rechtssituation und des festen Willens der drei Westmächte sowie der Bundesregierung, des Senats von Berlin und der Bonner Vertretung bei der UNO blieben bisher alle Versuche der UdSSR und der DDR, das Vier-Mächte-Abkommen über Berlin im Rahmen der Vereinten Nationen zu unterlaufen, erfolglos. Jedem Routine-Protest Moskaus widersprachen die drei Westmächte rechtsverwahrend. So bleibt als erfreuliches Ergebnis festzuhalten, daß die Interessen Berlins (West) in den Vereinten Nationen im vollen Umfang durch die Bundesrepublik Deutschland vertreten werden.

2. Die Ausdehnung völkerrechtlicher Verträge der Bundesrepublik Deutschland auf Berlin (West)

Gegen die Ausdehnung völkerrechtlicher Vereinbarungen und Abmachungen der Bundesrepublik Deutschland auf Berlin (West) darf die UdSSR dann – gemäß dem Vier-Mächte-Abkommen über Berlin – keine Einwände erheben, wenn die drei Westmächte zuvor keine Bedenken angemeldet haben. Bedenken können die drei westlichen Alliierten immer dann vorbringen, wenn Angelegenheiten der Sicherheit und des Status in den Vereinbarungen und Abmachungen der Bundesrepublik Deutschland betroffen sind.

---

[62] Text, ebenda.
[63] Vgl. dazu vor allem den Streit über die Angaben über Berlin im Demographischen Jahrbuch der Vereinten Nationen. Nachweise in: Das Vierseitige Abkommen über Westberlin und seine Realisierung. a.a.O. (Anm. 9). Die Dokumentation enthält weitere zahlreiche offizielle sowjetische Stellungnahmen, aus denen hervorgeht, wie sehr die UdSSR bis in die Mitte der siebziger Jahre bestrebt war, Berlin (West) im Rahmen der UNO einen Status zu verleihen, der keineswegs der Regelung im Berlin-Abkommen vom 3. September 1971 entsprach. Weitere Beispiele bei G. Wettig, a.a.O. (Anm. 4).

Jens Hacker

Auf das starke Interesse der UdSSR am Ausbau der Handelsbeziehungen zur Bundesrepublik Deutschland ist es vornehmlich zurückzuführen, daß sich die sowjetische Regierung 1972 bereitfand, Berlin (West) in Abmachungen mit der Bundesrepublik Deutschland einzubeziehen. Am 5. Juli 1972 wurde in Bonn ein langfristiges Abkommen zwischen der Regierung der Bundesrepublik Deutschland und der Regierung der UdSSR über den Handel und die wirtschaftliche Zusammenarbeit abgeschlossen, in dem erstmals die Berlin-Klausel – auch Frank-Falin-Formel genannt – in folgender Form verankert worden ist: „Entsprechend dem Vier-Mächte-Abkommen vom 3. September 1971 wird dieses Abkommen in Übereinstimmung mit den festgelegten Verfahren auf Berlin (West) ausgedehnt."[64]

Auch in der Folgezeit sind mehrere Abmachungen zwischen der Bundesrepublik Deutschland und der UdSSR mit dieser Formel versehen worden. Nicht abzusehen ist jedoch, wann die übrigen noch ausstehenden vertraglichen Regelungen getroffen werden können. An der Einbeziehung Berlins (West) scheiterte bisher der Abschluß von Abkommen über wissenschaftlich-technische Zusammenarbeit, Kulturaustausch und Tourismus, die in der am 21. Mai 1973 von Bundeskanzler Brandt und Generalsekretär Breshnev gemeinsam unterzeichneten Erklärung in Bonn vorgesehen waren. Daß die sowjetische Führung zwischen wirtschaftlichen Übereinkünften, in die sie die Einbeziehung Berlins (West) zuläßt, und Abmachungen auf dem Gebiet der wissenschaftlich-technischen Kooperation und des Kulturaustausches differenziert, hat einen einfachen Grund: Im Gegensatz zu ökonomischen Abmachungen geht es hier darum, „die Einbeziehung Berlins (West) nicht nur der Form nach, sondern auch in der praktischen Durchführung der Abkommen sicherzustellen ... Unerklärlich ist, wie die Sowjetunion realistischerweise annehmen kann, daß die Bundesregierung angesichts der politischen und rechtlichen Lage je imstande sein könnte, von einer Berlin-Einbeziehung abzusehen, die aufgrund der alliierten Ermächtigungen von 1952/54 über die Außenvertretung Berlins (West) durch die Bundesrepublik Deutschland in vielen hundert internationalen Abkommen mit über 120 Staaten fester Bestandteil der völkerrechtlichen Vertrag-

---

[64] = Artikel 10. Text des Abkommens in: Bundesgesetzblatt 1972 Teil II, Nr. 48 vom 9. August 1972, S. 843 f. Weitere Nachweise bei J. Hacker, a.a.O. (Anm. 58), S. 225–227.

Außenpolitische Resonanz

spraxis geworden und deren Zulässigkeit im Viermächte-Abkommen bestätigt worden ist."[65]

Die Abmachungen über wissenschaftlich-technische Zusammenarbeit und Kulturaustausch konnten deshalb bisher nicht unterzeichnet werden, da sich die UdSSR weigert, bestimmte Institutionen, „die in Berlin ansässig snd, in die Abkommen mit einzubeziehen. Dabei handelt es sich um Institutionen, die dem Bund zuzurechnen sind oder an denen der Bund beteiligt ist"[66]. Dazu gehören beispielsweise das Bundesgesundheitsamt, das Robert-Koch-Institut, das Bundesamt für Materialprüfung, die Physikalisch-Technische Anstalt und das Umweltbundesamt. Trotz der klaren Bestimmung des Vier-Mächte-Abkommens über die Aufrechterhaltung und Entwicklung der Bindungen Berlins (West) zum Bund „schneidet die·Sowjetunion diese Institute unter Hinweis auf ihre Eigenschaft als Einrichtungen des Bundes bzw. ihre Förderung durch den Bund. Auf der Konferenz über Sicherheit und Zusammenarbeit in Europa (KSZE) wurde auf Initiative der Bundesrepublik Deutschland und der drei Westmächte eine Klausel für die Schlußakte ausgehandelt, die nach dem übereinstimmenden Willen der Teilnehmerstaaten, insbesondere auch der Sowjetunion, sicherstellen soll, daß den Konferenzergebnissen auch in Berlin (‚in ganz Europa') volle Wirksamkeit verliehen wird."[67]

Die Frank-Falin-Formel, in der nur von „Berlin (West)" und nicht von dem „Land Berlin" die Rede ist, läßt die Bundesrepublik Deutschland nur in Verträgen mit den Staaten des Warschauer Pakts und Staaten zu, die – wie Finnland – die außenpolitische Vorstellungen Moskaus besonders berücksichtigen müssen. In allen anderen Fällen legt die Bundesrepublik Wert darauf, die bis 1972 praktizierte Einbeziehung „des Landes Berlin" in Verträge und Abmachungen mit anderen Staaten beizubehalten. Auch das Bundesverfassungsgericht hat in seinem Grundvertrags-Urteil vom 31. Juli 1973 unmißverständlich festgestellt, daß Berlin (West) in alle Verträge der Bundesrepublik Deutschland mit anderen Staaten einbezogen werden muß, soweit – wie es im Vier-Mächte-

---

[65] So G. van Well: Die Teilnahme Berlins am internationalen Geschehen: ein dringender Punkt auf der Ost-West-Tagesordnung, in: Europa-Archiv 1976, S. 647–656 (647 f.).
[66] So. P. J. Winters: Für Berlin nicht mehr wegzudenken, in: Frankfurter Allgemeine Zeitung vom 31. August 1978. Vgl. dazu auch G. van Well, ebenda.
[67] So. G. van Well, ebenda, S. 648.

Jens Hacker

Abkommen formuliert ist – nicht Fragen des Status und der Sicherheit der Stadt berührt werden[68].

Nachdem – wie dargelegt – im Bereich der UNO und ihrer Sonderorganisationen die östlichen Versuche, den besonderen Status von ganz Berlin für den Ostteil der Stadt zu bestreiten, von den Westmächten zurückgewiesen worden waren, wandte sich die östliche Seite seit Mitte der siebziger Jahre verstärkt vor allem dagegen, daß die Bundesrepublik Deutschland internationale Konventionen auf Berlin erstreckt: „Sie argumentiert mit einer uferlosen Auslegung der Begriffe ‚Sicherheit und Status', Bereiche, deren Vertretung nach dem Vier-Mächte-Abkommen nicht zur Kompetenz der Bundesrepublik Deutschland gehören kann."[69] Bisher ist es jedoch der Bundesrepublik Deutschland gelungen, bei der Erstreckung internationaler Konventionen auf Berlin (West) die Formel vom „Land Berlin" durchzusetzen.

Die UdSSR läßt nichts unversucht, dritte Staaten zu veranlassen, die einseitige und restriktive Interpretation des Berlin-Abkommens vom 3. September 1971 durch den Kreml zu übernehmen. Im Vordergrund stehen dabei die Staaten, die aus vertraglichen oder nur politischen Gründen bei der Gestaltung ihrer Außenpolitik Rücksicht auf die Vorstellungen Moskaus nehmen müssen oder von denen dies die sowjetische Führung zumindest erwartet. So überschattete von 1974 bis Ende 1976 eine sowjetische Demarche die Beziehungen zwischen Wien und Bonn, da der sowjetische Botschafter in Österreich erstmals im Frühjahr 1974 die österreichische Regierung zu bewegen suchte, keine Verträge mehr mit der Bundesrepublik Deutschland unter Einschluß der bis dahin verwandten Formel „Land Berlin" abzuschließen. Die UdSSR berief sich dabei auf den Österreichischen Staatsvertrag vom 15. Mai 1955

---

[68] Vgl. dazu mit weiteren Nachweisen J. Hacker: Stand und Perspektiven der deutsch-deutschen Beziehungen, in: Die außenpolitische Lage Deutschlands am Beginn der achtziger Jahre. Hrsg. vom Göttinger Arbeitskreis. Berlin 1982, S. 61–114 (84–86).

[69] So der 4. Bericht über die Durchführung des Vier-Mächte-Abkommens und der ergänzenden Vereinbarungen zwischen dem 1. Juni 1975 und dem 31. Mai 1976. Abgeordnetenhaus von Berlin, 7. Wahlperiode, Drucksache 7/536 vom 2. August 1976, S. 4. Diese einmal im Jahr herausgegebenen Berichte – inzwischen liegen zehn Berichte für die Zeit vom 3. Juni 1972 bis zum 31. Mai 1982 vor – vermitteln gute Überblicke über die Durchführung des Berlin-Abkommens vom 3. September 1971 und der ergänzenden Vereinbarungen.

Allerdings bewegte sich die sowjetische Argumentation juristisch auf tönernden Füßen. In Artikel 11 des Staatsvertrages hat sich Österreich verpflichtet, „die volle Geltung der Friedensverträge mit Italien, Rumänien, Bulgarien, Ungarn und Finnland und anderer Abkommen oder Regelungen anzuerkennen, die von den Alliierten und Assoziierten Mächten bezüglich Deutschlands und Japans zur Wiederherstellung des Friedens herbeigeführt worden sind oder künftig herbeigeführt werden"[70]. Die Sowjets behaupteten, das Vier-Mächte-Abkommen über Berlin falle unter jene „Regelungen", von denen in Artikel 11 des Staatsvertrags die Rede ist. Da im Berlin-Abkommen vom 3. September 1971 die Formulierung „Land Berlin" nicht vorkomme, sondern nur von den drei Westsektoren Berlins gesprochen werde, dürfe Österreich die bisher verwendete Berlin-Klausel nicht mehr benutzen[71].

Mit Recht sah Bonn keinen Grund, gegenüber Österreich von der bisherigen Vertragspraxis abzurücken und die bisherige Berlin-Klausel durch die Frank-Falin-Formel zu ersetzen. Die Bundesregierung machte geltend, daß Staaten, die – wie Österreich – schon vor Abschluß des Berlin-Abkommens in ihren Verträgen die Berlin-Klausel mit der Formulierung „Land Berlin" akzeptiert hatten, aufgrund der Vier-Mächte-Regelung zur Fortsetzung dieses Verfahrens gehalten seien. Die UdSSR hatte ein juristisches Eigentor auch insofern geschossen, als das Berlin-Abkommen überhaupt nicht unter Artikel 11 des Österreichischen Staatsvertrages fällt, da es von den vier Mächten nicht unter dem Aspekt der Wiederherstellung des Friedens bezüglich Deutschlands abgeschlossen worden ist; die Formel aus dem Staatsvertrag kann nur eine friedensvertragliche Regelung meinen[72].

Das Verhalten der UdSSR hat dazu geführt, daß seit dem Frühjahr 1974 über zwei Jahre keine neuen deutsch-österreichischen Verträge mehr geschlossen worden sind, obwohl mehrere rasch unterschriftsreif gemacht werden konnten. Die östereichische Regierung sah sich insofern in einer schwierigen Situation, als die Bundesrepublik Deutschland zumindest gegenüber den Staaten des Warschauer Pakts seit 1972 die Frank-Falin-Formel akzeptiert und auf die Bezeichnung Berlins (West)

---

[70] Text in: Europa-Archiv 1956, S. 8747.
[71] Vgl. dazu im einzelnen H. Konitzer: Österreich würgt an der Berlin-Klausel, in: Frankfurter Allgemeine Zeitung vom 29. Oktober 1976.
[72] Vgl. zu den weiteren Argumenten Bonns und Wiens H. Konitzer, ebenda.

Jens Hacker

als „Land Berlin" verzichtet hatte. Erst Ende 1976 einigten sich Wien und Bonn darauf, an der Formel „Land Berlin" festzuhalten, ohne dies an die große Glocke zu hängen[73].

Wie sehr die Bundesrepublik Deutschland bemüht ist, die Frank-Falin-Formel nicht außerhalb des Warschauer Pakt-Bereichs hinnehmen zu müssen, zeigt sich beispielsweise darin, daß in vertraglichen Abmachungen auch mit „Staaten mit sozialistischer Orientierung" Afrikas und Staaten, die mit der UdSSR durch Freundschafts- und Kooperationsverträge verbunden sind, großer Wert darauf gelegt worden ist und wird, die alte Berlin-Klausel beizubehalten. Als die Bundesrepublik Deutschland im Frühjahr 1980 mit Irak ein Abkommen über wirtschaftliche und wissenschaftlich-technische Fragen schloß, wurde „das Land Berlin" darin einbezogen; die UdSSR hat mit Irak am 9. April 1972 einen Freundschafts- und Kooperationsvertrag geschlossen.

Einige Staaten der „Dritten Welt", die unter „Blockfreiheit" eine enge Anlehnung an die UdSSR verstehen, mußten inzwischen einsehen, daß die Rücksichtnahme auf Moskau mit hohen ökonomischen Opfern verbunden sein kann. Das gilt vor allem für die beiden afrikanischen Volksrepubliken Angola und Moçambique – ehemalige portugiesische Kolonien –, die dem Lomé-Abkommen zwischen der Europäischen Gemeinschaft (EG) und 61 Staaten Afrikas, der Karibik und des Pazifiks nicht beigetreten waren, da dies die UdSSR (und die DDR) nicht wünschte. Am 7. Oktober 1982 teilte die Kommission der Europäischen Gemeinschaft in Brüssel mit, daß Angola und Moçambique an den Verhandlungen über ein 3. Lomé-Abkommen teilnehmen wollen, die im September 1983 beginnen. Mit dieser Entscheidung haben beide Länder den Inhalt der Römischen Verträge und deren Geltungsbereich anerkannt, zu dem auch Berlin (West) gehört. Gleichzeitig können sie für eine Übergangszeit bis zur endgültigen Mitgliedschaft in den Genuß der Nahrungsmittelhilfe der Gemeinschaft für nicht-assoziierte Entwicklungsländer gelangen. Bereits am 30. Juli 1982 hatten die Bundesrepublik Deutschland und Moçambique ein Abkommen mit der alten Berlin-Klausel („Land Berlin") über die Lieferung von Nahrungsmitteln

---

[73] Vgl. dazu H. Konitzer, ebenda; Wiens Probleme mit der Berlin-Klausel, in: Süddeutsche Zeitung vom 19. November 1976; Einigung zwischen Bonn und Wien über Berlin-Klausel?, in: Die Welt vom 20. November 1976; Wien sondiert in Bonn wegen Berlin, in: Frankfurter Allgemeine Zeitung vom 20. November 1976.

Außenpolitische Resonanz

geschlossen. Die beiden früheren portugiesischen Kolonien haben ihren Widerstand gegen eine Beteiligung am Lomé-Abkommen aufgegeben, da die UdSSR beide nicht mehr finanziell ausreichend unterstützen konnte. Das gegenwärtige Kooperationsabkommen „Lomé II" zwischen der Europäischen Gemeinschaft und 61 mit Brüssel verbundenen Entwicklungsländern läuft 1985 aus. „Lomé II" gestattet „den Produkten dieser Entwicklungsländer nahezu unbeschränkten Zugang zum Gemeinsamen Markt und sichert den Staaten in gewissen Grenzen finanzielle Entschädigung beim Verfall der Weltmarktpreise für agrarische Rohstoffe"[74].

Schließlich ist hinsichtlich der Resonanz des Berlin-Abkommens noch darauf hinzuweisen, daß sich die Attraktivität Berlins (West) als Messe- und Festspielort von internationalem Niveau ständig erhöht hat. Die Berichte über die Durchführung des Vier-Mächte-Abkommens und der ergänzenden Vereinbarungen, die einmal jährlich dem Abgeordnetenhaus von Berlin zugeleitet werden, legen auch davon Zeugnis ab, wie sehr sich bei der Werbung internationaler Veranstaltungen für Berlin das Vier-Mächte-Abkommen bewährt hat. Vertreter der Ostblockstaaten beteiligten sich, oftmals mit repräsentativen Delegationen, an internationalen Veranstaltungen in Berlin (West)[75].

3. Berlin-Klauseln in bilateralen Verträgen der DDR

Auf die Bestrebungen der UdSSR und DDR, möglichst viele Staaten auf ihre gegen Berlin (West) gerichtete Politik zu verpflichten, ist bereits mehrfach hingewiesen worden. Darüber hinaus ist die DDR – ebenso wie die Sowjetunion – unverändert bemüht, unter Ausschaltung der Bundesregierung direkte Kontakte zu Berlin (West) als Ausdruck besonderer Beziehungen herzustellen. Seit dem Abschluß des Berlin-Abkommens vom 3. September 1971 spiegeln sich die Absichten und Ziele Ost-Berlins auch in den bilateralen Verträgen der DDR mit den

---

[74] So die Meldung „Die Volksrepublik Angola hat die Berlin-Klausel akzeptiert", in: Frankfurter Allgemeine Zeitung vom 8. Oktober 1982. Vgl. dazu auch B. Conrad: Der Weg für Bonner Hilfe am Moçambique ist frei, in: Die Welt vom 13. August 1982; S. Klein: Moçambiques Staatschef löst sich etwas von der Bindung an Moskau, in: Süddeutsche Zeitung vom 30. Juni 1983.
[75] Vgl. dazu mit zahlreichen weiteren Nachweisen die Berichte des Abgeordnetenhauses

Jens Hacker

Staaten des Warschauer Pakts und anderen kommunistischen Ländern außerhalb Europas wider. In den von der DDR 1964 mit der UdSSR, 1967 mit Polen, der Tschechoslowakei, Ungarn und Bulgarien geschlossenen zweiseitigen Bündnispakten hieß es jeweils, beide Seiten betrachteten „Westberlin als selbständige politische Einheit" oder als „besondere politische Einheit". Auch der 1968 zwischen der DDR und der Mongolischen Volksrepublik geschlossene Vertrag über Freundschaft und Zusammenarbeit – nicht jedoch über Beistand – enthielt die Formel von der „selbständigen politischen Einheit" West-Berlins. Von der „besonderen politischen Einheit" war auch noch in dem Bündnispakt die Rede, den die DDR und Rumänien am 12. Mai 1972, also nach dem Abschluß des Vier-Mächte-Abkommens über Berlin, unterzeichnet haben.

Als die UdSSR und die DDR am 7. Oktober 1975 den Bündnispakt vom 12. Juni 1964 erneuerten, ersetzten sie die Berlin-Klausel durch eine neue Formel:

„In Übereinstimmung mit dem Vierseitigen Abkommen vom 3. September 1971 werden die Hohen Vertragschließenden Seiten ihre Verbindungen zu West-Berlin ausgehend davon unterhalten und entwickeln, daß es kein Bestandteil der Bundesrepublik Deutschland ist und auch weiterhin nicht von ihr regiert wird."

Diese neue Berlin-Formel wurde in der Folgezeit auch in die 1977 mit Polen, der Tschechoslowakei, Ungarn und Bulgarien erneuerten Bündnisverträge aufgenommen. Das gilt gleichfalls für den 1977 erneuerten Vertrag über Freundschaft und Zusammenarbeit mit der Mongolischen Volksrepublik[76].

Der DDR ist es auch gelungen, diese Berlin-Formel in die 1977 mit der Sozialistischen Republik Vietnam, 1980 mit der Volksrepublik Kampuchea und der Republik Kuba sowie 1982 mit der Volksdemokratischen Republik Laos geschlossenen Verträge über Freundschaft und Zusammenarbeit aufzunehmen. Alle vier kommunistischen Länder sind eng an die UdSSR gebunden. Keine Berlin-Klausel enthalten hingegen die Verträge über Freundschaft und Zusammenarbeit, die die DDR 1979 mit der Volksrepublik Angola, der Volksrepublik Moçambique und

---

[76] Texte dieser Verträge bei H.-H. Mahnke (Hrsg.): Beistands- und Kooperationsverträge der DDR. Köln 1982.

dem Sozialistischen Äthiopien, 1980 mit der Volksrepublik Jemen (Süd-Jemen) und 1982 mit der Demokratischen Republik Afghanistan geschlossen hat[77].

Da Rumänien bisher nicht bereit war, mit der DDR einen neuen Bündnispakt zu schließen, mußte sich Ost-Berlin mit der Deklaration über die Vertiefung der Freundschaft und Entwicklung der brüderlichen Zusammenarbeit zwischen der SED und der Rumänischen Kommunistischen Partei, zwischen der Deutschen Demokratischen Republik und der Sozialistischen Republik Rumänien vom 10. Juni 1977 zufriedengeben. Darin heißt es:

„Sie bekräftigen ihre Überzeugung, daß die strikte Einhaltung und volle Anwendung des Vierseitigen Abkommens vom 3. September 1971 sowie der Verzicht auf jeglichen Versuch, den besonderen Status von Westberlin zu verletzen, eine Voraussetzung für die Umwandlung dieser Stadt in einen konstruktiven Faktor der europäischen Zusammenarbeit darstellen. In diesem Zusammenhang bekräftigen sie ihre Entschlossenheit, mit Westberlin vielfältige Beziehungen zu unterhalten und zu entwickeln."[78]

An der Berlin-Klausel in diesen Verträgen der DDR fällt die korrekte Zitierung des Titels des „Vierseitigen Abkommens vom 3. September 1971" auf, hätte doch zumindest die Tagespropaganda im Fall des Abschlusses des Vertrags der UdSSR und der DDR vom 7. Oktober 1975 die Formel „Vierseitiges Abkommen über Westberlin" erwarten lassen. Ob Theodor Schweisfurths Annahme richtig ist, die Sowjetunion behalte sich offenbar freie Hand, „gegenüber der DDR-Regierung zu bestimmen, ob auch der Ostsektor Berlins zum ‚betreffenden Gebiet' im Sinne des Vierseitigen Abkommens gehört, mag sie gegenüber dem Westen noch so oft betonen, daß es nur einen besonderen Status für die Westsektoren gebe"[79], läßt sich nicht nachweisen.

---

[77] Texte der in den Jahren von 1977 bis 1980 geschlossenen Verträge ebenda, und des Vertrages der DDR mit Afghanistan vom 21. Mai 1982 in: Gesetzblatt der DDR 1982 Teil II, S. 17. Text des Vertrags über Freundschaft und Zusammenarbeit zwischen der DDR und der Volksdemokratischen Republik Laos in: Neues Deutschland vom 23. September 1982.

[78] Text in: Neues Deutschland vom 11./12. Juni 1977.

[79] Th. Schweisfurth: Die neue vertragliche Bindung der DDR an die Sowjetunion, in: Europa-Archiv 1975, S. 753–764 (759).

Jens Hacker

Zu der Berlin-Klausel in den Verträgen der DDR – am wichtigsten ist jener mit der UdSSR – ist zunächst festzustellen, daß sie das Vier-Mächte-Abkommen vom 3. September 1971 nicht tangieren kann. Das Abkommen über Berlin ist von den drei Westmächten und der UdSSR geschlossen worden. Mit seiner Unterzeichnung hat die DDR ebensowenig direkt zu tun wie die Bundesrepublik Deutschland. Wenn einer der Unterzeichnerstaaten – wie es die UdSSR am 7. Oktober 1975 getan hat – mit einem dritten, am früher geschlossenen Abkommen nicht beteiligten Staat – also der DDR – einen Vertrag schließt, so kann dieser das früher geschlossene Abkommen nicht berühren. Das haben die Botschafter der drei Westmächte in Bonn am 14. Oktober 1975 unmißverständlich zum Ausdruck gebracht. In ihrer Erklärung legten sie Wert auf die Feststellung, „daß kein von einer der Vier Mächte mit einem dritten Staat abgeschlossener Vertrag in irgendeiner Weise die Rechte und Verantwortlichkeiten der Vier Mächte und die entsprechenden, diesbezüglichen vierseitigen Vereinbarungen, Beschlüsse und Praktiken berühren kann".

Deshalb – heißt es darin weiter – bleiben die Rechte und Verantwortlichkeiten der Vier Mächte für Berlin und Deutschland als Ganzes durch den Vertrag vom 7. Oktober 1975 unberührt[80]. Der Berlin-Passus im Bündnispakt der DDR mit der UdSSR – und in den anderen genannten Verträgen – postuliert jedoch eine gefährliche politische Absicht, die auch politisch zu bewerten ist. Auf geradezu raffinierte Weise haben die Vertragspartner aus dem Zusammenhang gerissene Teilaussagen des Vier-Mächte-Abkommens zusammengeflickt, um die eigene einseitige und restriktive Interpretation zu unterstreichen, die dem Text des Berlin-Abkommens diametral widerspricht. Hier dokumentieren sowohl die UdSSR als auch die DDR in geradezu zynischer Weise, wie sie sich die Zukunft Berlins (West) vorstellen.

Mit Recht hat Hans-Heinrich Mahnke bemerkt, in den Berlin-Bestimmungen der neuen Bündnisverträge der DDR mit den Warschauer Pakt-Staaten sei der Versuch zu sehen, „die Tendenz des Viermächte-Abkommens über Berlin zu verfälschen und den Eindruck zu erwecken, Berlin sei eine separate völkerrechtliche Entität – eben doch

---

[80] Text in: Bulletin des Presse- und Informationsamtes der Bundesregierung, Nr. 124 vom 21. Oktober 1975, S. 1236.

Außenpolitische Resonanz

eine selbständige politische Einheit –, zu der die UdSSR, die osteuropäischen Volksdemokraten und die DDR völkerrechtliche Verbindungen unterhalten und entwickeln, die einerseits von den Bindungen (‚Verbindungen') zwischen der Bundesrepublik Deutschland und Berlin (West), andererseits aber auch von den völkerrechtlichen Beziehungen der UdSSR und der osteuropäischen Volksdemokratien und den zwischenstaatlichen Beziehungen der DDR zur Bundesrepublik Deutschland zu unterscheiden sind. Berlin (West) unterhält und entwickelt aber nur mit einem Staat seine Bindungen, nämlich mit der Bundesrepublik Deutschland, zu deren Rechts-, Wirtschafts- und Finanzsystem es gehört. Der Versuch der neuen Freundschafts- und Beistandsverträge, die ‚Verbindungen' der Vertragspartner zu Berlin (West), die ‚unterhalten und entwickelt' werden sollen, auf eine Stufe mit den ‚Bindungen' von Berlin (West) zur Bundesrepublik Deutschland zu stellen, ist der Versuch, das Viermächte-Abkommen vom 3. September 1971 zu verfälschen, indem die Bindungen von Berlin (West) an die Bundesrepublik gelockert werden und ein weiterer Schritt zur Verwirklichung der alten These von der ‚selbständigen politischen Einheit Westberlin' getan wird."[81]

Daß weder die DDR noch die übrigen Staaten des Warschauer Pakts die Konstruktion einer besonderen völkerrechtlichen Entität „West-Berlin", mit eigenen Außenbeziehungen völkerrechtlichen Charakters, auch nach dem Abschluß des Berlin-Abkommens fallengelassen haben, zeigte vor allem die bereits zitierte Deklaration des Politischen Beratenden Ausschusses der Warschauer Allianz vom 26. November 1976[82]. Etwas bescheidener hat sich hingegen das Programm der SED vom 22. Mai 1976 dazu geäußert, in dem es heißt: „Die SED hält es für notwendig, die Beziehungen zwischen der DDR und West-Berlin weiter zu normalisieren. Die Beziehungen müssen sich auf das vierseitige Abkommen und andere abgeschlossene völkerrechtliche Verträge und Vereinbarungen gründen, für deren strikte Einhaltung die DDR eintritt."[83]

---

[81] H.-H. Mahnke: Die neuen Freundschafts- und Beistandsverträge der DDR, in: Deutschland-Archiv 1977, S. 1160–1184 (1178).
[82] Vgl. den Nachweis oben in Anm. 47.
[83] Text in: Programm und Statut der SED vom 22. Mai 1976. Mit einem einleitenden Kommentar von K. W. Fricke. Köln 1976, S. 95.

Jens Hacker

Es erübrigt sich festzustellen, daß jeder Versuch, Berlin (West) als eine selbständige oder besondere Einheit mit eigenen völkerrechtlichen Außenbeziehungen zu konstruieren, diametral den Bestimmungen des Vier-Mächte-Abkommens vom 3. September 1971 entgegengesetzt ist. Daher blieben dieser Politik der UdSSR und der DDR bisher tatsächliche Auswirkungen versagt. Es obliegt den drei Westmächten, der Bundesregierung, der Bonner Diplomatie und dem Senat von Berlin, auch in Zukunft dafür zu sorgen, daß die östliche Seite keine Chance erhält, das Vier-Mächte-Abkommen zu unterlaufen und „Nachbesserungen" durch eine einseitige und restriktive Interpretation der Abmachungen dort zu erreichen, wo sie bei der Formulierung des Textes des Berlin-Abkommens zu Konzessionen bereit sein mußte.

Die Perspektiven des Berlin-Abkommens
Professor Dr. Gottfried Z i e g e r
Direktor des Instituts für Völkerrecht
der Universität Göttingen

Zur Eröffnung unseres Symposiums sprach ich davon, daß das Vier-Mächte-Abkommen einen Abbau derjenigen Spannungen gebracht habe, die seit der Blockade im Jahre der Währungsreform mit dem Namen Berlin verbunden gewesen sind. Wir haben in den Referaten eine eindrucksvolle Reihe von Haben-Posten in unsere Berlin-Bilanz einstellen können. Von da her bestimmt sich die erste in die Perspektive auszuziehende Linie. Sie verspricht gute Chancen für weitere Dekaden einer gesicherten Lage mit Anbindung an Westdeutschland.

Die zweite perspektivische Linie muß mit hoher Aufmerksamkeit die Wahrung des bestehenden Gleichgewichts innerhalb der Vier-Mächte-Stadt Berlin als Voraussetzung unserer Prognose zum Ziel haben.

Eine solche Wachsamkeit muß sich vor allem aus der Frage ableiten, warum man auf östlicher Seite, insbesondere in Berlin (Ost), keinen Monat vergehen läßt, ohne betont einen Trennungsstrich zwischen Westdeutschland und Berlin (West) zu ziehen[1].

Von den in Art. 7 des Grundvertrages vereinbarten Folgeabkommen sind viele bis heute nicht erfüllt worden, weil sie in erster Linie an der Berlin-Klausel scheitern, d. h. die Regierung des anderen deutschen Staates lehnt es ab, die Berlin-Klausel für diese Verträge zu akzeptieren[2].

---

[1] Vgl. die Proteste gegen die Beteiligung westdeutscher Politiker bei den beiden Senatsneubildungen des Jahres 1981, vgl. Frankfurter Allgemeine Zeitung vom 28. Januar 1981; Neues Deutschland vom 16. Juni 1981. Vgl. ferner die Proteste gegen Urteile des in Berlin befindlichen Bundesverwaltungsgerichts gegenüber nicht in Berlin wohnhaften Deutschen, vgl. Süddeutsche Zeitung vom 31. Oktober 1981. Vgl. auch Proteste gegen die Beteiligung des Deutschen Bundestages als Veranstalter der Preußen-Ausstellung, vgl. Süddeutsche Zeitung vom 9. März 1981.

[2] Abgeschlossen wurden bisher die beiden Abkommen über den Transfer von Unterhaltszahlungen und über den Transfer aus Guthaben in bestimmten Fällen vom 25. April 1974, BGBl. II S. 621 und S. 624, das Abkommen über das Gesundheitswesen vom 25. April 1974, BGBl. II S. 1729, das Abkommen über das Post- und Fernmeldewesen vom 30. März 1976, BGBl. II S. 633 und das Abkommen über das Veterinärwesen vom 21. Dezember 1979, BGBl. 1980 II S. 845. Über den Abschluß eines Rechtshilfeabkommens, eines Abkommens über kulturelle Zusammenarbeit sowie

Gottfried Zieger

Es gibt Entwicklungsländer mit einem besonders guten Verhältnis zur DDR, die sich weigern, in völkerrechtliche Verträge mit der Bundesrepublik Deutschland die traditionelle Berlin-Klausel aufzunehmen[3].

Zum anderen ist die DDR-Regierung dazu übergegangen, in ihre völkerrechtlichen Verträge eine Bestimmung einzustellen, die sich gleichfalls als Berlin-Klausel versteht. In ihr verpflichten sich die Vertragsparteien gegenseitig,

„in Übereinstimmung mit dem Vierseitigen Abkommen vom 3. September 1971 ... ihre Verbindungen zu Westberlin ausgehend davon (zu) unterhalten und (zu) entwickeln, daß es kein Bestandteil der Bundesrepublik Deutschland ist und auch weiterhin nicht von ihr regiert wird"[4].

Damit soll offensichtlich die *Bindungsklausel,* die in den Verträgen der Bundesrepublik Deutschland als Kennzeichen für das Verhältnis zu Berlin (West) vorgesehen ist, relativiert werden: Indem man die Berlin-Klausel generalisiert, soll das Besondere dieser Klausel für das Verhältnis der Bundesrepublik Deutschland zu Berlin (West) aus dem Bewußtsein verdrängt werden. Die im Berlin-Abkommen konstatierten *Bindungen* der Westsektoren an die Bundesrepublik Deutschland wer-

---

einer Vereinbarung über Zusammenarbeit auf den Gebieten der Wissenschaft und Technik wird schon seit Jahren verhandelt; umstritten ist insbesondere die Einbeziehung Berlins.

[3] Es handelt sich vor allem um die ehemaligen portugiesischen Kolonien. Mit Angola, Sao Tomé und Principe sowie Guinea-Bissao sind deshalb bisher keine Abkommen zustande gekommen. Mosambik hat nach jahrelangem Tauziehen die Berlin-Klausel erstmals in dem Abkommen über finanzielle Zusammenarbeit vom 28. September 1982, BGBl. II S. 963, akzeptiert.

[4] Erstmals in Art. 7 des Vertrages über Freundschaft, Zusammenarbeit und gegenseitigen Beistand mit der Sowjetunion vom 7. Oktober 1975, GBl. 1975 II S. 238. Entsprechende Bestimmungen enthalten die vergleichbaren Verträge mit Ungarn vom 24. März 1977, GBl. II S. 189, der Mongolei vom 6. Mai 1977, GBl. II S. 194, Polen vom 28. Mai 1977, GBl. II S. 198, Bulgarien vom 14. September 1977, GBl. 1978 II S. 1, der CSSR vom 3. Oktober 1977, GBl. 1978 II S. 5, Vietnam vom 4. Dezember 1977, GBl. 1978 II S. 9, Kampuchea vom 18. März 1980, GBl. II S. 59, Kuba vom 31. Mai 1980, GBl. II S. 61 und mit Laos vom 22. September 1982, GBl. 1982 II S. 82. Diese DDR-Berlin-Klausel findet sich hingegen nicht in den im selben Zeitraum abgeschlossenen Verträgen über Freundschaft und Zusammenarbeit mit Angola vom 19. Februar 1979, GBl. II S. 57, Mosambik vom 24. Februar 1979, GBl. II S. 59, Äthiopien vom 15. November 1979, GBl. 1980 II S. 57 und mit Afghanistan vom 21. Mai 1982, GBl. II S. 17.

Perspektiven des Abkommens

den in der DDR-Berlin-Klausel zu *Verbindungen,* wie sie jeder Staat zu Berlin (West) unterhalten kann[5].

Daß dabei zugleich eine inhaltliche Verkürzung und Umprägung stattfindet, sei zusätzlich erwähnt[6].

Man muß sich vergegenwärtigen, mit welchem personellen und sachlichen Aufwand auf östlicher Seite Politik um Berlin betrieben wird, wieviel Noten gewechselt, Proteste erhoben und publizistische Kritik geltend gemacht werden, um die stetige Politik der Bundesregierung zur Einbeziehung Berlins in die völkerrechtlichen Verträge der Bundesrepublik Deutschland, die im Berlin-Abkommen ausdrücklich vorgesehen ist[7], zu konterkarieren oder um gegen Tagungen oder Besuche westdeutscher Politiker in Berlin (West) zu protestieren[8].

---

[5] Im Originaltext wird englisch von „ties", französisch von „liens" und russisch von „svjazi" gesprochen, UNTS Bd. 880, S. 115. (West)deutsche Fassung mit „Bindungen", Beilage zum BAnz. Nr. 174 vom 15. September 1972, S. 45; (ost)deutsche Fassung mit „Verbindungen", Das Vierseitige Abkommen über Westberlin und seine Realisierung, Dokumente 1971-1977. 1977, Nr. 5, S. 44. Hierzu *Schiedermair,* Die Bindungen West-Berlins an die Bundesrepublik, NJW 1982, S. 2841.

[6] In der von der Bundesregierung mitgeteilten deutschen Übersetzung des alliierten Vier-Mächte-Abkommens vom 3. September 1971 lautet diese Formulierung in Teil II B genau: „Die Regierungen der (drei Westmächte) erklären, daß die Bindungen zwischen den Westsektoren Berlins und der Bundesrepublik Deutschland aufrechterhalten und entwickelt werden, wobei sie berücksichtigen, daß diese Sektoren so wie bisher kein Bestandteil (konstitutiver Teil) der Bundesrepublik Deutschland sind und auch weiterhin nicht von ihr regiert werden", vgl. Beilage zum Bundesanzeiger Nr. 174 vom 15. September 1972, S. 45.

[7] Vgl. Teil II D des Abkommens in Verbindung mit der Anlage IV A Ziff. 2 lit. b und B Ziff. 2 lit. b.

[8] Vgl. die Note des Außenministeriums der DDR an die USA wegen der Ausdehnung des Geltungsbereichs des Statuts der Internationalen Atomenergieorganisation auf Berlin vom 17. Dezember 1973, in: Das Vierseitige Abkommen über Westberlin und seine Realisierung. Dokumente 1971-1977, Berlin (Ost) 1977, Nr. 87, S. 164, ferner die Erklärung des Außenministeriums der Sowjetunion gegenüber dem Botschafter Großbritanniens in Moskau zur beabsichtigten gemeinsamen erweiterten Tagung des Präsidiums und des Ältestenrates des Deutschen Bundestages vom 2. Januar 1974, aaO., Nr. 89, S. 166 sowie zahlreiche weitere Noten in dieser Dokumentensammlung. Inzwischen hat sich das Verfahren bei der Behandlung von Protesten gegen die Einbeziehung der Westsektoren von Berlin in internationale Verträge eingespielt, beispielsweise bei dem Übereinkommen über die Erklärung des Ehewillens, das Heiratsmindestalter und die Registrierung von Eheschließungen vom 10. Dezember

Gottfried Zieger

Die gemeinsam vom Ministerium für Auswärtige Angelegenheiten der UdSSR und vom Ministerium für Auswärtige Angelegenheiten der DDR im Jahre 1977 vorgelegte Dokumentensammlung „Das Vierseitige Abkommen über Westberlin und seine Realisierung. Dokumente 1971-1977" enthält in diesem Zusammenhang manche Überraschungen. Beispielsweise wird in einer sowjetischen Erklärung gegenüber dem amerikanischen Botschafter zur Einreise von Bürgern anderer Staaten aus Berlin (West) in die DDR vom 10. März 1977 ausgeführt:

> „Die sowjetische Seite hält es für erforderlich, erneut zu unterstreichen, daß die USA, Großbritannien und Frankreich niemals irgendwelche ‚originären', vertraglich nicht fixierten Rechte in bezug auf Berlin hatten. Berlin ist in territorialer Hinsicht niemals aus dem Bestand der ehemaligen sowjetischen Besatzungszone Deutschlands herausgelöst worden, was auch in den vierseitigen Dokumenten zum Ausdruck kommt"[9].

Das sind Erklärungen, die kaum viel anders klingen als das Ultimatum, das Chruschtschow im November 1958 den drei Westmächten zustellte und in dem er die Vier-Mächte-Vereinbarungen für nicht mehr bestehend erklärte[10]; Ulbricht hatte im selben Zusammenhang behauptet, Berlin liege auf dem Territorium der DDR[11].

Doch bei der Zurücknahme des Ultimatums hatte die Sowjetregierung das originäre Besatzungsrecht der westlichen Alliierten in Berlin ausdrücklich anerkannt[12].

In dem Vier-Mächte-Abkommen vom 3. September 1971 sind die „Viermächte-Rechte und -Verantwortlichkeiten und die entsprechenden Vereinbarungen und Beschlüsse der Vier Mächte aus der Kriegs- und Nachkriegszeit, die nicht berührt werden"[13], die Geschäftsgrundlage des Berlin-Abkommens.

1962, BGBl. 1969 II S. 161. Protest der DDR gegen die Erstreckung auf Berlin vom 16. Juli 1974, UNTS Bd. 943, S. 421. Klarstellung der Drei Westmächte, daß die Erstreckung korrekt ist, vom 8. Juli 1975, UNTS Bd. 973, S. 331.

[9] AaO., Nr. 218, S. 308.
[10] Rede Chruschtschows vom 10. November 1958, Dokumente zur Deutschlandpolitik, IV. Reihe, Bd. 1 (1971), S. 3 und Note der Sowjetunion an die USA vom 27. November 1958, aaO., S. 151.
[11] Rede vom 27. Oktober 1958, Dokumente zur Deutschlandpolitik, III. Reihe, Bd. 4 (1969), S. 1831.
[12] Memorandum der Sowjetunion vom 4. Juni 1961, Dokumente zur Deutschlandpolitik, IV. Reihe, Bd. 6 (1975), S. 817.
[13] Aus der Präambel des alliierten Vier-Mächte-Abkommens vom 3. September 1971.

Perspektiven des Abkommens

Weitere östliche Attacken auf den Berlin-Status ließen sich im einzelnen belegen. Aus alledem kann nur der Schluß gezogen werden, daß das Vier-Mächte-Abkommen prinzipiell nichts an dem beharrlichen Streben der östlichen Seite geändert hat, systematisch die Westsektoren Berlins von der Bundesrepublik Deutschland so fern wie möglich zu halten, den behaupteten exzeptionellen Sonderstatus von Berlin (West) herauszustellen – unter der Bezeichnung als „selbständige politische Einheit" oder „Freie Stadt" –, um schließlich diese politische Einheit eines Tages der DDR einverleiben zu können. Denn Berlin ist – um die Note vom 10. März 1977 noch einmal zu zitieren – „in territorialer Hinsicht niemals aus dem Bestand der ehemaligen sowjetischen Besatzungszone Deutschlands herausgelöst worden".

Aus diesem Gesichtspunkt erhalten derartige Erklärungen einen recht plausiblen politischen Sinn. Das Vier-Mächte-Abkommen ist dann im Sinne Lenins nur so etwas wie ein Stillhalteabkommen, das dem Ost-West-Kräfteverhältnis des Jahres 1971 entsprochen hat. Mit dem wachsenden Machtbewußtsein der östlichen Seite, mit dem sich verändernden Kräfteverhältnis, wie es in östlichen Publikationen heißt, kann eines Tages die Forderung erhoben werden, entsprechende Korrekturen am Berlin-Abkommen vorzunehmen, äußerstenfalls es zu kündigen, für obsolet zu erklären usw. Daß das Vier-Mächte-Abkommen selbst keinerlei Kündigungsklausel enthält, stellt keine Garantie gegen eine derartige Entwicklung dar. Die Wiener Konvention über das Recht der Verträge von 1969[14] sieht in ihrem Art. 62 einen grundlegenden Wandel der Umstände als rechtlichen Ansatzpunkt für eine solche Aufkündigung an. Da es im Völkerrecht keine unabhängige richterliche Instanz gibt, die obligatorisch über eine derartige Streitfrage zwischen den Vier Mächten zu entscheiden hätte, genügt (politisch) letztlich die einseitige Behauptung der einen Seite, die andere habe das Abkommen in gravierender Weise verletzt, um sich aus der Vertragsbindung zu befreien. Das Chruschtschow-Ultimatum von 1958 hat das alles schon einmal vorexerziert. So gesehen ist das Vier-Mächte-Abkommen in einer perspektivi-

---

[14] Konvention über das Recht der Verträge vom 23. Mai 1969, in Kraft seit dem 27. Januar 1980, amtlicher Text in deutscher Sprache im ÖBGBl. 1980, Nr. 40, S. 775. Der Vertrag ist bisher weder von der Bundesrepublik Deutschland noch von der DDR ratifiziert worden, von den Großmächten ist bisher nur Großbritannien Vertragspartner. Die Konvention stellt in erheblichen Teilen eine Kodifizierung des bestehenden Gewohnheitsrechtes dar.

Gottfried Zieger

schen Betrachtung kein unverrückbar stabiles Element für die Zukunft der Stadt; es könnte sich rasch als bloßer modus vivendi erweisen, der nur für eine Zeitlang rechtliche Sicherheit verbürgt. Die beste Rechtsposition ist nur soviel wert wie die hinter ihr stehende politische Interessenlage.

Diese Gefahr sollte man klar erkennen und bei allen Überlegungen stets in Rechnung stellen. Illusionen sind in diesem Punkte nicht am Platze. Je klarer man dieser Situation ins Auge schaut, umso besser sollte es möglich sein, ein Abwehrdispositiv zu entfalten, um es soweit nicht kommen zu lassen. Politischer Handlungswille kann mit einer solchen politischen Situation am leichtesten fertig werden.

Für unsere Betrachtung ergeben sich *zwei konkrete Ableitungen:*

1. Bei allen künftigen juristischen Vereinbarungen muß mit großer Genauigkeit darauf geachtet werden, daß keine auch nur punktuelle Statusverschiebung zu Lasten von Berlin (West) kontrahiert wird. Beispielsweise wären die Vereinbarungen über einen Verkehrsverbund mit der S-Bahn[15] eine solche Situation, in der alle praktischen Schritte sorgsam rechtlich abgesichert werden müßten, und zwar in einer auch der anderen Seite klar erkennbaren Weise.

2. Der östlichen Seite darf kein Anlaß gegeben werden, Argumente und Material für Rechtsverletzungen und Veränderungen der Geschäftsgrundlage des Vier-Mächte-Abkommens in einer Weise zu sammeln, die es ihr ermöglicht, das Abkommen in Frage zu stellen.

Der Beitrag von *Zivier*[16] und eine kürzliche Veröffentlichung von *Wettig*[17] lassen erkennen, daß man im Osten schon seit geraumer Zeit daran geht, Verstöße gegen das Vier-Mächte-Abkommen zu dokumentieren und aus dortiger Sicht zu einer Art Sündenregister zusammenzustellen; es versteht sich, daß dabei nur angebliche Vertragsverletzungen der *westlichen* Seite zusammengetragen werden.

Es fällt uns im Westen nicht leicht, mit einem entsprechenden „Sündenkatalog" der anderen Seite, was Verstöße gegen das Berlin-Abkommen

---

[15] Vgl. dazu den Beitrag von *Wolfgang Seiffert,* Gesamtberliner Probleme der S-Bahn in diesem Bande.
[16] Anwendung und Beachtung des Berlin-Abkommens aus östlicher und westlicher Sicht, S. 191 in diesem Band.
[17] Das Vier-Mächte-Abkommen in der Bewährungsprobe, 1981.

Perspektiven des Abkommens

anbelangt, aufzuwarten; man möchte aus verständlicher Sicht alles vermeiden, Spannungen um Berlin zu schaffen. Ein vornehmes Schweigen auf die östlichen Vorwürfe westlicher Rechtsverletzungen werden wir uns indes nicht leisten können, wenn wir nicht Gefahr laufen wollen, damit das politische Kräfteparallelogramm um Berlin zu unseren Ungunsten zu verändern. Deshalb sollte man Stellung nehmen zu den vom Osten behaupteten Rechtsverletzungen. Das sollte sine ira et studio geschehen, im Bemühen um Objektivität mit entsprechenden Begründungen. Es wird sich dann gewiß nicht vermeiden lassen, Vertragsverletzungen der anderen Seite, die eindeutig sind, beim Namen zu nennen und zu belegen. Je gemäßigter dies alles geschieht – fern politischen Eiferns und jeder Rechthaberei – umso wirksamer müßte eine solche Bilanz der behaupteten Vertragsverstöße ausfallen und umso größere Autorität würde sie erlangen. Ich sehe hier eine Aufgabe der Wissenschaft, der zur Erfüllung dieser heiklen Aufgabe alle Informationsmöglichkeiten geöffnet werden müßten[18].

So wie die Sicherheit Berlins im politischen Gleichgewicht in Europa aufgehoben ist, so sehr hängt auch der *rechtliche Gleichgewichtszustand* von einer solchen seriösen Bilanz der behaupteten Vertragsverletzungen ab. Ich bin nicht sicher, ob man auf unserer Seite diese Konsequenz voll erkannt hat. Ich halte diese Erkenntnis für einen zentralen Punkt zur Sicherung der erfreulichen Perspektiven des Berlin-Abkommens, mit einer ausgesprochen dämpfenden und friedenstiftenden Funktion.

Damit in Zusammenhang steht das *Dissensproblem*. Das Vier-Mächte-Abkommen ist nach zähen Verhandlungen zustandegekommen. In verschiedenen Positionen haben sich die kontroversen Standpunkte nur in der Art überbrücken lassen, daß man sich auf einen *Formelkompromiß* geeinigt hat, der unterschiedlicher Deutung fähig ist. Eine solche Formel vom „Konsens über den Dissens" ist bei diplomatischen Verhandlungen ein traditionelles Instrument. Ein bekanntes Beispiel der letzten

---

[18] An dieser Stelle sei auf die vom Arbeitskreis „Berlin" des Kuratoriums Unteilbares Deutschland besorgte Pressedokumentation „Materialien zur Situation Berlins nach dem Viermächte-Abkommen" hingewiesen, in der die Praxis der Durchführung des Vier-Mächte-Abkommens seit 1973 (z.Z. bis einschließlich 1981) belegt wird. In dieser Dokumentation werden gegenseitige Vorwürfe über die Verletzung des Abkommens festgehalten.

Gottfried Zieger

Zeit stellt die israelisch-ägyptische Einigungsformel von Camp David über die *Autonomie* für Gazastreifen und Westbank dar[19].

Das Vier-Mächte-Abkommen kennt eine ganze Reihe solcher Formelkompromisse. Bei unseren Beratungen haben vor allem die Formelkompromisse eine Rolle gespielt, die – in der deutschen nicht maßgebenden Übersetzung – als das „betreffende Gebiet", als das Wort von den „Bindungen" zwischen den Westsektoren Berlins zur Bundesrepublik Deutschland und als die Klausel, „daß diese Sektoren so wie bisher kein Bestandteil (konstitutiver Teil) der Bundesrepublik Deutschland sind und auch weiterhin nicht von ihr regiert werden", in Erscheinung treten.

Die erwähnte Wiener Konvention über das Recht der Verträge hilft in dieser Situation kaum weiter. Wir können ihr lediglich Ratschläge entnehmen, bei der Beseitigung von Auslegungsdifferenzen die Ziele und Zwecke des Vertrages mit zu berücksichtigen[20].

Bei einem hochpolitischen Vertrag mit gegensätzlichen Zielsetzungen der Signatarstaaten – wie dem Berlin-Abkommen – kann diese freundlich gemeinte Auslegungsregel der teleologischen Interpretation nicht viel weiterhelfen. Auch der Rückgriff auf Elemente der historischen Auslegung, also die Berücksichtigung der Materialien des Vertrages und der Umstände seines Abschlusses[21], kann in unserem Falle schwerlich weiterhelfen.

Von erheblicher Bedeutung ist die ganz andere Aussage in der Vertragsrechts-Konvention[22], derzufolge „jede nachfolgende Vereinbarung zwischen den Parteien hinsichtlich der Auslegung des Vertrages oder der Anwendung seiner Bestimmungen" für wesentlich gehalten wird. Das wäre beispielsweise für die erwähnten S-Bahn-Verhandlungen von Bedeutung, weil in diese die Vier Mächte mit eingeschaltet sind. Noch gewichtiger ist die Aussage der Vertragsrechts-Konven-

---

[19] Vom 17. September 1978, International Legal Materials, Bd. 17 (1978), S. 1463. Autonomie ist ein außerordentlich dehnbarer Begriff. Er kann verstanden werden als administrative Selbstverwaltung mit einem punktuell beschränkten Handlungsspielraum. Der Begriff kann aber auch durch volle Ausübung von Gesetzgebungs-, Verwaltungs- und Rechtsprechungshoheit ausgefüllt werden und insoweit fast bis zur eigenen Gebietshoheit reichen.
[20] Art. 31 Abs. 1.
[21] Art. 32.
[22] Art. 31 Abs. 3.

tion[23], wonach „jede nachfolgende Praxis in der Anwendung des Vertrages" die Auslegung des Vertrages beeinflussen kann. Eine abweichende *spätere Praxis* besitzt also einen unmittelbaren Einfluß auf die Interpretation des Vertrages.

Da die Dissens-Situation sich gerade auf Kernpositionen des Vertragswerkes bezieht, besteht die beträchtliche Gefahr, daß durch eine immer weitergehende Tolerierung der Auslegungsbehauptungen der anderen Seite diese schließlich als konsentierter Vertragsinhalt gelten können. Deshalb ist es von Gewicht, bei dem ständigen Ringen um die Auslegung des Vier-Mächte-Abkommens auch die in der Dissens-Lage eingeschlossenen westlichen Auslegungspositionen nachhaltig und mit Beharrlichkeit zu vertreten. Nur so kann verhindert werden, daß wesentliche Positionen ins Gleiten kommen; der westliche Standpunkt darf gerade bei diesen Dissensformeln also nicht verloren gehen.

Diese Mahnung ist umso notwendiger, als die östliche Seite mit Fleiß diese Dissensformeln dazu benutzt, nicht nur ihren im Dissens eingeschlossenen Rechtsstandpunkt zur Geltung zu verhelfen – was legitim wäre –, sondern durch bewußte Verkürzungen und Akzentverschiebungen bei den Formelkompromissen den Dissenscharakter überhaupt zu leugnen und die östliche Auslegung als die einzig mögliche erscheinen zu lassen.

Am bekanntesten ist die Verkürzung und damit inhaltliche Umprägung der Formel, daß die Westsektoren „so wie bisher kein Bestandteil (konstitutiver Teil) der Bundesrepublik Deutschland sind und auch weiterhin nicht von ihr regiert werden". Aus östlicher Sicht wird hieraus vielfach die ganz andere Formel, daß „Westberlin kein Bestandteil der BRD ist und nicht von ihr regiert werden darf"[24].

Damit wird die viel differenzierendere Formulierung im Vier-Mächte-Abkommen grobschlächtig denaturiert und die Aussage dieser Klausel umgebogen. *Schiedermair*[25] hat in seiner Arbeit über den völkerrechtlichen Status Berlins nach dem Vier-Mächte-Abkommen dargetan, daß

---

[23] Art. 31 Abs. 3 lit. b.
[24] Vgl. dazu die besonders scharfen Ausführungen von *Abrassimov* in seinem Interview vom September 1979, *Abrassimov,* Westberlin – gestern und heute, Berlin (Ost) 1981, S. 164 ff.
[25] Der völkerrechtliche Status Berlins nach dem Viermächte-Abkommen vom 3. September 1971. 1975, S. 92.

die hier behandelte Formulierung aus dem Vier-Mächte-Abkommen als eine Feststellung zu verstehen ist, in der die drei Westmächte ihren bisherigen Rechtsstandpunkt, daß Berlin (West) kein konstitutiver Bestandteil der Bundesrepublik Deutschland sei und auch nicht von ihr regiert werde, wiederholt und in dieser Form – ergänzt um die Möglichkeit, „daß die Bindungen zwischen den Westsektoren Berlins und der Bundesrepublik Deutschland aufrechterhalten und entwickelt werden" – in das Abkommen eingebracht haben. Nicht zufälligerweise ist diese Formulierung gerade in den Erklärungen enthalten, die die *Westmächte* in dem Vertragswerk gegenüber der UdSSR als dem besatzungsrechtlichen Partner abgegeben haben.

Die östliche Seite versucht, diese im Grunde genommen rein deklaratorische Formulierung zur „Kernbestimmung des Vierseitigen Abkommens"[26] umzufunktionieren. Das wird unentwegt in Erklärungen so zum Ausdruck gebracht und findet sich in dieser Form beispielsweise auch in dem Vorwort zu der Berlin-Dokumentation, die als offizielle Stellungnahme gewertet werden kann, da sie gemeinsam von den Außenministerien der UdSSR und der DDR herausgegeben worden ist[27].

Auch hier wird also die Tendenz sichtbar, Berlin (West) nachdrücklicher von der Bundesrepublik Deutschland abzusondern. Es gilt Sorge zu tragen, daß diese in ihrer Verkürzung eine ganz andere Bedeutung gewinnende Formulierung bei jeder Gelegenheit richtiggestellt wird. Der außerordentlichen Beharrlichkeit der östlichen Seite muß eine nicht minder entschiedene Richtigstellung auf dem Fuße folgen. Es würde nichts schaden, wenn dabei rechtlich tiefergehend argumentiert werden könnte: Für den Völkerrechtler ist stets der maßgebende Anknüpfungspunkt die Völkerrechtssubjektivität Deutschlands. Daß diese Rechtsperson 1945 nicht untergegangen ist, gehört zum politischen Credo der Bundesrepublik Deutschland und ist vom Bundesverfassungsgericht verbindlich festgeschrieben worden[28].

Die Vier Mächte können ihre Besatzungsrechte nur aus der militärischen Niederringung Deutschlands ableiten. Wenn die Rechtsperson dieses Deutschland 1945 oder später untergegangen wäre, hätten die

---

[26] *Abrassimov* (Fn. 24), S. 169.
[27] Oben Fn. 8.
[28] BVerfGE Bd. 36, S. 1 (15 f).

Perspektiven des Abkommens

Besatzungsrechte auch in Berlin keine Basis mehr. Entgegen allen anders dargebotenen politischen Behauptungen geht auch die Sowjetunion von der Fortexistenz eines solchen Rechtssubjektes Deutschland aus. Das läßt sich beispielsweise daraus ablesen, daß sie ihre Streitkräfte, die im anderen deutschen Staat stationiert sind, als „Gruppe der sowjetischen Streitkräfte *in Deutschland*" bezeichnet[29].

Die Tatsache, daß vor zehn Jahren, – also 26 Jahre nach der Kapitulation der deutschen Wehrmacht – die Vier Mächte kraft Besatzungsrechts das Abkommen über Berlin geschlossen haben, zeigt im übrigen, daß sich die Vier Mächte weiterhin gemeinsam bewußt sind über ihre Rechte und Verantwortlichkeiten gegenüber dem Rechtssubjekt Deutschland. Berlin ist integrierender Bestandteil Deutschlands. Auch die Bundesrepublik Deutschland steht im Kontinuitätsverhältnis zu dem Rechtssubjekt Deutschland. Die Bundesrepublik ist – um mit dem Bundesverfassungsgericht zu sprechen – nicht als neuer westdeutscher Staat gegründet, sondern als Teil Deutschlands neu organisiert worden[30]. Diese gemeinsame rechtliche Basis verhindert nicht nur, die DDR im Verhältnis zu uns als einen ausländischen, fremden Staat zu behandeln – sie ist ein zweiter Staat in Deutschland[31] –, dieser essentielle Zusammenhang bedeutet zugleich auch eine originäre Zuordnung Berlins zur Bundesrepublik Deutschland. So gesehen bedeutet die Aussage der westlichen Alliierten, die Westsektoren Berlins nicht als konstitutiven Bestandteil der Bundesrepublik Deutschland behandeln zu wollen, im Grunde genommen doch nur, daß die Westsektoren wegen ihrer primären Einbindung in den gesamtberliner Sonderstatus nicht voll in die Verfassungsordnung Westdeutschlands („konstitutiver Bestandteil") eingegliedert werden können. Die gemeinsame Zugehörigkeit zum Rechtssubjekt Deutschland verbindet beide auch ohne eine volle Einbeziehung von Berlin (West) in die westdeutsche Konstitutivordnung.

Insofern weiß man im Osten sehr gut, warum man Sturm läuft gegen den Fortbestand des Völkerrechtssubjektes Deutschland und es immer wie-

---

[29] Vgl. dazu *Hacker,* Der Rechtsstatus Deutschlands aus der Sicht der DDR, 1974, S. 421 mit zahlreichen Nachweisen.
[30] BVerfGE Bd. 36, S. 16.
[31] So die Regierungserklärung vom 28. Oktober 1969, in der diese Formulierung von den „zwei Staaten in Deutschland", die nicht füreinander Ausland sein können, offiziell erstmals gebraucht worden ist, vgl. Bulletin des Presse- und Informationsamtes der Bundesregierung (Bulletin) 1969, S. 1121.

der anprangert, wenn sich Westdeutschland *nicht als Rechtsnachfolger,* sondern als kontinuierlich fortbestehender deutscher Staat versteht. Das ist zugleich der rechtliche Schlüssel dafür, daß wir nicht nur die Deutschen im anderen deutschen Staat, sondern vor allem auch alle Deutschen in den vier Sektoren Berlins als *deutsche Staatsangehörige* ansehen[32].

Der Begriff der *"Bindungen"* der Westsektoren an das Bundesgebiet läßt sich aus demselben Zusammenhang der rechtlichen Zuordnung von Bundesrepublik Deutschland und Berlin zum Rechtssubjekt Deutschland verstehen. Ebenso kann die Deutung der Dissensformel von „dem betreffenden Gebiet" (in der Präambel und in den Allgemeinen Bestimmungen des Berlin-Abkommens) von der gemeinsamen Wurzel des „Rechtssubjektes Deutschland" vorgenommen werden. Nach unserer Auffassung kann es sich bei dem „betreffenden Gebiet" nur um ganz Berlin handeln. Denn der in diesem Zusammenhang – im selben Satz – zu findende Hinweis auf die Rechte und Verantwortlichkeiten der Vier Mächte mit ihren Beschlüssen aus der Kriegs- und Nachkriegszeit kann sich nur auf die 1944/45 getroffenen interalliierten Absprachen, darunter auch über das festgelegte besondere Besatzungsgebiet Berlin beziehen[33].

Es gibt keine alliierten Beschlüsse aus der Kriegs- oder Nachkriegszeit, die ausschließlich auf die Westsektoren Berlins Bezug haben.

Mir erscheint es wichtig, in diesem Zusammenhang darauf hinzuweisen, daß der Status der drei Westsektoren Berlins immer in einer gewissen Symmetrie oder *Reziprozität zu* dem *Status des Ostsektors* der Stadt gesehen werden muß. Je mehr das Besondere des rechtlichen Status von Berlin (Ost) unserem Bewußtsein entschwindet, umso stärker wird uns Berlin (West) und nicht mehr die Vier-Sektoren-Stadt Berlin als besondere rechtlich-politische Einheit erscheinen.

---

[32] Vgl. *Knut Ipsen,* Die Staatsangehörigkeit der Bürger West-Berlins, in: Jahrbuch für Internationales Recht, Bd. 16 (1973), S. 266; *Grawert,* Die Staatsangehörigkeit der Berliner, in: Der Staat 1973, S. 289.

[33] In Ziff. 2 des Londoner Protokolls über die Besatzungszonen in Deutschland und die Verwaltung von Groß-Berlin vom 12. September 1944, UNTS Bd. 227, S. 280, deutscher Text in: Dokumente zur Berlin-Frage 1944-1966, 3. Aufl. 1967, Nr. 1, wird zur Beschreibung des „Berliner Gebietes" ausdrücklich auf das preußische Gesetz vom 27. April 1920, Pr.GS 1920, S. 123 verwiesen.

Perspektiven des Abkommens

Nach 1945 hatte sich eine relativ parallele Entwicklung in beiden Teilen der Stadt vollzogen; relativ, weil die Westsektoren in ihrer Insellage und wegen der mit der Blockade 1948 beginnenden offenen Angriffe auf das besatzungsrechtliche Präsenzrecht der drei Westmächte immer in einer stärkeren Bindung an die – zu Schutzmächten gewordenen – westlichen Siegermächte gehalten werden mußten. Der Ostsektor Berlins befand sich von seiner territorialen Situation her von vornherein demgegenüber in einer besseren Ausgangslage. Er grenzt nicht nur an das Gebiet der Sowjetischen Besatzungszone, sondern war vor allem Sitz der politischen Leitungsorgane für die Sowjetzone[34]. Auch die sehr bald von der Besatzungsmacht für ihre Zone eingesetzten Deutschen Zentralverwaltungen, aus denen später der Regierungsapparat der DDR hervorgehen sollte, hatten ihren Sitz ebenfalls im Ostsektor der Stadt[35].

Das mußte a priori die Ausgangsbasis für die Entwicklung der beiden Stadtteile ungleich erscheinen lassen. Gleichwohl kann man eindrucksvolle Parallelen feststellen. Sie betreffen die Nicht-Direktwahl von Abgeordneten auch im Ostsektor bei den Wahlen zur Volkskammer[36]

---

[34] Ziff. 3 des Befehls Nr. 1 der Sowjetischen Militär-Administration in Deutschland (SMAD) vom 9. Juni 1945, VOBl. der Stadt Berlin 1945, S. 27, bestimmte als Standort der Militärverwaltung die „Stadt Berlin".

[35] Der SMAD-Befehl Nr. 17 vom 27. Juli 1945, in: Berlin. Quellen und Dokumente, 1964, Nr. 688, durch den die Errichtung der Zentralverwaltungen angeordnet wurde, bestimmte Berlin nicht ausdrücklich zum Sitz dieser Verwaltungen. In Ziff. 4 des Befehls wurde allerdings dem „Kommandanten der Sowjetischen Zone der Stadt Berlin" befohlen, die Unterbringung der Zentralverwaltungen in der „Sowjetischen Zone" (gemeint war offensichtlich der sowjetische Sektor von Berlin) zu gewährleisten.

[36] § 49 des Wahlgesetzes vom 9. August 1950, GBl. S. 743, enthielt die Bestimmung über die Entsendung der Berliner Vertreter in die Volkskammer. Alle späteren Wahlgesetze kannten eine entsprechende Vorschrift: § 2 Abs. 2 des Wahlgesetzes vom 4. August 1954, GBl. S. 667; § 6 Abs. 2 des Wahlgesetzes vom 24. September 1958, GBl. I S. 677; § 7 Abs. 2 des Wahlgesetzes vom 31. Juli 1963, GBl. I S. 97; § 7 Abs. 2 der Neufassung vom 17. Oktober 1969, GBl. 1970 I S. 2; § 7 Abs. 1 Satz 2 des Wahlgesetzes vom 24. Juni 1976, GBl. I S. 301. Die Berliner Vertreter wurden zunächst von der „Volksvertretung Groß-Berlin", später von der Stadtverordnetenversammlung in die Volkskammer entsandt, vgl. *Mampel*, Der Sowjetsektor von Berlin. 1963, S. 96.

und die gesonderte Übernahme von DDR-Rechtsakten für den Ostsektor der Stadt[37].

Auf die Zuordnung der vier Sektoren zu einem besonderen Besatzungsgebiet Berlin ist es zurückzuführen, daß die Freizügigkeit innerhalb der Stadt jahrelang bestanden hat, auch nachdem sich die DDR von Westdeutschland abzuschotten begann. Dieser Freizügigkeit innerhalb des besonderen Besatzungsgebietes Berlin haben es mehrere Millionen Deutsche aus der DDR zu verdanken, daß sie sich in die westliche Welt flüchten konnten. Es darf in Erinnerung gerufen werden, daß für den Flüchtling damals die kritischste Grenze nicht an der Sektorenlinie zwischen dem Ost- und dem Westteil der Stadt bestanden hat, sondern am *Außenring von Berlin,* beim Überwechseln aus der DDR in den Ostsektor Berlins. Hier fand jede Bahnreise ihre Unterbrechung, um Kontrollen zu ermöglichen. Auch der Kraftverkehr war am Außenring von Berlin (Ost) derartiger Überwachung ausgesetzt. Der Bau der Mauer 1961 hat diese Freizügigkeit innerhalb der Vier-Sektoren-Stadt Berlin beendet, doch lebt die Freizügigkeit in Gestalt der *Bewegungsfreiheit des alliierten Personals* in der ganzen Stadt bis heute fort und demonstriert auf diese stille, aber eindrucksvolle Weise die besatzungsrechtlich fortwirkende Einheit des besonderen Besatzungsgebietes Berlin.

Zur Zeit der Unterzeichnung und des Inkrafttretens des Vier-Mächte-Abkommens hatte die skizzierte relative Parallelentwicklung im Osten und im Westen Berlins noch sichtbaren Bestand. Dieser Status quo fällt damit unter die Vertragsbestimmung im allgemeinen Teil des Vier-

---

[37] Zunächst erließ der Magistrat von Berlin (Ost) Parallelverordnungen, z. B. für das Gesetz über die Gewährung von Straffreiheit vom 11. November 1949, GBl. S. 60 (für die DDR), Verordnung über die Gewährung von Straffreiheit vom 30. November 1949, VOBl. I S. 480 (für den Ostsektor Berlins).
Etwa seit 1955 wurden Übernahmeverordnungen mit Anlagen erlassen, die den Mantelgesetzen des Abgeordnetenhauses in Berlin (West) vergleichbar waren. Nach Inkrafttreten der DDR-Verfassung vom 6. April 1968 wurden die übernommenen Rechtsvorschriften nur noch mit Titel und Fundstelle aus dem DDR-Gesetzblatt verzeichnet. Die erste Übernahme dieser Art datiert vom 17. Mai 1968, VOBl. (Ost) S. 394. Dieses Verfahren wurde bis zur Einstellung des „Verordnungsblattes für Groß-Berlin" (Ost) im September 1976 beibehalten.

Perspektiven des Abkommens

Mächte-Abkommens, daß eine einseitige Veränderung der Lage, „die sich in diesem Gebiet entwickelt hat", ausgeschlossen sein soll[38].

Wenn man abermals an die Perspektiven des Berlin-Abkommens denkt, muß mit Betonung darauf aufmerksam gemacht werden, daß sich die östliche Seite einerseits vehement gegen jede Verlegung von Bundesbehörden oder europäischen Institutionen nach Berlin (West) zu Wort gemeldet und Sanktionen angedroht hat[39]; zum anderen will man es als rein interne Angelegenheit des Ostens betrachtet wissen, daß die DDR-Regierung geradezu systematisch daran gegangen ist, alle statusmäßigen Besonderheiten von Berlin (Ost) im Laufe der letzten Jahre – also *nach* Abschluß des Vier-Mächte-Abkommens – zu beseitigen.

Die Veränderungen sind eingeleitet worden nach dem Beitritt beider deutscher Staaten zu den Vereinten Nationen am 18. September 1973. Alle Vier Mächte hatten durch eine Erklärung vom 9. November 1972[40] den Vereinten Nationen notifiziert, die Mitgliedschaft beider deutscher Staaten dürfe „die Rechte und Verantwortlichkeiten der vier Mächte und die entsprechenden diesbezüglichen vierseitigen Vereinbarungen, Beschlüsse und Praxis in keiner Weise berühren". Damit war auch nach außen und im Verhältnis zur DDR der alliierte Standpunkt ihrer obersten Verantwortlichkeit gewahrt. Da diese nach westlicher Auffassung auch den Sonderstatus von Berlin, und zwar für sämtliche vier Sektoren mit einbezieht, hätten die Westmächte einen zuverlässigen Ansatzpunkt gehabt, ihrer Auffassung vom Sonderstatus ganz Berlins auch gegenüber der DDR-Regierung bei der Aufnahme diplomatischer Beziehungen Geltung zu verschaffen.

Wir werden wohl erst, wenn eines Tages die Archive geöffnet werden, erfahren, warum diese klare Linie von den Westmächten nicht durchgehalten worden ist, ob und inwieweit sie dabei von der Bundesregierung unterstützt worden sind. Wir wissen heute[41], daß die drei Westmächte bei den Gesprächen über die Aufnahme diplomatischer Beziehungen zur DDR ihre drei Botschaften auf dem Gebiet der DDR, also außerhalb von Berlin (Ost), unterbringen wollten, um damit ihren Vorbehalt

---

[38] Teil I Ziff. 4 des Vier-Mächte-Abkommens.
[39] Vgl. u. a. die Ausführungen von *Abrassimov* (Fn. 24), S. 180.
[40] UN-Dokument S/10.952-10.955. Die Note wurde dem UN-Generalsekretär von allen Vier Mächten einzeln übermittelt. Deutscher Text im Bulletin 1972, S. 1884.
[41] Vgl. *Wettig* (Fn. 17), S. 147.

gegen die Zugehörigkeit des Ostsektors zur DDR zu demonstrieren. Der Widerstand der DDR habe dann dazu geführt, daß man sich schließlich geeinigt habe, den Botschaften zwar in Berlin (Ost) ihren Sitz zuzuweisen, jedoch klarzustellen, daß der Botschafter nach dem Akkreditierungsschreiben nicht *in,* sondern *bei der DDR* tätig werde[42].

Rechtlich fundierter wäre es gewesen, wenn die Westmächte als Siegermächte bei der Aufnahme diplomatischer Beziehungen ausdrückliche öffentliche Klarstellungen vorgenommen hätten, daß durch diesen Rechtsakt der Status von ganz Berlin unberührt bleibt. Ich weiß nicht, ob je daran gedacht worden ist, bei dem Abschluß völkerrechtlicher Verträge der Westmächte mit dem anderen deutschen Staat eine *Ost-Berlin-Klausel* etwa des Inhalts einzubauen, daß der Vertrag sich auch auf den Ostsektor Berlins mit erstreckt. Vielleicht hätte man schon durch die Diskussion eines solchen Gedankens die östliche Bremse gegen die Aufnahme der Berlin (West) betreffenden Klausel in zahlreiche Verträge der Bundesrepublik Deutschland mit Ländern des sowjetischen Lagers lockern können.

Von der Mitte der 70er Jahre an erfolgt – wie bereits erwähnt – gezielt ein Schritt nach dem anderen, um den Status von Berlin (Ost) abzubauen. Bemerkenswert ist es, daß dies stets unauffällig und nicht mit einer politisch hochgespielten Begründung erfolgt ist. Vermutlich ist es der Einwirkung der UdSSR zuzuschreiben, daß man diesen Abbau der Restbestände des Berlin-Status in Berlin (Ost) insgeheim und im Stillen vorgenommen hat. Beispielsweise ist das Verordnungsblatt für Groß-Berlin nach einer Bemerkung von *Honecker*[43] aus „Papierersparnisgründen" eingestellt und der Ostsektor der Stadt dadurch im Ergebnis voll der DDR-Jurisdiktion unterstellt worden. Ebenso ist die Einziehung der Kontrollposten am Außenrand des Ostsektors gegenüber dem DDR-Gebiet unauffällig vorgenommen worden[44]. Die Angleichung des Status der Berliner Volkskammerabgeordneten an den der DDR-Vertreter ist

---

[42] Die offiziellen Kommuniqués über die Aufnahme von diplomatischen Beziehungen zwischen den drei Westmächten und der DDR sind insoweit wenig aussagekräftig, vgl. Archiv der Gegenwart vom 16. Februar 1973, S. 17.678 B (Großbritannien und Frankreich) und vom 4./5. September 1974, S. 18.903 B (USA).
[43] Interview mit der Saarbrücker Zeitung vom 17. Februar 1977. Die letzte Ausgabe des Verordnungsblattes ist im September 1976 herausgekommen.
[44] Vgl. Archiv der Gegenwart vom 5. Januar 1977, S. 20.700, Nr. 23 B.

Perspektiven des Abkommens

gleichfalls unauffällig in mehreren Stufen erfolgt[45]. Der Visumzwang für ausländische und staatenlose Besucher von Berlin (Ost), der zum 1. Januar 1977 eingeführt wurde[46], hat gleichermaßen wie die Einführung einer Straßenbenutzungsgebühr[47] Unterschiede im Rechtsstatus des Ostteils der Stadt und der DDR beseitigt. Abgeschafft worden ist schließlich durch die Erhöhung des Zwangsgeldumtausches unmittelbar nach der Bundestagswahl im Oktober 1980 der über die Jahre hindurch existierende „Vorzugspreis" für den Eintritt in den Ostsektor Berlins. Der Betrag ist von 6,50 DM auf 25.- DM angehoben, also fast vervierfacht worden[48].

Ich habe unter den kritischen Stimmen, die zur Erhöhung des Zwangsumtauschbetrages abgegeben worden sind, kaum solche gehört, die auf diese zusätzliche Belastung des Berlin-Status aufmerksam gemacht

---

[45] Maßgebend war – oben Fn. 36 – zunächst § 7 Abs. 1 Satz 2 des Wahlgesetzes vom 24. Juni 1976, GBl. I S. 301. Durch eine Neufassung des § 7 Abs. 1 aufgrund des Gesetzes vom 28. Juni 1979, GBl. I S. 139, fiel die gesonderte Erwähnung der Berliner Vertreter fort. Der Beschluß des Staatsrates über die Wahlkreiseinteilung vom 16. März 1981, GBl. I S. 98, bewirkte die volle Einbeziehung des Ostsektors in die Wahlkreisordnung der DDR. Die Durchführung der Wahl am 14. Juni 1981 hat dann erstmals die völlige Gleichstellung der Vertreter des Ostsektors mit den Vertretern der DDR gebracht, vgl. Archiv der Gegenwart vom 26. Juni 1981, S. 24.694 A.

[46] 13. Durchführungsbestimmung zum Paß-Gesetz der DDR vom 17. Dezember 1976, GBl. I S. 553.

[47] Im Gebiet der DDR aufgrund der Verordnung über die Erhebung von Straßenbenutzungsgebühren für Kraftfahrzeuge vom 6. September 1951, GBl. S. 865. Eine Übernahme nach Berlin (Ost) hat damals *nicht* stattgefunden. Konsequenterweise sind Straßenbenutzungsgebühren für Berlin (Ost) darum auch nicht erhoben worden. Nach der Einstellung des Verordnungsblattes für Groß-Berlin (Fn. 37, 43) wird seit Anfang 1977 die Straßenbenutzungsgebühr auch für Berlin (Ost) erhoben, ohne daß eine ausdrückliche Erstreckung dieser Rechtsvorschrift auf den Ostsektor Berlins veröffentlicht worden ist. Vgl. dazu den Bericht der Frankfurter Allgemeinen Zeitung vom 28. Februar 1977.

[48] Der Zwangsumtausch wurde mit der Anordnung über die Einführung eines verbindlichen Mindestumtausches für Besucher, die zum privaten Aufenthalt aus Westdeutschland, den anderen nichtsozialistischen Staaten und Westberlin in die Deutsche Demokratische Republik einreisen vom 25. November 1964, GBl. II S. 903, eingeführt. Mit der Anordnung über die Durchführung eines verbindlichen Mindestumtausches von Zahlungsmitteln vom 9. Oktober 1980, GBl. I S. 291, wurden die jetzt geltenden Sätze festgelegt. Die zuvor maßgebende Regelung, die einen täglichen Zwangsumtauschbetrag von 13.- DM für die DDR und 6,50 DM für Berlin (Ost) vorsah, war mit der Anordnung vom 5. November 1974, GBl. I S. 497 eingeführt worden.

haben. Dies zeigt, wie wenig Beachtung man jedenfalls in Westdeutschland dieser Frage entgegenbringt. Doch auch für die Verantwortlichen in Berlin (West) sollte darauf hingewiesen werden, daß das Berlin-Abkommen in der Bestimmung des Teiles II C eine rechtliche Handhabe besitzt, für den Personenverkehr zwischen den drei Westsektoren und dem Ostsektor Berlins dieselben Bedingungen zu fordern, „die denen vergleichbar sind, die für andere in dieses Gebiet einreisende Personen gelten"[49]. Diese Art Meistbegünstigungsklausel gewährt den Personen mit ständigem Wohnsitz in den Westsektoren Berlins eine bevorzugte Behandlung – auch im Punkte des Mindestumtausches – nach dem Maße der günstigsten Behandlung der Bürger anderer Länder. Dem Vernehmen nach besteht[50] für die Angehörigen der Staaten des sowjetischen Lagers überhaupt keine derartige Verpflichtung[51]. Infolgedessen stellt die Vervierfachung des Mindestumtauschbetrages zwischen Berlin

---

[49] Insgesamt lautet diese Bestimmung des Vier-Mächte-Abkommens: „Die Regierung der UdSSR erklärt, daß die Kommunikationen zwischen den Westsektoren Berlins und Gebieten, die an diese Sektoren grenzen, sowie denjenigen Gebieten der DDR, die nicht an diese Sektoren grenzen, verbessert werden. Personen mit ständigem Wohnsitz in den Westsektoren Berlins werden aus humanitären, familiären, religiösen, kulturellen oder kommerziellen Gründen oder als Touristen in diese Gebiete reisen und sie besuchen können, *und zwar unter Bedingungen, die denen vergleichbar sind, die für andere in diese Gebiete einreisende Personen gelten.*"

[50] Zeitweilig anders gegenüber Polen.

[51] Die zwischen dem Senat von Berlin (West) und der DDR-Regierung zur Ausfüllung der alliierten Rahmenvereinbarung abgeschlossene „Vereinbarung über die Erleichterungen und Verbesserungen des Reise- und Besuchsverkehrs" vom 20. Dezember 1971, Beilage zum Bundesanzeiger Nr. 174 vom 15. September 1972, S. 27 hat seltsamerweise diese „Meistbegünstigungsklausel" nicht aufgenommen. Es spricht nicht für das Verhandlungsgeschick der westlichen Seite, daß diese wesentliche Bestimmung, die speziell auf den Besucherverkehr der Bewohner von Berlin (West) bezogen ist, unbeachtet geblieben ist. Die Beschränkung des Reise- und Besuchsverkehrs auf 30 Tage (im Normalfall) stellt eine Einengung der alliierten Einigungsformel dar, die von dieser nicht geboten war. Die Festlegung eines Mindestumtauschbetrages ist weder im alliierten Rahmenabkommen noch in den Vereinbarungen zwischen dem Senat und der DDR-Regierung vorgenommen worden, so daß gegen die Erhöhung des Mindestumtauschbetrages die Berufung auf die oben zitierte alliierte Vertragsbestimmung in Teil II C möglich ist. In der Erhöhung des Mindestumtauschbetrages gegenüber den Bewohnern von Berlin (West) liegt ferner ein Verstoß gegen die stand-still-Klausel im Teil I Ziff. 4 des Berlin-Abkommens, die bestehende Lage in Berlin nicht einseitig zu verändern.

(West) und Berlin (Ost) eine klare Verletzung des Vier-Mächte-Abkommens dar, die ohne Verzug hätte gerügt werden müssen.

Zu der Einschätzung der Perspektiven für Berlin (West) gehört in diesem Zusammenhang die Feststellung, daß in Berlin der Mindestumtausch in weniger als zehn Jahren von 3.- DM auf 25.- DM heraufgesetzt, also mehr als verachtfacht worden ist. Wenn wir diese Linie für die nächsten zehn Jahre weiter ausziehen, beschränkt auf eine weitere Vervierfachung, dann müßte eine Familie mit zwei Kindern, wenn sie ihren 30-Tage-Aufenthalt in Berlin (Ost) voll ausnutzen will, pro Jahr nicht wie jetzt 3.000.- DM, sondern 12.000.- DM bezahlen. Ein solches Zahlenwerk sollte dazu dienlich sein, die westliche Seite zu einer festeren Reaktion gegenüber jedem weiteren Versuch des Drehens an der Geldschraube zu veranlassen und – rechtzeitig – auf die bestehenden Rechtsgrundlagen in entschiedener Weise aufmerksam zu machen.

Dieser östlichen Tendenz zur Einschmelzung des Ostsektors von Berlin in die DDR sollte bei uns mehr Beachtung geschenkt werden. Für die Perspektiven von Berlin (West) ist nicht nur eine gesicherte Bindung an die Bundesrepublik Deutschland mit der Einbeziehung in die Rechtsordnung unter Vorbehalt der Fragen des Status und der Sicherheit von Bedeutung, sondern ebenso ist das Bemühen, eine erkennbare Balance zum Status des Ostsektors der Stadt zu halten, ganz wesentlicher Gesichtspunkt.

Es müssen darum Überlegungen angestellt werden, wie man der zielstrebig von der DDR-Regierung betriebenen Politik der Integration des Ostsektors der Stadt in die DDR entgegentreten kann. Proteste und öffentliche Erklärungen in dieser Richtung sind notwendig und nützlich; sie genügen indessen nicht. In erster Linie muß auf unserer Seite das Bewußtsein des Sonderstatus von Berlin (Ost) reaktiviert und wachgehalten werden. Es ist oftmals Unachtsamkeit oder Naivität, wenn beispielsweise von dem „DDR-Wall in Berlin" gesprochen oder in Ortsangaben von Journalisten regelmäßig von „Berlin/DDR" zur Kennzeichnung des Ostsektors gesprochen wird[52]. Was soll man sagen, wenn in einer seriösen deutschen Zeitung von der Einweihung des Neuen Gewandhauses in Leipzig u. a. mit dem Satz berichtet wird:

---

[52] So oft in der Süddeutschen Zeitung.

Gottfried Zieger

„Als erstes Orchester aus dem westlichen Ausland werden die Berliner Philharmoniker unter der Leitung von Herbert von Karajan in Leipzig gastieren"[53].

Der Sprecher der Bundesregierung und des Presseamtes haben sich angewöhnt, oft von einem Noten- und Meinungsaustausch zwischen „Bonn und Ost-Berlin" zu reden, wenn sie Kontakte der Bundesregierung mit der DDR-Regierung meinen. Auch die zahlreichen Merkblätter und Informationsmaterialien, die vom Bundesministerium für innerdeutsche Beziehungen und dem ihm nachgeordneten Gesamtdeutschen Institut, Bundesanstalt für gesamtdeutsche Aufgaben, herausgegeben werden, unterscheiden sich im Punkte der vollen Einbeziehung des Ostsektors von Berlin in die DDR oftmals kaum von DDR-Publikationen. Beispielsweise behandelt die Broschüre mit dem Namen „Reisen in die DDR" auch Reisen Westdeutscher nach Berlin (Ost)[54]. Korrekterweise müßte die Broschüre den Titel tragen: „Reisen in die DDR und nach Berlin (Ost)" und in der Vorbemerkung die Abgrenzung deutlich machen.

Eine solche Praxis, Berlin (Ost) bedenkenlos der DDR zuzuschlagen, läßt sich beinahe in jedem Beitrag konstatieren, der sich auf Deutschland und Berlin bezieht. Wir selbst sind es letztlich, die in unserem Bewußtsein, in unserer öffentlichen Meinung – auch der des Auslandes – die Einschmelzung des Ostsektors in die DDR mitbetreiben und dies laufend bestätigen. Zu erinnern ist an die Intervention der westlichen Alliierten gegen die Übernahme eines Änderungsgesetzes des Bundes zur Tierärzteordnung nach Berlin, in welchem die frühere Unterscheidung zwischen DDR und Ostsektor Berlins entfallen war. Die Alliierten haben bei der Übernahme des Gesetzes nach Berlin (West) die Korrektur angebracht, daß das Gesetz keineswegs bedeuten könne, der Ostsektor Berlins bilde einen integrierten Bestandteil der DDR[55]. Das

---

[53] Frankfurter Allgemeine Zeitung, Feuilleton vom 30. September 1981 unter „C.B.".
[54] Nach der Vorbemerkung zu der Broschüre gilt das Merkblatt für Westdeutsche, die in die DDR reisen, einschließlich der Tagesbesuche im grenznahen Bereich der DDR, aber auch für Tagesbesuche in Berlin (Ost) von Berlin (West) aus. Ausgeschlossen ist also lediglich der Berlin-Verkehr.
[55] BK/O (75) 2 vom 28. Januar 1975, GVBl. S. 708 betr. Bundestierärzteordnung; BK/O (75) 6 vom 25. April 1975, GVBl. S. 1152 betr. Bundesärzteordnung. Hierzu *Zivier*, Der Rechtsstatus des Landes Berlin. 3. Aufl. 1977, S. 86, Fn. 27.

bedeutete einen Tadel für die unkorrekte Formulierung von Bundesgesetzen, die im ganzen Gesetzgebungsverfahren weder dem Bundestag, dem Bundesrat noch der Bundesregierung mitsamt den zuständigen Bundesministerien aufgefallen war.

Was hindert uns eigentlich, diese korrekte Unterscheidung zwischen DDR und Berlin (Ost) in unseren Gesetzgebungsakten vorzunehmen? Selbst bei Vereinbarungen mit der DDR wäre es gut vorstellbar, daß die Bundesregierung durch eine einseitige Erklärung klarstellt, die Vereinbarung mit der DDR besitze zugleich Geltung für Berlin (Ost). Das sollte gewiß nicht übertrieben werden, doch wäre es ein Signal zur Wahrung unserer und der alliierten Rechtspositionen.

Darum müssen wir in unseren Statistischen Jahrbüchern und anderen offiziellen Quellenwerken nicht nur säuberlich zwischen Berlin (West) und dem Bundesgebiet unterscheiden, sondern auch zwischen DDR und Berlin (Ost) differenzieren. Eine separate Spalte mit Daten für Berlin (Ost) wird sich vielfach nicht bilden lassen, weil man bei statistischen Angaben aus dem anderen deutschen Staat keine Aufgliederung zwischen DDR und Berlin (Ost) zu erwarten hat. Dort, wo eine solche Unterscheidung möglich ist, sollte sie aber klar in unseren Quellennachweisen in Erscheinung treten: etwa bei den Rentnerbesuchen aus der DDR und aus Berlin (Ost) oder bei dem innerdeutschen Handel. Bei letzterem wäre nur eine einmalige Weichenstellung erforderlich, die Formulare und Meldebögen entsprechend zu ändern, um den zuständigen Liefer- oder Abnehmerbetrieb in Berlin (Ost) oder der DDR erfassen zu können. Läuft alles über Außenhandelsunternehmen mit Sitz in Berlin (Ost), müßte man es mit dem vorerwähnten Hinweis „DDR einschließlich Berlin (Ost)" bewenden lassen. Etwa bei Verlagsprodukten aber wäre eine solche Differenzierung möglich, ebenso bei der Angabe von Einwohnerzahlen, der territorialen Gliederung usw. Im Bericht der Bundesregierung über die Entwicklung der Beziehungen zwischen der Bundesrepublik Deutschland und der Deutschen Demokratischen Republik 1969-1976[56] wird einerseits zutreffend beim Reiseverkehr unterschieden zwischen den Besuchsreisen aus der DDR und aus Berlin (Ost), zum anderen aber unterschiedslos von dem Reiseverkehr „in die DDR" gesprochen, obschon sich aus dem Inhalt ergibt, daß

---

[56] 1977, S. 34.

damit gleichfalls Reisen aus dem Bundesgebiet nach Berlin (Ost) mit erfaßt werden. Wenn von Verwaltungskontakten, Vermögenswerten usw. gehandelt wird[57], dann regelmäßig generalisierend in der Weise, daß Berlin (Ost) voll und ganz der DDR zugerechnet wird, obschon man bis zum Jahre 1976 jeweils auf die speziell für Berlin (Ost) in Kraft gesetzten Vorschriften des Ostsektors der Stadt hätte Bezug nehmen können.

Derartige grundlegende Bedenken ließen sich in zahlreiche Richtungen erweitern, bis zu dem Lehr- und Unterrichtsmaterial der Schüler, den Atlanten und Karten. Wenn seitens der DDR bei allen Gelegenheiten die Formel „Berlin, Hauptstadt der DDR" gebraucht wird, warum sollte man bei uns nicht von der *„Vier-Sektoren-Stadt Berlin"* reden und entsprechende Schilder im westlichen Teile der Stadt aufstellen, um auf diese Weise dem Anspruch der DDR-Regierung auf Absonderung des Ostsektors durch eine objektive Kennzeichnung des Status der Stadt entgegenzutreten. Was hindert uns bei einem Beitritt zu einer internationalen Konvention bei der Unterzeichnung oder Hinterlegung der Ratifikationsurkunde neben der jeweils besonderen Verweisung auf die West-Berlin-Klausel einen Satz anzuhängen, daß für Berlin insgesamt ein Vier-Mächte-Status besteht?

Man sollte sich zu dieser Herausstellung des Unterschiedes zwischen Berlin (Ost) und der DDR nur genötigt sehen, um der beharrlichen Tendenz der östlichen Seite zur Beschränkung des Sonderstatus auf Berlin (West) zu begegnen. Durch ein solches konsequentes und sachliches Ins-Spiel-Bringen der von allen Vier Mächten festgehaltenen Sonderposition auch des Ostsektors von Berlin würde sich eine wesentliche Entlastung für die Situation von Berlin (West) ergeben; die andere Seite müßte nur von diesem politischen Willen zur Heraushebung des besonderen Vier-Mächte-Status überzeugt werden.

Noch kann hingewiesen werden auf die gemeinsam fortbestehenden alliierten Einrichtungen in Berlin: die Luftsicherheitszentrale, das Kriegsverbrechergefängnis und das Bewegungsrecht von Militärfahrzeugen aller Vier Mächte in allen vier Sektoren der Stadt.

---

[57] AaO., S. 41.

Perspektiven des Abkommens

Auch das Interzonenhandelsabkommen vom September 1951[58] geht von der gleichberechtigten Einbeziehung beider Stadtteile Berlins in den Vertrag aus. Es ist geschlossen worden für die Währungsgebiete der Ostmark und für die Währungsgebiete der Westmark, mit entsprechenden Vollmachten auch von beiden Seiten der Stadt. Bei den im Grundvertrag mit der DDR vorgesehenen langfristigen Vereinbarungen mit dem Ziel einer Entwicklung der wirtschaftlichen Beziehungen[59] müßte sehr genau darauf geachtet werden, daß diese gleichgewichtete Einbeziehung beider Teile Berlins in ein innerdeutsches Wirtschaftsabkommen nicht entfällt. Es wäre ein Triumph für die DDR-Diplomatie, wenn es ihr gelänge, Berlin (Ost) voll auf seiten der DDR zu integrieren, obschon die Bundesregierung sich in einer ökonomisch weitaus stärkeren Position befindet. An der bestehenden Konstruktion dürfte also nicht gerührt werden.

Es sollte noch auf einen letzten Punkt hingewiesen werden, der für eine gesicherte Weiterentwicklung der Stadt aufgrund des Vier-Mächte-Abkommens Bedeutung besitzt. Es darf nicht aus dem öffentlichen Bewußtsein verdrängt werden, daß das Schicksal Berlins am sichersten in den Händen der *Vier Alliierten* aufgehoben ist. In der Praxis sieht es fast so aus, als wenn die DDR-Regierung das Abkommen mit abgeschlossen hätte oder wenigstens auf sowjetischer Seite beteiligt gewesen sei. Doch das Berlin-Abkommen ist ein Vertrag, der lediglich zwischen den Vier Mächten als Siegerstaaten kontrahiert worden ist, der also seinem Charakter nach ein *Abkommen der Besatzungsmächte* darstellt. Es ist ein vierseitiges, nicht ein sechsseitiges Abkommen: die beiden Staaten in Deutschland sind nicht als Signatare an dem Abkommen beteiligt. Sie sind in der Sprache der Besatzungszeit angesprochen worden als die „zuständigen deutschen Behörden"[60], die beauftragt worden sind, die den zivilen Verkehr betreffenden konkreten technischen Regelungen festzulegen. Die Grundsätze dafür sind ihnen von den Vier Mächten vorgegeben worden. Wenn die DDR-Regierung gegenüber dem Senat oder der Bundesregierung Verletzungen des Vier-Mächte-Abkommens geltend macht, so sind diese nicht die richtigen Adressaten.

---

[58] Berliner Abkommen vom 20. September 1951 i. d. F. vom 16. August 1960, BAnz. Nr. 32 vom 15. Februar 1961.
[59] Zusatzprotokoll, zu Art. 7 Ziff. 1, BGBl. 1973 II S. 426.
[60] Anlage I Ziff. 3 und Anlage III Ziff. 5 des Vier-Mächte-Abkommens.

Gottfried Zieger

Zwischen den zuständigen deutschen Behörden kann nur gesprochen werden über die von ihnen im Auftrag der Siegermächte ausgehandelte *Ausfüllungsvereinbarung.* Solche Richtigstellungen könnten dazu dienen, die besatzungsrechtliche Sonderlage Berlins in der Öffentlichkeit klarzustellen.

Die Pflege und Entwicklung der *Bindungen* der Westsektoren zu dem Bundesgebiet liegt außerhalb der deutsch-deutschen Transit- und Besuchsvereinbarung. Sie ist gesicherter Bestandteil des alliierten Vier-Mächte-Abkommens, auch wenn man auf östlicher Seite diese Vertragsbestimmung uminterpretieren möchte, um die Separierung der Westsektoren Berlins vom Bund voranzutreiben.

Es versteht sich, daß man beim Ausbau dieser Bindungen überlegend, klug und gelassen verfahren soll, aber Festigkeit zeigen muß, wenn sich östliche Angriffe einstellen. Dieses behutsame Gebrauchmachen der Entwicklungsklausel des Abkommens hat nichts zu tun mit „Überziehen" oder „Draufsatteln". Eine ungenutzt bleibende Entwicklungsklausel verliert durch Nichtstun ihre Substanz. Auch an die nicht im Abkommen reglementierten Beziehungen und Bindungen der Stadt zu den Europäischen Gemeinschaften[61] muß gedacht werden, da sich gerade hier leicht neue Perspektiven eröffnen können.

Gegenüber Drohungen, gerichtet gegen das Funktionieren des Transitverkehrs, sollte man sich nicht zu sensibel zeigen, weil sich das Abkommen sonst leicht in einen Hebel umkehren könnte, der die Bundesrepublik Deutschland und die Westmächte zum Wohlverhalten zwingen könnte. Auch das ist beim Erlahmen des politischen Handlungswillens eine zu beachtende Perspektive. Das Vier-Mächte-Abkommen war das Verhandlungsergebnis, das in unmittelbarem Zusammenhang mit anderen Ost-West-Vereinbarungen, von den Ostverträgen, dem Grundvertrag bis hin zur KSZE-Schlußakte steht. Das Rütteln an einem dieser Pfeiler bedroht das sorgsam ausbalancierte gesamte Vereinbarungs-Gebäude zur Stabilisierung von Sicherheit und Ruhe im Zentrum Europas. Man sollte im Osten wissen, daß das Aus-

---

[61] Vgl. *Zieger,* Die Rechtsstellung Berlins in den Europäischen Gemeinschaften, in: Recht im Dienst des Friedens, FS für *Eberhard Menzel,* 1975, S. 581.

Perspektiven des Abkommens

spielen geopolitisch neuralgischer Punkte – wie Berlin (West) – immer die Aufmerksamkeit der bedrohten Seite nach vergleichbaren empfindsamen Stellen der anderen Seite in Europa oder außerhalb nach sich zieht; auch das könnte zur Entlastung Berlins einmal laut gedacht werden. Solange noch von europäischer Sicherheit und Zusammenarbeit gesprochen wird, darf der Grundkonsens über das Vier-Mächte-Abkommen nicht angetastet werden. Es ist auch aus diesem Grunde gut, die Vier Mächte in dieser Hinsicht in der entscheidenden Verantwortung zu wissen.

In diesem komplexen politisch-rechtlichen Rahmen sind vielerlei Perspektiven der Stadt auf wirtschaftlichem und kulturellem Gebiet zu sehen. Nicht minder könnte sich eine verbesserte Kooperation mit dem anderen deutschen Staat und mit Berlin (Ost) für alle Beteiligten als nützlich und vorteilhaft erweisen. Über das Ergebnis der Bemühungen um so etwas wie eine *Vermittlerrolle* im Ost-West-Austausch von Gütern, Dienstleistungen, Ideen, Wissenschaft und Kultur ist bereits in einem Referat[62] sehr zurückhaltend gesprochen worden. Das müßte nicht so bleiben. Die Perspektiven der Stadt werden nicht zuletzt davon abhängen, wie man es in der Stadt selbst versteht, Berlin attraktiv zu machen. Dazu gehören Ruhe und Vertrauen unter den Menschen, die hier wohnen, dazu zählt die Lösung von Problemen, wie Arbeitsbeschaffung, Wohnraumversorgung, sinnvolle Freizeitgestaltung, die Behandlung der Verkehrsprobleme, des Umweltschutzes, der Ausländerfragen und eine Regelung des Asylproblems. Das sind Fragen, die in Berlin oftmals dringender als in anderen Städten und Ländern angegangen werden müssen. Wenn man dies alles zusammenfaßt, erkennt man die gewichtigen Aufgaben, die der Stadt selbst gestellt sind. Die Perspektiven Berlins aufgrund des Vier-Mächte-Abkommens können nur insoweit verwirklicht werden, als nicht nur die Bundesregierung und die Schutzmächte, sondern auch die Stadt ihrerseits entschlossen und in der Lage ist, das völkerrechtliche Rahmenwerk des Berlin-Abkommens mit Leben zu erfüllen.

---

[62] S. 27 in diesem Bande.

Teilnehmerliste:

Peter Andrae	Hermann-Ehlers-Stiftung Von der Wischstraße 37 2300 Kiel 1
Günter-Richard Appell	Friedrich-Engels-Straße 26 3500 Kassel
Dr. *Claus Arndt*	Senatsdirektor a.D. Fanny-David-Weg 61 2050 Hamburg 80
Dr. *Dieter Baumeister*	Senatsrat Goethestraße 11 – 1000 Berlin 37
Joachim F. Bentzien	Angerburger Allee 39 1000 Berlin 19
Dr. *Martha Bergmann*	Dipl.-Volksw. Frauenstraße 8 – 1000 Berlin 45
Dr. *Ursula Besser*, MdA	Apostel-Paulus-Straße 21/22 1000 Berlin 62
Prof. Dr. *Dieter Blumenwitz*	Universität Würzburg Herzog-Albrecht-Straße 26 8011 Zorneding
Hans Briesemann	Kuratorium Unteilbares Deutschland Landeskuratorium Schleswig-Holstein Eichengrund 19 – 2351 Bornhöved
Günther Buch	Bundesanstalt für Gesamtdeutsche Aufgaben Lupsteiner Weg 33 – 1000 Berlin 37
John R. Byerly	US-Mission Berlin, Politische Abt. Clayallee 170 – 1000 Berlin 33

Nikolaus Ehlert   Journalist – Deutsche Welle
Stolzenbach – 5253 Lindlar

Manfred Eichhorn   Dipl.-Volksw.
Mettlachweg 2 – 7900 Ulm

Dr. Ernst v. Eicke   Deutsche Gesellschaft
für Osteuropakunde
Schaperstraße 30 – 1000 Berlin 15

Kurt Erdmann   Dipl.-Kfm.
Kandeler Weg 1 – 1000 Berlin 20

Prof. Dr. Wilfried Fiedler   Universität Kiel – Institut für
Internationales Recht
Schillerstraße 16 – 2300 Kiel

Lutz Fischer   Universität Göttingen
Institut für Völkerrecht
Posthof 2 – 3400 Göttingen

Stefan Forch   RIAS Berlin
Kufsteiner Straße 59 – 1000 Berlin 62

Gilles Gerard   Londoner Straße 30 – 1000 Berlin 65

George A. Glass   US-Mission Berlin, Politische Abt.
Clayallee 170 – 1000 Berlin 33

Fritz-René Grabau   Sandgrasweg 10 – 1000 Berlin 27

Dr. Johann B. Gradl   Bundesminister a.D.
Kuratorium
Unteilbares Deutschland
Zerbster Straße 28 – 1000 Berlin 45

Dr. Herwig E. Haase   FU Berlin – Osteuropa-Institut
Luckeweg 29 – 1000 Berlin 48

Prof. Dr. Jens Hacker   Universität Regensburg
Volksgartenstraße 64 – 5000 Köln 1

Maria Haedcke-Hoppe   Dipl.-Volksw.
Sachtlebenstraße 6 – 1000 Berlin 37

Dr. Konrad Hamann   Beethovenstraße 45
6000 Frankfurt a.M. 1

Axel Hanschmann	Schlüterstraße 64 - 1000 Berlin 12
Dr. *Werner Haseroth*	Führungsakademie der Bundeswehr Thormannstieg 2 2000 Hamburg 54
Dr. *Gisela Helwig*	Deutschland-Archiv Goltsteinstraße 76 a - 5000 Köln 51
Günther von der Höh	Dipl.-Volksw. Leiter des Deutschlandpolitischen Bildungswerkes Nordrhein-Westfalen Meesenhof 5 - 4542 Tecklenburg
Axel von Hoerschelmann	Universität Göttingen Institut für Völkerrecht Nikolausberger Weg 9 c 3400 Göttingen
Jan Hoesch	Ministerialrat Bundesministerium für innerdeutsche Beziehungen Godesberger Allee 140 - 5300 Bonn 2
Dr. *Wilhelm Homann*	Bechstedter Weg 1 - 1000 Berlin 31
Hans Hoppe	Dipl.-Ing. Karl-Hofer-Straße 40 1000 Berlin 37
Hsin Fu-tan	Botschaft der Volksrepublik China bei der Deutschen Demokratischen Republ. Heinrich-Mann-Straße 9 111 Berlin (Ost)
Hans Dieter Jaene	Chefredakteur der Deutschen Welle Im Brunnenhof 24 - 5000 Köln 50
Dr. *Hans Edgar Jahn*	Lindenallee 9 - 5300 Bonn 2
Dr. *Klaus-Dieter Kaiser*	Bernsteinring 107 - 1000 Berlin 47

Dr. *Hannes Kaschkat*	Vizepräsident der Universität Würzburg Domerschulstraße 16 8700 Würzburg
Prof. Dr. *Eckart Klein*	Universität Mainz Ebersheimer Weg 35 – 6500 Mainz
Hans-Georg Kluge	Dillenburger Straße 54 1000 Berlin 33
Dr. *Erich Kristof*	Regierungsdirektor Bundesministerium für innerdeutsche Beziehungen Godesberger Allee 140 5300 Bonn 2
Detlef Kühn	Präsident der Bundesanstalt für Gesamtdeutsche Aufgaben Adenauer Allee – 5300 Bonn 1
Gerhard Kunze	Senatsrat Senatskanzlei Scharfestraße 5 – 1000 Berlin 37
Dr. *Peter J. Lapp*	Deutschlandfunk Köln Klosterstraße 47 5303 Bornheim 3 – Merten
Nelson C. Ledsky	US-Mission Clayallee 170 – 1000 Berlin 33
Prof. Dr. *Gerd Leptin*	FU Berlin – Osteuropa-Institut Garystraße 55 – 1000 Berlin 33
Dr. *Erika Lieser*	Sürther Hauptstraße 240 d 5000 Köln 50
Liu Changye	Botschaft der Volksrepublik China bei der Deutschen Demokratischen Republ. Heinrich-Mann-Straße 9 111 Berlin (Ost)

Peter Lorenz, MdB	Rechtsanwalt und Notar Kurfürstendamm 136 1000 Berlin 31
Bürgermeister *Heinrich Lummer*	Senator für Inneres Fehrbelliner Platz 2 – 1000 Berlin 31
Prof. Dr. *Siegfried Magiera*	Universität Köln Waitzstraße 46 – 2300 Kiel 1
Prof. Dr. *Siegfried Mampel*	Roonstraße 14 – 1000 Berlin 37
Prof. Dr. *Hans von Mangoldt*	Universität Tübingen Wilhelmstraße 7 – 7400 Tübingen
Herbert Marzian	ASD Berlin Kochstraße 50 – 1000 Berlin 61
Dr. *Klaus Melsheimer*	Senatsrat Wielandstraße 17 – 1000 Berlin 12
Wolfgang Mleczkowski	Dipl.-Hist. Beethovenstraße 29 – 1000 Berlin 46
Prof. Dr. *Jörg Mössner*	Hochschule der Bundeswehr, Hamburg, Postfach 700822 2000 Hamburg 70
Dr. *Werner Münchheimer*	Ministerium der Justiz, Wiesbaden Johannisberg 12 – 5461 Windhagen
Dr. *Dietrich Murswiek*	Universität des Saarlandes Fasanenweg 6 – 6602 Dudweiler
Hans C. Obermeier	Präsident Heimatverdrängt. Landvolkes Doktorstraße 26 – 3160 Lehrte Ortsteil Arpke
Dr. *Jean-Paul Picaper*	Pressehaus 1-410 c/o Le Figaro 5300 Bonn 1
Dr. *Johannes Posth*	Regierungsdirektor Bundesministerium für Verkehr 5300 Bonn 2
Prof. Dr. *Günter Püttner*	Universität Tübingen Wilhelmstraße 7 – 7400 Tübingen

Prof. Dr. *Dietrich Rauschning*	Institut für Völkerrecht Universität Göttingen Rodetal 1 a – 3406 Bovenden 1
Walter Rehm	Dipl.-Pol. Major i.G. a.D. Josefstraße 27 – 7812 Bad Krozingen
Jörg Rengel	Institut für Völkerrecht Universität Göttingen Färberstraße 6 – 3400 Göttingen
Dr. *Reinhard Renger*	Ministerialrat Bundesministerium der Justiz Heinemannstraße 6 – 5300 Bonn 2
Klaus J. Riedel	Carmerstraße 1 – 1000 Berlin 12
Dr. *Werner Riese*	Teckstraße 29 – 7144 Asperg
Prof. Dr. *Gerhard Ritter*	Universität Würzburg Kopernikusstraße 28 8702 Gerbrunn
Horst Rögner-Francke	Ostpreußendamm 45 1000 Berlin 45
Adalbert Rohloff	Geschäftsführer der IHK Berlin Chefredakteur »Die Berliner Wirtschaft« Hardenbergstraße 16–18 1000 Berlin 12
Michael Roock	Alt-Rudow 2 B – 1000 Berlin 47
Ingeborg Rother	Geschäftsführerin des Landesverbandes Rheinland-Pfalz des Kuratorium Unteilbares Deutschland Im Münchfeld 15 – 6500 Mainz
Prof. Dr. *Helmut Rumpf*	Unversität Bonn Bismarckallee 27 – 5300 Bonn 2

Schalleck	Senatsrat Senator für Wissenschaft und Kultur Bredtschneiderstraße 5 1000 Berlin 19
Ingrid Scherping	Thormannstieg 2 2000 Hamburg 54
Prof. Dr. *Hartmut Schiedermair*	Universität der Saarlandes Kaiserstraße 72 – 6900 Heidelberg
Dr. *Peter Schiwy*	Leiter der Abteilung Ostpolitik des RIAS Berlin Kufsteiner Straße 69 – 1000 Berlin 62
Dr. *Götz Schlicht*	Oberlandesgerichtsrat a.D. Lohengrinstraße 8 – 1000 Berlin 39
Priv.-Doz. Dr. *Dieter Schröder*	Syndikus der SPD-Fraktion im Berliner Ageordnetenhaus Onkel-Bräsig-Straße 31 1000 Berlin 47
Wilfried Schulz	RIAS Berlin Kufsteiner Straße 69 – 1000 Berlin 62
Priv.-Doz. Dr. *Theodor Schweisfurth*	Max-Planck-Institut Heidelberg Berliner Straße 48 – 6900 Heidelberg
Helmut Sehrig	Rechtsanwalt und Notar Nachodstraße 19 – 1000 Berlin 30
Prof. Dr. *Wolfgang Seiffert*	Am Schulgarten 26 2000 Hamburg 70
Dr. Dr. *Michael Silagi*	Institut für Völkerrecht Universität Göttingen Nikolausberger Weg 9 c 3400 Göttingen
Dr. *Eckart D. Stratenschulte*	Europäische Staatsbürgerakademie Mariannenplatz 26 – 1000 Berlin 36
Prof. Dr. *Karl C. Thalheim*	Münchener Straße 24 1000 Berlin 30

Dr. *H. D. Treviranus*	VLR I Auswärtiges Amt Ubierstraße 76 – 5300 Bonn 2
Prof. Dr. *Klaus Wähler*	FU Berlin Sven-Hedin-Straße 42 1000 Berlin 37
Thomas Wandelt	Postfach 244 – 1000 Berlin 62
Weinberger	Rechtsanwalt Welserstraße 24 – 1000 Berlin 30
Udo Wetzlaugk	Dipl.-Pol. Thuyring 2 – 1000 Berlin 42
Dr. *Horst Winkelmann*	Vizepräsident der Bundesanstalt für Gesamtdeutsche Aufgaben Adenauer Allee 10 – 5300 Bonn 1
Helmut Wulf	Ministerialdirigent Bundesministerium für Verkehr Kennedyallee 72 – 5300 Bonn 2
Prof. *Kurt Zabel*	Friedrichsruher Straße 12 1000 Berlin 41
Dr. *Andrea Zieger*	Leuschnerweg 10 – 3400 Göttingen
Prof. Dr. *Gottfried Zieger*	Institut für Völkerrecht Universität Göttingen Leuschnerweg 10 – 3400 Göttingen
Dr. *Ernst Renatus Zivier*	*Regierungsdirektor* Irmgardstraße 21 – 1000 Berlin 37

Schriften zur Rechtslage Deutschlands
Herausgegeben von Gottfried Zieger

Band 1 Fünf Jahre Grundvertragsurteil des Bundesverfassungsgerichts
Symposium 2. - 4. Oktober 1978
1979. VIII, 344 Seiten. Kart. 98,- DM
ISBN 3-452-18687-3

Band 2 Rechtsfragen der Zonenrandförderung
Von Dr. Michael Butz
1980. XXX, 217 Seiten. Kart. 85,- DM
ISBN 3-452-18696-2

Band 3 Deutschland und die Vereinten Nationen
Symposium 2. - 3. Oktober 1979
1981. 149 Seiten. Kart. 48,- DM
ISBN 3-452-19010-2

Band 4 Das Familienrecht in beiden deutschen Staaten
Rechtsentwicklung, Rechtsvergleich, Kollisionsprobleme
Symposium 9. - 10. Oktober 1980
1983. 265 Seiten. Kart. 98,- DM
ISBN 3-452-19374-8

Band 5 Zehn Jahre Berlin-Abkommen 1971 - 1981
Versuch einer Bilanz
Symposium 15. / 16. Oktober 1981
1983. 286 Seiten. Kart. 98,- DM
ISBN 3-452-19465-5

Carl Heymanns Verlag KG
Köln · Berlin · Bonn · München